2024 중등교원임용 전공미술 대비

정샘 전공미술 MINDMAP
마인드맵

CONTENTS

Part 01. 미술교육론

01 근대 이전 미술교육역사 ·· 6
02 현대 미술 교육론 ·· 10
03 현대 미술 교육론 2 ··· 14
04 미술 발달 단계 ·· 22
05 미술 비평 유형 ·· 26

Part 02. 교육과정 (교수·학습 및 평가)

01 미술과 교육과정(2015 개정) ·· 30
02 교수·학습 방법 ·· 41
03 평 가 ·· 44

Part 03. 표현

01-1 조형론 – 서양 회화 영역, 드로잉 ·· 50
01-2 회화영역 – 매체와 재료, 용구 ·· 52
01-3 회화영역 – 서양회화 기법 ·· 54
02   조소 이론 ·· 59
03   전통회화 ·· 61
04   판화 ·· 70
05-1 서예 및 전각 ·· 72
05-2 서예의 역사 – 중국 ·· 74
05-3 우리나라 서예의 역사 〈한자〉 ·· 75
06   사진, 영상, 영상 그래픽 ·· 76
07   색채학 ·· 81
08-1 디자인 역사 1 ·· 84
08-2 디자인 역사 2 ·· 86
09   디자인 분야 ·· 92
10   공예 ·· 103

Part 04. 감상 / 미술사 / 예술 비평 / 미학

- 01 동양미술사 - 화론, 중국 미술사 ················· 120
- 02 한국미술사 ················· 131
- 03 서양미술사 ················· 149
- 04 예술비평, 미학 ················· 184

정샘 미술임용
마 인 드 맵

PART 01

정·샘·미·술·임·용·마·인·드·맵

미술교육론

01 근대 이전 미술교육역사

- 고대 역사
  - 고대 아테네
    - 플라톤
      - 이원론 = 대상의 겉모습 복제 = 단순 모방(예술의 가치 부정)
      - 합리적 예술의 사용은 인정함
    - 아리스토텔레스 — 일원론 = 대상의 핵심이 되는 보편적인 것 나타냄. = 본질 모방
      - "질료와 형상은 같다."(진정한 실체란 개별적인 사물들 자체이다.)
      - 인간은 자연을 모방하되 주어진 사물의 이상화를 추구한다.
      - 이상적인 것의 원리– 통일과 질서 있는 배열 =비례미
      - 드로잉 교육 강조 = 드로잉은 인생에 유익함
    - 플로티누스 — 일원론 = 재현보다 정신성 강조 = 감각이 아닌 근원적인 정신적인 것 모방
      - 예술가의 영혼이 파악한 '순수 관념의 모방'(단순 재현의 의미를 벗어남)
      - 일자설(一者, the One), 유출설
  - 중세 — 길드에서 도제 교육

- 르네상스
  - 1) 예술원 교육
    - 1562년 조지오 바사리 – 아카데미아 델 디세뇨((Accademia del Disegno)
    - 1593년 페데리코 추카리 아카데미아 디 산 루카(Academia di San Luca)
    - 알베르티의 3법칙
  - 2) 미술 교육 방법
    - ① 초보자와 대가가 함께 모여서 작업 + 새로운 기교, 원칙을 보여주는 타인의 작품 감상 +미술 이론과 일반 문화의 특징을 함께 논의
    - ② 촛불을 이용한 조각상 그리기.

- 17세기
  - 로크 — 드로잉을 통한 소통 중시
  - 1648년 프랑스 예술원
    - 프레아르 드상블레 — 회화의 완벽한 이념 — 창안, 비율, 빛깔, 표현, 구성
    - 앙드레 페리비앙 — 다양한 종류의 회화 체계 — 정물화 〈 풍경화 〈 동물화 〈 인물화
    - 르 브랑 〈감정의 표현〉
    - 로거 드 필레 — 회화의 균형
    - 아카데미의 실기 교육 — ① 오전에 모델 드로잉, 오후에 루브르에 가서 대작을 모사, 일주일에 한 번씩 교수가 방문하여 학생들의 작품을 비평하고 작품을 수정해주는 방식으로 전형화 되어 있었다.
    - 인체 드로잉 (인물 표현) 교육 내용 — ① 얼굴의 이목구비를 연습한 후 차츰 머리 전체를 그리는 방식
      ② 학생의 수준에 따라 하급 과정에서 상금 과정으로 올라간다.
      하급은 교수 들의 드로잉 작품 모사하기.
      중간 과정은 입체 석고상 그리기.
      상급 과정은 인물을 직접 보고 그리는 모델 드로잉으로 구성되었다.

- 18세기
  - 예술원과 미술학교의 시기
  - 산업체 노동자와 기능공의 드로잉과 기술 수요 증가
  - 벤자민 프랭클린
    - 언어로서의 드로잉의 보편성 강조
    - 드로잉은 신사를 위한 것이 아니라 기계공을 위한 것

- 19세기
  - 사회의 변화 : 산업화, 계몽주의에 의한 현실에 대한 개념 형성, 낭만주의의 부상, 산업주의로 새로운 미술 애호가 등장
  - 드로잉을 실용적 측면으로 활용하였다.
    - 첫째, 드로잉은 필기력을 향상시킨다. 둘째, 산업 현장에서 기본적인 기술이다.
    - 셋째, 드로잉은 윤리적인 힘을 가지고 있다.

마·인·드·맵

- 표현기능 중심 미술교육
  - 배경
    - 19세기 사회의 변화
    - 산업혁명
    - 전문적인 미술교육의 시작
  - 특징
    - 목적 : ① 사회의 요구에 부합
             ② 숙련된 제도공 및 산업디자이너 교육실시
    - 방법 : ① 단계적인 반복적인 훈련을 통한 표현 기능의 향상
             ② 미술에 관한 기본 요소와 체계적이고 합리적인 구조에 의한 교육
  - 주요 학자
    - ① 페스탈로치
      - 저술 — 관념어서의 ABC(1803년)
      - 중심용어 — 얀샤웅엔(감각 인상)
      - 용어 의미 — 마음이 자연으로부터 받아들이는 감각 인상
      - 교육방법
        - ① 단순에서 복잡으로, 쉬운 것에서
        - ② 어려운 것으로 점진적 학습 강조
        - ③ 선에 대한 학습 중시
        - ④ 선, 곡선, 각 등을 읽게 만듦
        - ⑤ 자를 사용하지 않음
    - ② 헨리 콜
      - 사우스 켄싱턴 디자인학교 재편성
      - 정밀한 기능공 훈련 목적
      - 초등학교 드로잉 과정
    - ③ 러스킨
      - 노동자 교육 강조. '창안', '지각'(드로잉 교육으로 육성) 강조
      - 자연의 직접적인 관찰 표현 강조. / 드로잉으로 각 개인의 취미 개발
        큰 부피와 색채를 먼저 정돈한 다음 나중에 세부를 묘사하도록 지도한다.
        다양한 화법 드로잉, 자발적-자유로운 드로잉 표현, 드로잉에 자연을 포함
    - ④ 프랭클린 — 미술과 드로잉의 유용성, 물질적 가치 강조
    - ⑤ 푸월 — 지적으로 엄격한 방식에 의한 드로잉 교육
        - ① 남 녀 평등 교육의 강조
        - ② 드로잉 지도에서 칠판 사용
        - ③ 정해진 규칙을 따르는 드로잉
        - ④ 드로잉의 기하학적 원칙을 강조함.
    - ⑥ 미니피
      - 미술을 작품 제작으로서가 아닌 과학으로 인식
      - 체계적인 지도 강조
    - ⑦ 월터 스미스 — 산업 드로잉 정의 내림
      - 초등학년의 자유로운 화법의 드로잉, 모델 드로잉, 기억 드로잉 도입
      - 숙련된 제도공, 디자이너 육성
      - 현실생활의 수단
      - 지각력, 상상력, 창의력 육성
      - 반복훈련, 연습
    - ⑧ 존 갯즈비 챕맨
      - 미국 드로잉
      - 쓰기를 배울 수 있는 사람은 누구나 그림을 배울 수 있다.

※ 당시 3가지 사회적 맥락
1) 아카데미 교육 대체
2) 상류사회 드로잉 배우기
3) 산업 경제 발전을 위한 기술훈련

디자인 교육

1. 웨슬리 도우
1) 명칭: 종합적 지도 방법 — 디자인 3요소와 5법칙 강조
   - 3요소 = 선, 명도, 색
   - 5법칙 = 대립, 변화, 종속, 반복, 대칭
2) 1920년대 클라이브 벨, 로저 프라이(Roger. E. Fry)에 의해 구체화 됨
   [미술의 중요성은 '형태'이다.]

2. 바우하우스 교육
발터 그로파우스 — 미술에서의 형식적 질서와 화면 조화 = 형식주의 미학

바우하우스의 미술 교육안
① 창조적인 교과과정 ② 분석적인 교육방법 ③ 인간교육

- 예비교육 (기초과정)
  - 기간 — 6개월
  - 주요내용 — 학생들의 능력 측정, 재료와 도구에 대한 기초적 경험

- 공작, 형태교육 (실제적인 정규과정)
  - 기간 — 3년
  - 주요내용
    - 두 교사의 지도 감독 받음
    - 건축중심으로 한 협동작업
    - 자격 시험 후 합격하면 직인의 면허장 받음

- 건축교육 (구조학습) — 새로운 건축 개념과 본질을 이해할 수 있다.

교과 과정	교육 과정
1. 공작 교육(실기, 실습 교육) 돌, 나무, 금속, 점토, 유리, 색채, 직물 등 작업장의 교육과 공예 2. 형태 교육(물질 분석을 포함하는 형태 이론 교육) • 관찰: 자연연구, 재료연구 • 표현: 도학, 구성법, 입체공작도, 모형제작 • 형성: 공간론, 색채론, 구조론	1. 예비 교육(도제, 직인) – 기간: 6개월 • 내용: 각 공방에서 재료연구, 기초 형태 교육 2. 공작 교육(직인) – 기간: 3년 • 내용: 공작 교육 + 형태 교육 • 특징: 필요한 경우 직인증서를 받는다. 3. 건축 교육(준마이스터) – 기간: 자유 • 내용: 실제의 건축 현장에서 수공예적인 건축 작업, 건축 훈련

이텐의 교육 (바우하우스 초기교육)
1) 예비과정을 통한 학생들의 능력 발휘 토대 구축 강조
   - 1단계: 학생들의 창의력을 개발시켜 스스로의 인식에 기초한 작품 제작
   - 2단계: 직업 선택을 위한 기초훈련과 조형분야 찾기
   - 3단계: 형태와 색채에 관한 기본원리 교육
2) 기초조형 교육의 필요성 역설
3) 학습 형태는 감정적, 주관적 형태의 학습
   ① 재료와 질감의 연구
   ② 자연물의 정밀 묘사, 거장들의 작품 연구
   ③ 형태 구성, 대비의 원리, 색채 연구, 율동

바우하우스 교육의 현대적 의미
① 전 세계적으로 현대적 조형 교육의 통합적, 융합적 모델을 제시
② 20세기의 기능주의 건축, 디자인의 확산에 영향 끼침
③ 형태, 색채 교육은 추상화된 조형 언어를 통해 미적 보편성 추구
④ 조형 예술의 영역에서 총체적 예술을 지향했다.

마·인·드·맵

- 낭만주의적 관점의 미술 교육학자
  - ① 쉴러 (1795년) — 미적 교육론 — 예술가에 의한 미적 교육의 강조
    - 소재 충동
    - 형식 충동
    - 유희 충동
  - ② 프뢰벨 (1826년) — 인간의 교육
    - 은물과 작업
    - 놀이를 통한 교육
  - ③ 알코트와 피바디 — 선험주의 — 이성적 능력, 상상 능력, 정신적 능력 훈련
  - ④ 러스킨 (1855년)
    - 예술적 지각을 도덕적 미에 대한 능력으로 간주
    - 지각의 수단으로 드로잉 교육 강조
    - 드로잉의 요소
      - 지각과 창안
      - 드로잉의 현실적 이익 강조
  - ⑤ 루돌프 슈타이너 (1919년)
    - 예술교육에 기초한 전인교육
    - 발도르프 학교 (방법, 교육과정)
      - 오이리트미 (eurythmy) — 일종의 신체움직임, 체조와 무용, 음이 가지고 있는 감정을 신체로 표현
      - 포르멘(formen) (형태묘사) — 주기집중 수업에 포함된 교육과정. 곡선과 직선을 기본으로 여러 형태를 그리며 리듬과 운동감 등을 체험함
      - 에포크 수업 — 주기집중 수업. 일정 주기 동안 집중해서 하나의 교과를 가르치는 수업. 포르멘, 국어, 수학, 지리, 자연과학 등
    - 교육목적
      - ① 선이나 색채체험을 통하여 어린이의 내면에 깊은 자기 체험.
      - ② 자유인으로서의 의지를 가진다. 개인의 자유로운 정신성에 기초한 자유로운 자기교육
  - ⑥ 허버트 리드 (1945년) — 예술에 의한 교육 강조. (창의성 중심 미술교육 학자에 포함)

- 통합교육 강조
  - 페니히
    - 1959년
    - 미술의 일반적 원리는 우선, 각각, 나중에는 통합적으로 지도되어야 한다.
  - Otto 〈수업에서 미술과정〉
    - 작품활동
    - 미학
    - 미술품 판단
    - 미술에 대한 이해

- 현대 통합교육 학자
  - 애플랜드
    - 포스트모더니즘 영향. 시각 문화 교육으로의 영역 확장 주장(2005)
    - 미술이 제공하는 인지적 특징(인지 유연성 논의, 지식 통합 논의, 상상력 논의, 미적 경험논의)에서 통합을 강조함.
    - "지식 통합논의": 핵심이 되는 '미술 작품'은 다양한 지식 영역들의 통합이 최대화 되는 접점 역할을 할 수 있으므로 중요하다.

02 현대 미술 교육론

- 창의성 중심 미술교육론
  - 배경
    - 아동 중심 미술 교육관
    - 심리학의 발달
      - 프로이트 정신분석학 + 게슈탈트 심리학
      - 자기표현을 통한 잠재력 개발 목적
      - 표현 유형으로 구분하는 근거
    - 표현주의 미술 등장
  - 특징
    - **자유로운 자기표현의 추구**
    - 조화로운 성장을 돕는 도구, 수단
    - 표현 결과보다 과정의 강조
  - 학자
    - ① 듀이
      - **경험으로서의 예술**
      - 실험학교
        - 학교와 집
        - 이웃
        - 학습자의 생활과 결합
      - 교육에서 아동의 흥미 중시
      - 교사의 개입 거부
      - 학교 교육을 통한 창의적인 지성 발달
      - 예술의 통합적 교육 주장
    - ② 치젝
      - 사상 : 조형 교육 실천을 통한 아동 중심주의, 아동의 **'자유표현'**
      - 수업의 구성
        - 소질이나 능력, 경향 탐색
        - 재료와 기술을 통한 창의성 촉발
        - 리듬에 의한 연습, 제작에 의한 연습
        - 테마, 재료, 기술의 자유선택
      - 단점
        - 교사 역할의 소극화
        - 지나친 과정 중심
        - 실제적인 지도 없음
      - 교수법 — **'자유표현(free-expression=(미) 창조적인 자아표현)'**
        ① 성인들의 영향력을 최소로 줄인다.
        ② 주제에서부터 시작하여 방법, 재료, 목적 모든 것들을 아동의 자유로운 선택에 맡기는 것을 의미한다.

- 실용주의 미술교육 재건주의
  - 오와토나 프로젝트
    - 목표 : ① 판단력 함양, ② 모든 학생의 취미 계발
    - 배경 : 1920년대 대공황
    - 특징 : ① **지역사회 재건**
              ② **주제 중심의 통합 학습**
              ③ **빈 병, 폐품 등 일상용품 사용**
              ④ 환경 문제에 대한 관심
              ⑤ 공동체의 미적 질 향상 추구
  - 학자
    - 멜빈 해거티
    - 에드윈 지그펠트
  - 윈슬로우의 통합적 지도방법

- ④ 허버트 리드
  - 미술교육 사상
    - 예술에 의한 교육(예술을 통한 교육, Education through Art)
    - 사회 병리적 현상은 교육 개혁으로 해결
    - 예술가 양성이 아니라 상실된 인간성 회복
  - 예술 교육목표
    - ① 인간이 가지고 있는 미적 감수성을 자연스럽게 발달시킨다.
    - ② 조화롭고 균형 잡힌 인간 육성
    - ③ 이성과 감성이 조화된 인간형 육성
  - 교육 방법
    - 사물 / 결합에 의한 교육 / 자유로운 표현
    - 유일한 형식은 자연
    - 칼 융의 분류 적용 = 기질론과 8가지 유형 제시
      * 8가지 유형
      유기형(Organic form) / 촉각형(Haptic form) /
      구조형(Structured form) / 열거형(Enumerative form) /
      상상형(Imaginative form) / 장식형(Decorative form) /
      율동형(Rhythmical form) / 감정이입형(Empathetic form)
  - 자유로운 표현
    - ① 유희적 표현 활동을 최고의 예술 활동을 간주했다. 즉, 아동의 유희적 활동은 자유로운 표현이며, 순수한 내적 표현 욕구의 산출이라고 보았다.
    - ② 모든 아동은 내면에 예술가적 기질을 가지고 있는 예술가로 생각한다.
    - ③ 자발성에 입각한 아동의 모든 자유로운 표현은 예술적 표현임을 강조한다.
  - 작품의 유형(4가지 유형으로 구분함)
    사실주의, 이상주의, 표현주의, 구조주의

- ⑤ 로웬펠드
  - 교육방법
    - 창의적인 자기표현
    - 아동 자발적 표현과 자연스런 성장
    - 촉각적, 시각적, 청각적 경험에 노출시키는 교육
    - 학생의 발달단계와 표현 유형으로 제시
    - 모든 동기 부여는 발달단계에 맞게 제시
    - 자아동일화(자기동일시, 자기동일성 = 어린이가 재료, 매체, 교사 등과 완전한 정서적 유대를 통해 하나가 되는 상태)
    - 교사의 역할과 자질
      - 직접적인 개입 금지
      - 감수성 / 감정 이입적 능력 / 학생의 요구 / 발달단계에 대한 지식과 이해
  - 창의성 — 감수성, 유창성, 융통성, 독창성, 재정의하고 재구성하는 능력, 추상하는 능력, 종합하는 능력, 조직하는 능력
  - 예술교육의 3가지 측면 — 자기 표현 활동, 관찰 활동, 감상 활동

- ⑤ 나타리 콜 — 토론과 격려를 통한 흥미 유발

- ⑥ 빅터 다미코
  - 콜라즈를 실제로 도입한 최초의 교본 제작
  - 미술교육방법론: 어린이들의 영감의 근원으로서 가족생활, 여행, 그리고 휴일과 같은 그들 자신들의 경험을 인지할 수 있도록 돕는 것

- ⑦ 오스본의 CPS — 기회의 발견(구성) - 자료의 탐색 - 문제의 진술(골격 구성) - 아이디어 발견(생성) - 해결책 발견(개발) - 수용토대 구축

- **DBAE**
  - 주요 특징 — ① 미술 교과의 독자성 강조
    - ② 미술교육에서 이해와 감상 활동을 매우 중요시
    - ③ 미술교육에서 교육과정과 교사의 역할 중시
  - 교육방법 — ① 균형 잡힌 미술활동에 기초한 학습 훈련방법과 미술의 이해 및 감상, 표현의 유기적 관계고려
    - ② 4가지 영역(제작, 미술사, 미술비평, 미학)의 조화와 연속적이고 체계적인 교육과정
    - ③ 학습은 강한 훈련을 수반하고, 교사는 교육과정에 있어서 주도권을 지녀야 하며, 교육과정의 핵심은 소정의 교과를 이수하는 것이라는 방법
    - ④ 정형화되고 체계적인 방법으로 평가
  - 장점 — 표현 + 이해 + 감상, 강조 / 교사지도, 교육과정 / 학문적 체계화 / 독자성
  - 단점 — ① 너무 개념적이고 보고 따라할 구체적인 지도 방법의 제시가 미흡함.
    - ② 미술에 관한 지식의 전달로 흐르게 할 가능성이 높다
    - ③ 교사의 부담이 지나치게 높고 결과를 강조한다.
    - ④ 실제 수업에서 활용할 프로그램의 부족(구체적인 지도 방법 미비)
  - 학자 — ① 아이스너 — 1) 미술교육의 본질주의적 정당화 주장.
    - 2) 표상의 형식 — 모방적 / 표현적 / 인습적
      - 비평 6개 — 경험, 형식, 상징, 주제, 재료, 사회 – 문화
    - 3) 영역3 = 미술사 / 비평 / 제작
    - 4) 예술교육과정 : ㉠ 잠재적 교육과정(강조함) / 영 교육과정
      - ㉡ 교육 감식안 / 교육비평
      - ㉢ 행동목표 / 문제해결목표 / 표현적 결과 목표(아이스너)
    - 5) 케터링 교육과정 — ① 미술이 수단으로 이용되더라도 시각예술로서 그 고유한 공헌이 있다.
      - ② 미술교육에서 교육과정은 반드시 필요하다.
      - ③ 미술 학습의 평가는 필요하다.
      - ④ 미술 학습에서 성숙은 자연적인 결과가 아니다.
    - DBAE의 학문적 기초마련 / 문서화된 체계적 교육과정 / 모체 학문에 기초한 균형잡힌 교육 내용 / 시각적 문해력을 중시한 총체적 접근 / 교사의 역할 강조
    - ② 브라우디와 그리어 — 미적정사 — ① 감각적 정사 / ② 형식적 정사 / ③ 기술적 정사 / ④ 표현적 정사(심적 상태의 언어, 동적인 언어, 이념적인 언어)
    - ③ 바칸 — 비평, 미술사 / 미술학의 기초 마련
      - 미술을 하나의 지식의 체계로 보았다. 다음 세대에게 물려주어야 하는 하나의 문화적인 자원으로 생각하였다. 미술 속에 인류 문화의 핵심적 경험이 담겨 있다고 보고 이런 맥락에서 미술 학습의 원리를 끌어내고 미술 학습의 영역을 확장시켰다.
    - ④ 펠드먼 — 미술비평이론 : 형식주의 비평/ 표현주의 비평 / 도구주의 비평 제시
      - 형식주의 비평 — 1) 단계 : 서술-분석-해석-판단
      - 2) 문제점 : 개인적 반응 소홀 / 직선적 / 사회문화 소홀 / 사실주의 양식 이해 부족 / 지나치게 언어적 방식
    - ⑤ 클라크 : 미술교과서 / 챕맨 : 대중문화 / 라니에 : 시각적 미의 경험
    - ⑥ 앤더슨 : 이해중심 미교론, 시각문화 미교론, 포스트모더니즘
      - 미술비평 – 학문적 전문가와 같은 연구

DBAE

- 펜스테이트 세미나
  - 주제 — "미술은 당연히 학문이 되어야 한다."
  - 목표 — "미술의 힘을 이용해 학생들로 하여금 학문으로서 미술탐구에 독자적으로 전념하게 돕는 데 있다."

- 4가지 영역
  - 미술 제작활동 (Studio Art) — 미술의 실기 훈련, 개개인의 개성과 창의적 표현력 신장.
    작품 활동에 필요한 제작 방법, 순서, 도구, 재료 사용 기법 및 이해
  - 미적 지각활동 (Aesthetics) — 사물에 대한 지각과 이해 및 감상 활동
    표면적인 의미와 심미적인 사고과정, 미술작품의 의미를 인식하는 활동
    모든 미술 영역의 기본인 심미적인 경험을 훈련
  - 미술의 문화적, 역사적 유산 (Art History) — 문화적, 역사적인 맥락에서 미술작품을 감상하고 이해할 수 있도록 한다.
    작품의 지리적, 문화적, 연대적 의미를 통해 미술작품에 대한 이해를 깊게함.
  - 미술의 비평적 평가 (Art Criticism) — 미술작품의 의미와 중요성을 설명할 수 있도록 한다.
    미술작품에 대한 묘사와 해석.
    작품의 가치와 선택 결정에 대한 이유를 제시할 수 있는 비평적 능력 발달.

- Neo-DBAE
  - 배경 — 포스트모더니즘 / 다문화주의 / 구성주의에 기초한 신인식론적 사고
  - 학습자 중심 교육과정 — 듀이의 진보적 관점 + 로저스의 인간중심 교육과정 + 홀리스틱 교육과정의 영향
  - 특성
    - 네 영역의 중첩, 선택적 적용
    - 다양한 학습 형태의 모색과 실천
    - 다양하고 다원적인 미술경험의 확장
    - 관련 학문 간 통합적 접근
    - 다양한 문화의 맥락적 이해
  - 돕스의 주장 — Neo-DBAE 교육과정은 자신과 타인들의 문화에 접근하게 함 / 다양한 의사소통 방법 교육 /
    학생들에게 탐구과정을 촉진함 / 문제해결방법을 배울 수 있게 함 /
    감상을 통한 상상력에 대한 통찰을 제공함

- 홀리스틱 교육과정
  - 지식 — 구조적 이해가 초점
  - 학습 — 인식과 감정의 발달에 기초한 통합적 과정
  - 커리큘럼 — 유동적 구조화
  - 평가 — 규준 평가와 자기 평가
  - 교사 — 조언자, 전문가, 학습자의 모델
  - 홀리스틱의 특징 — 문화 사회적 이슈에 대한 관점과 통합한다.
    참된 인간성의 개발, 학생 개개인의 존중, 제한 없는 경험이 중심적 역할,
    전체론적, 전인적, 비판적 자기판단과 실천 용기응 강조,
    주관주의오· 정신주의적 강조, 생태학의 강조, 생활 경험을 강조한다.

02. 현대 미술 교육론

03 현대 미술 교육론 2

- 포스트 모더니즘 미술교육
  - 특징 : 사회문화적 맥락 강조
  - 미술교육의 목표 ─ 다양한 매체의 이용 = 표현력 향상 / 미술의 사회적 기능 파악 / 다양하고 상충된 미의 가치 이해 / 비평 능력 고취 / 학생 자신들의 문화와 다른 문화권의 가치와 태도 분석 / 변화의 잠재력 이해

- 시각문화미술 교육론
  - 목적
    - ① 시각문화 현상에 대한 올바른 이해, 시각적 문해력 육성
    - ② 학습자의 삶의 향상을 실천한다.
    - ③ 새로운 시각 미디어를 통한 창의적인 시각언어 표현을 생성하는 교육

- 시각문화미술 교육론
  - 키퍼 보이드와 메이트랜드 골슨 ─ 인터비주얼 과정
    - 감상자영역 ─ 경험, 조사, 타인의 생각을 비판적으로 사고
    - 제작자영역 ─ 제작자의 생애, 가치, 신념, 제작 의도
    - 비주얼영역 ─ 사회적인 요소, 제작 시기, 장소, 유사한 맥락에서 타 작품과 비교
  - 랜드하와 ─ 비주얼 리터러시 개념
    - 시각적 학습 ─ 시각적 메시지의 구분과 해석, 상호작용의 결과
    - 시각적 의사소통 ─ 아이디어를 표현, 의미전달, 시각적 상징의 사용
    - 시각적 사고 ─ 조형요소와 그 구성, 정신적으로 이미지 조직
  - 브렌트 윌슨
    - 상호텍스트성
      - 기호로 구성된 의미 있는 구조의 의미
      - 롤랑 바르트, 크리스테바의 텍스트 개념과 동일함
      - 학생 경험과 문화, 주변적 네러티브 중시
    - 아동화 연구 ─ 일반적 발달단계 반대
    - 리좀 이론 제시 ─ 리좀과 같은 시각문화는 개인들에게 시각적 텍스트와 그들의 삶의 텍스트를 연결 시킬 수 있는 기회를 제공하기 때문에 시각 문화미술교육이 필요하다.
    - 빅터 터너의 체제와 반체제 이론 ─ 공식적인 학교 미술 체제와 학생들의 학교 밖 미술활동인 반체제 간의 갈등과 긴장은 변화를 초래한다.
    - 평가 항목 제시 ─ 내용과 행동 요소로 구분 제시함
    - 윌슨의 평가 항목
      1) 내 용
         - 매체(물리적 속성과 관련 됨), 도구, 형성과정
         - 시각적 구조(감각적 특성, 구성, 양식적 특성)
         - 소재(자연대상, 사건, 주제, 상징과 알레고리, 표현적 내용)
         - 미술형식(회화, 조각, 영화, 해프닝, 드로잉, 판화, 콜라주 등 17개)
         - 문화적 맥락(작가, 날짜, 시기, 위치, 양식, 용도, 문화)
         - 미술이론과 미술비평(모방주의, 표현주의, 감성주의, 형식주의)
      2) 행 동
         - 미술교육의 목표 또는 미술교육의 결과를 의미한다.
         - 지각(perception), 지식(knowledge), 이해(comprehension), 분석(analysis), 평가(evaluation), 감상(appreciation), 제작(production)
           1. 지각 : 다양한 방식으로 본다.
           2. 지식 : 기억, 회상, 인식, 언어적 행동이다.
           3. 이해 : 번역, 해석
           4. 분석 : 요소들의 관련성과 전체와 부분들 간의 관계
           5. 평가 : 비평적 판단
           6. 감상 : 작품의 가치 평가
           7. 제작 : 작품의 형식적 요소와 소재가 어울려지는 것

- 에플랜드
  - 시각문화로 확장 강조
  - 래티스 모형 제시 — 학습의 전개는 다양한 상황에서 학습의 효과와 결과를 검토할 수 있도록 구성된 격자 모형의 평가 패턴
  - 통합적 인지중심 미술교육 — 메타 인지와 스캐폴딩 형성
  - 미술의 인지적 특징
    - 인지 유연성
    - 지식 통합
    - 상상력
    - 미적 경험

- 프리드만
  - 문화연구 + 신미술사학
  - 시각문화 기초적 관점 8가지 (시각문화를 지도할 때 드러나야 하는 개념적 특성)
    1. 영역의 재개념화(Reconceptualizing the field)-미술의 확장
       순수미술을 넘어서는 다양한 장르와 영역을 교육적 주제로 포함(TV 광고, 디자인 등)
    2. 사회적 관점(Social perspective)
       시각이미지가 형성되는 사회, 정치, 환경, 견해, 맥락
    3. 의미중심의 미학(Meaningful aesthetics)-의미와 형식의 통합
       미술에서 형식미학 비판, 실용주의적, 절충주의적인 포스트모던적 시각을 강조함.
    4. 상호작용적 인식(Interactive cohnition)
       텍스트의 이해뿐만 아니라 상호텍스트성의 연계에 초점
    5. 문화적 반응(Cultural response)
       교육과정이 다양한 문화 집단들의 시각예술을 포함해야 한다고 주장.
    6. 간학문적 해석(Interdisciplinary interpretation)
       모든 교과를 가로질러 중요성이 강조되어야 한다. 협동학습의 형태를 활성화할 것 강조.
    7. 기술적 경험
       컴퓨터, 인터넷 등 기술매체의 재능이나 기술에 대한 교육
    8. 구성적 비판(Constructive critique)
       시각문화에 관하여 비판적인 분석과 평가는 문화적 환경에서 이루어지는 사회적 지식 생산의 한 형식으로 본다.

- 키퍼 보이드와 앰버기 나이트 — 시각문화교육의 초점 — 문화적 담화, 상호관련성, 가치 명료화

- 앤더슨과 밀브란트 — 교육적 미술비평
  - 개인적 반응 — 직관적 평가와 반응
  - 지각 분석
    1. 재현
    2. 조형상의 분석
    3. 조형상의 특징 지우기
    - 객관적 특징 관찰 / 조형의 관계 발견 / 양식, 주제, 조형상 특징 + 자신의 기분투영
  - 개인적인 해석
  - 작품을 둘러싼 상황의 검증
  - 종합 — 개인적 해석 + 전문가 해석 + 종합적 판단

- 보턴(Boughton) — VCAE 교수법
  - 이미지, 인공물, 공연 제작과 비평을 통해 학습하라.
  - 학생 스스로 자신의 학습에 책임지도록 격려하라.
  - 교사 자신의 시각문화에 대한 경험을 제시하라.
  - 학생들의 상상력과 비평의 지평을 넓혀라

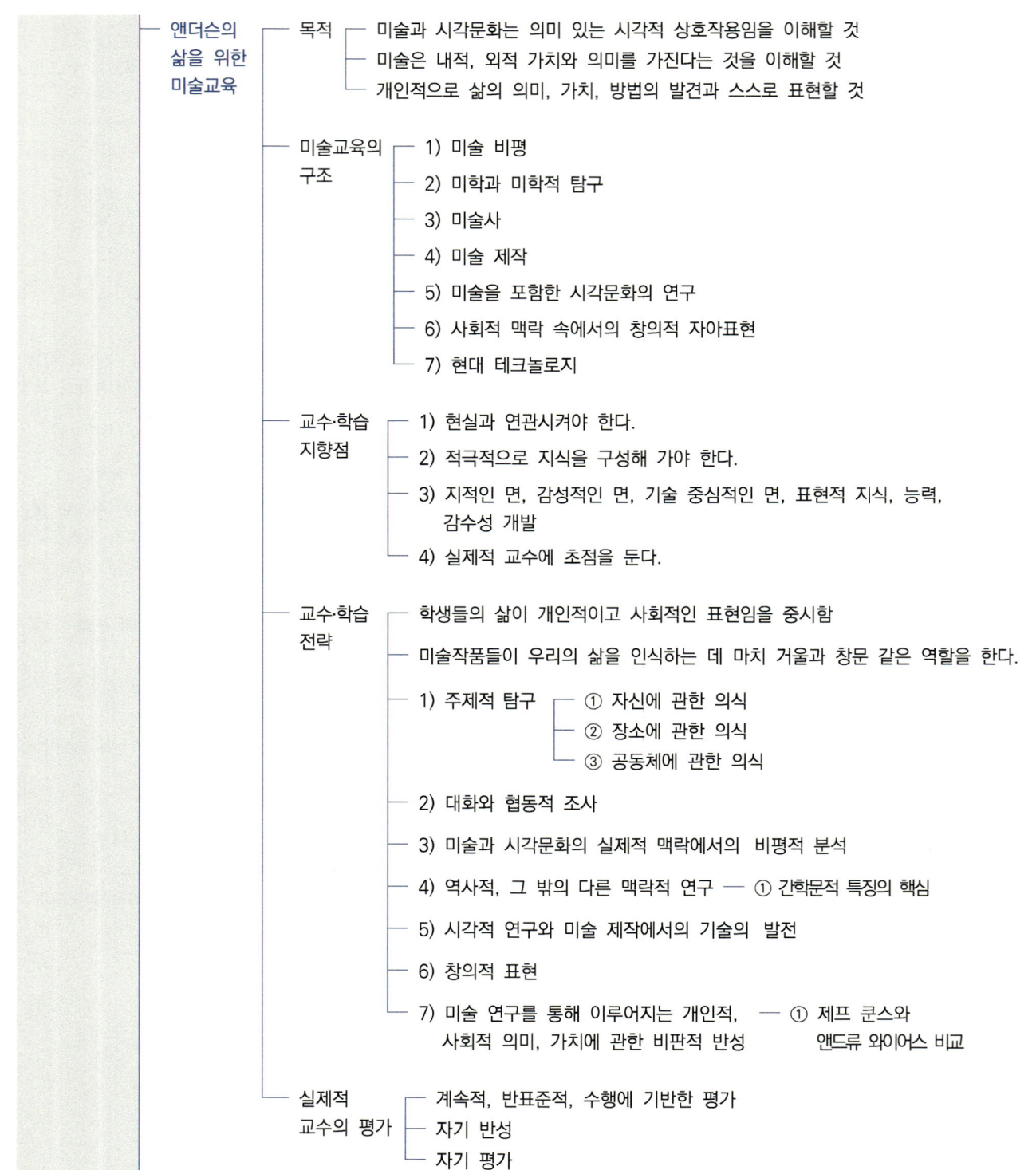

- 조지하인의 박물관 교육
  - 설명-해설 중심
    - 1) 교사는 원리를 제시하고, 이를 설명할 예를 들고 반복시킨다.
    - 2) 교과서, 강의 테이프, 전시가 하나로 연결된 연속적 이야기
    - 3) 객관적이고 과학적인 지식을 전달하는 교육 이론
      - ① 설명적 요소(표제/설명문)를 통해 교육의 내용이 전달되어야 한다.
      - ② 전시 설명의 동선은 난이도를 두어 이해하기 쉬운 전시물로부터 중요하고 복합적 요소를 가진 전시물로 옮겨가는 것이 좋다.
  - 자극-응답 중심
    - 1) 객관적, 과학적 지식이 아니라 학습 활동이나 태도, 행동을 중심으로 하는 방법이다.
    - 2) 전시의 전체적인 이해보다는 사물 중심의, 전시물 중심의 학습 방법에 초점이 있다.
    - 3) 학습 되는 '무엇'에 관심이 없고 '교육 방법'에만 관심이 있는 특징.
  - 발견 학습
    - 1) 참여자 스스로 관찰하고 정보를 찾고 찾은 정보를 인지력을 통해 새로이 구성하고 활동하는 학습이다.
    - 2) 구체적 단계
      - ① 1단계: 자극(동기부여)에 의해 외형 관찰과 내용 기록
      - ② 2단계: 새로운 정보와 지식의 식별, 조사, 통합 + 과거 지식, 경험과 연결하는 인지적 변화와 생각의 확장
    - 탐구가 가능한 전시 중심 / 관찰과 생각의 기회 제공
    - 관찰, 전시물과 관련된 무엇인가를 만드는 것, 퍼즐을 푸는 것,
    - 전시물을 직접 만지는 것을 포함한 전시물과 접촉하는 모든 교육
  - 구성주의 — 다각적 접근 방법과 다양한 배움의 양식을 제공해 주는 전시

■ 하인의 박물관 교육이론

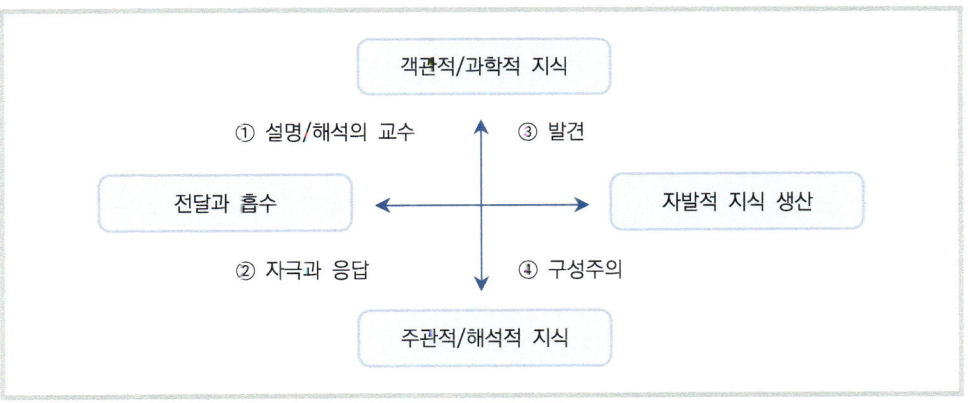

- 대화중심 감상법
  - 예나비네(필립 예나윈)
  - 아빌게일 하우젠
  - 아멜리아 아레나스
    - 관찰에 의한 발견 → 사고 → 언어에 의한 표현
    - 3가지 요소 : 수용 - 교류 - 통합
    - 해석학적 수용미학의 이론과 탈구조주의 미학과 맥을 같이 함

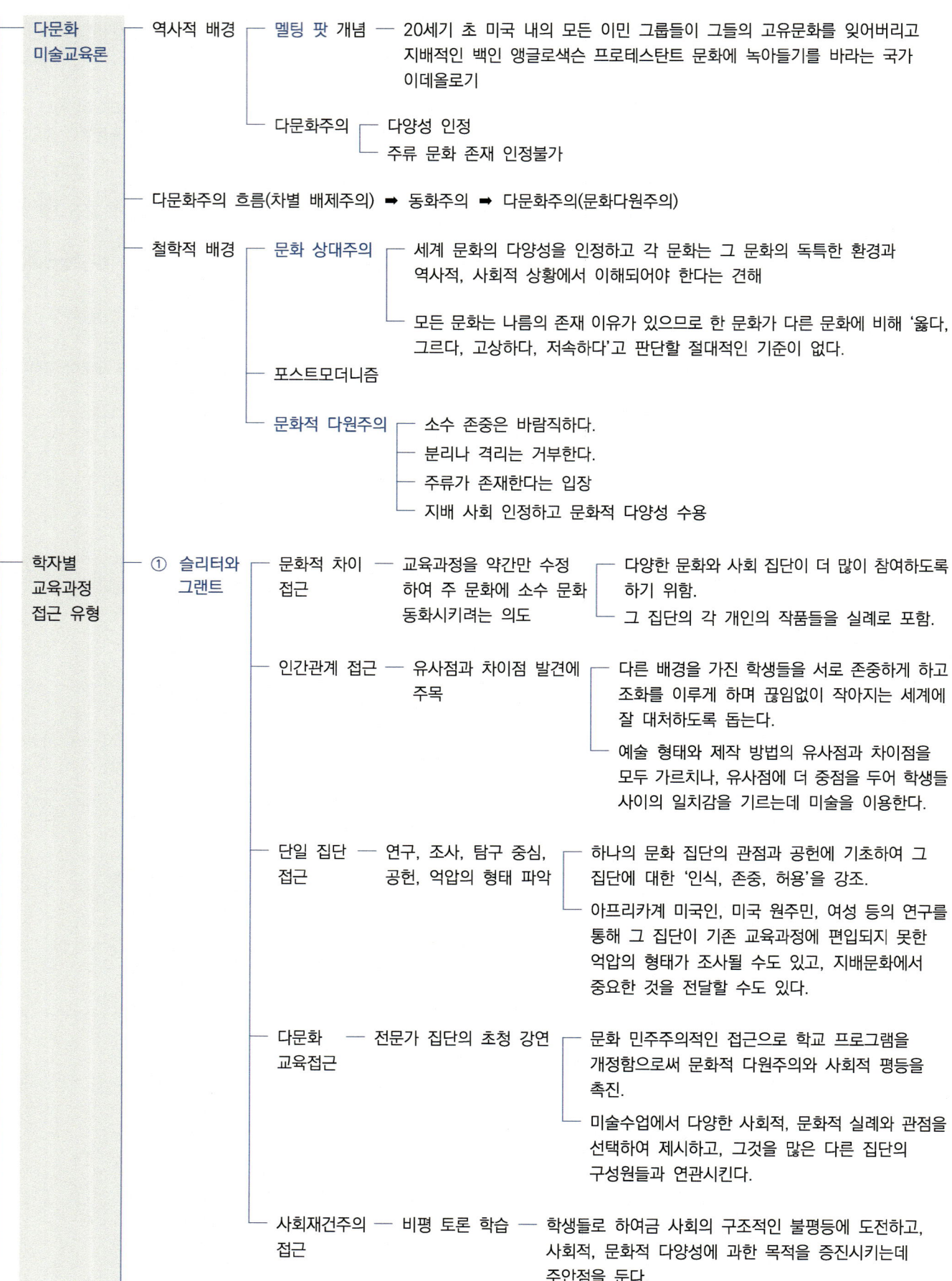

- ② 바바넬 — 전통주의 관점 / 다원주의 관점
- ③ 뱅크스 ─ 교육과정 유지 ┬ 기여적 접근 — 공휴일 기념일, 영웅, 유물, 음식, 춤, 음악 등 문화적 요소를 포함
  │   └ 부가적 접근 — 문화와 관련된 내용, 개념, 주제에 대한 부가적인 책, 단원, 과정을 첨가
  ├ 교육과정 변화 ┬ 변혁적 접근 — 개념, 이슈, 주제, 현안, 문제를 조망하고 비판적 사고 및 정당화하는 기능을 발달시킴
  │   └ 사회적 행동 접근 — 학습한 개념, 문제, 주제와 관련된 개인적, 사회적, 시민적 행동을 할 수 있는 프로젝트 및 활동을 수행
  ├ 문화적인 캡슐화
  ├ 다문화 교육의 연구 영역 : 내용 통합 / 지식 구성 과정 / 편견 제거 / 평등 교육 / 권한 부여
  └ 성취접근 / 그룹 간 교육 접근
- ④ 빌링즈 ┬ 주제적 접근 ─ 다양한 문화를 그대로 인정함
  │   ├ 시각적인 이미지를 통해 어떤 아이디어나 미술문화의 전통을 인식하고 수용하는 것
  │   ├ 학생들 사이의 토론
  │   └ 미술가와 학생의 대화 촉진
  └ 이슈 지향적 접근 ┬ 사회적 불평등과 억압 같은 사회적 문제
                 ├ 사회적 문제 비판, 시각적으로 표현
                 ├ 미술을 통해 사회적 평등 촉진
                 └ 생태학적 위기, 표현의 자유, 소외의 문제, 여성에 대한 이해 강조
- ⑤ 스터와 스테워트 — 비교문화 제공
- ⑥ 와손 — 스터, 페트로비치-므바니키 등과 함께 다문화 미술 교육 실천을 위한 6가지 교수·학습 전략 제시함.
  ① 특정 문화의 미적 결과물과 경험을 학습하는 데에 있어서 문화인류학 접근을 강조한다.
  ② 교수 행위를 사회문화적인 개입으로 생각한다.
  ③ 학생과 그들이 속한 지역 사회 중심으로 교육과정을 계획한다.
  ④ 미술 학습에서 문화 인류학 접근에 기초한 방법을 사용한다.
  ⑤ 문화적으로 반응하는 교육 방법을 사용한다.
  ⑥ 미술 교육과정에서 약자의 권리를 고려하는 민주적인 접근 방식을 추구한다.

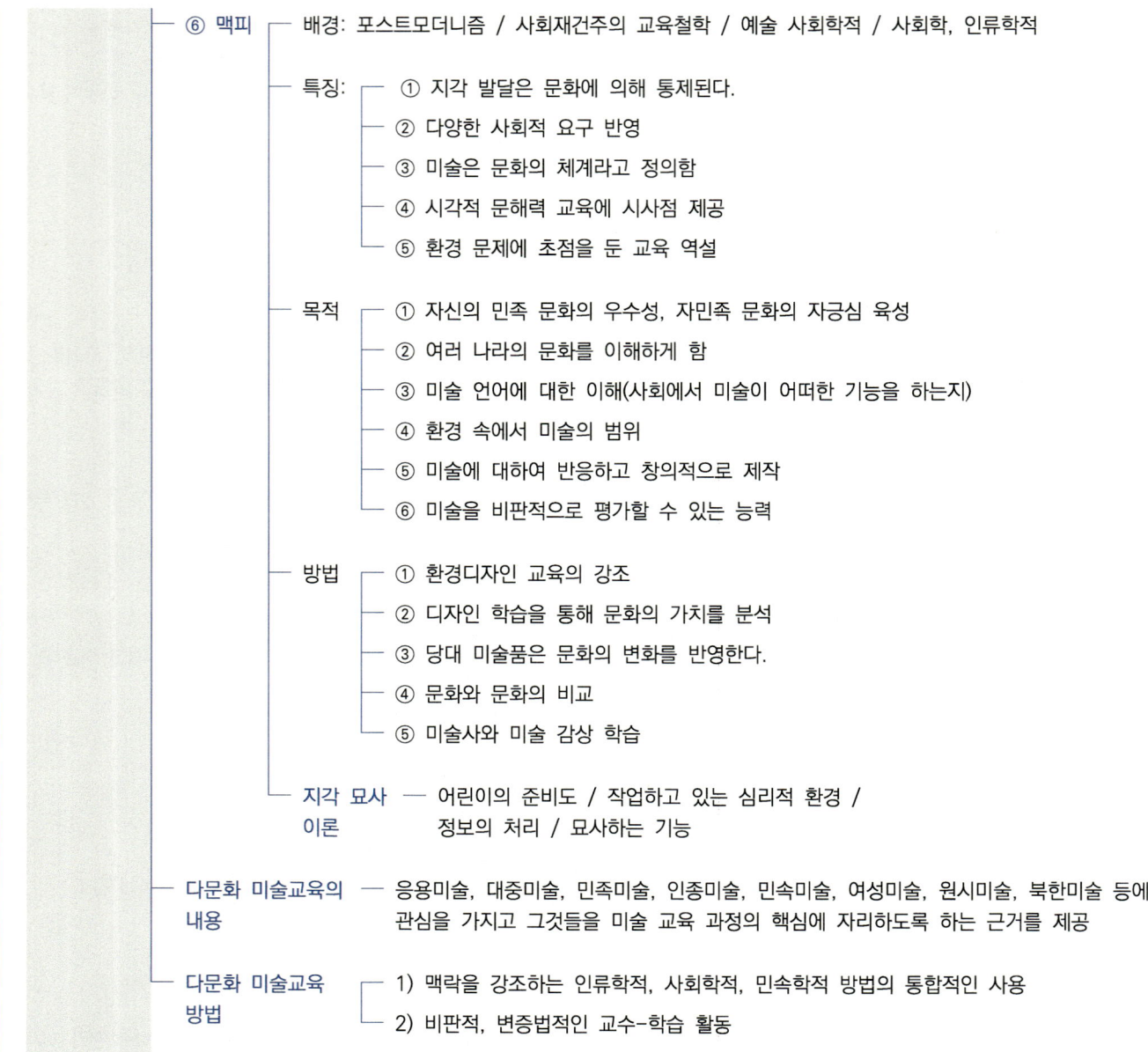

- 사회참여 미술
  - 공공미술 (Public Art)
    - ① 모든 사람들이 미술 작품을 향유할 수 있는 기회를 갖도록 하자는 취지
    - ② 작품을 설치할 때 주변 장소의 특수성을 작품 안에 편입하는 '장소 특수성'
  - 커뮤니티 아트 (Community Art)
    - ① 공동체성에 근거한 개념, 지역사회 미술, 공동체 미술
    - ② 사회 참여적인 목적에서 특정 사회의 이슈에 대한 서비스를 제공하거나, 함께 작품을 제작하는 대화적이며 협력적인 예술적 행위
    - ③ 구성원 간의 친밀감을 조성하고 공동체성의 내면화를 돕는다.
  - 행동주의 미술 (Activist Art)
    - ① 행위와 실천을 전제로 사회적, 정치적 이슈를 다루는 미술
    - ② 특징은 1) 정치적인 내용, 2) 공공에 전시 3) 대중과의 교류 또는 상호작용
    - ③ 디지털 매체의 발달에 따라 미디어와 결합된 형태로 나타나는 행동주의 미술의 경향을 사이방가르드 또는 뉴아트 행동주의 등으로 부른다.
  - 사회 참여 예술 (Socially Engaged Art)
    - ① 교육 행위의 창의적 수행을 강조한다. 이는 표준화된 교육 목표를 추구하는 것이 아니라 하나의 공동 예술 작품으로서 다양하고 창의적인 결과를 수용함을 뜻한다.
    - ② 사회 예술은 다양한 예술작품과 아이디어를 바탕으로 공공의 예술적 환경을 구축함으로써 지식을 공유한다.
    - ③ 관객은 작품을 제작하는 과정에서 참가자 혹은 협력자로서 창의적인 탐구 활동에 적극 동참함으로써 비판적이고 탐구 과정을 경험한다.

04 미술 발달 단계

1 로웬펠드의 발달 단계

(1) 평면표현 발달단계

- **난화기(2~4세)**: 시각과 손의 근육운동, 협응의 시작, 불규칙한 선, 무의식적 표현, 상징적 의미와 형태
- **전도식기(4~7)**: 무의식적 표현에서 점차 의식적 표현으로 변화, 주로 인물 묘사가 많다. 자기중심적인 접근
- **도식기(7~9세)**: 사고의 차이에 따른 두 가지 양상이 생기는 단계
  - ① 분석적 방법 : 전체로부터 세부로 들어가는 방법
  - ② 종합적 방법 : 하나하나의 상징적 형태의 부분들로 전체를 구성하는 방법
- **또래 집단기(9~11세)**:
  - 자신의 능력을 인식하고 집단과 자신과의 관계를 발전시키기 위해 자기 자신을 찾으려 한다.
  - 환경과 환경을 이루는 대상과 재료와의 진정한 관계를 발견하려 한다.
- **의사실기(11~13세)**:
  - 의식적으로 조각하는 단계이다.
  - 시각형(객관적인 형)과 비시각형(주관적인 형)으로 구분된다.
    - ① 시각형(visually minded)의 동기유발 : 형태를 변화시킨다.
    - ② 비시각형(nonvisually minded)의 동기유발 : 주관적인 경험을 자극하여 동기를 부여할 수 있다.
- **결정기(13~17세)**:
  - 시각형과 촉각형으로 뚜렷하게 구분된다.
    - ① 시각형 : visual type. 눈에 의해 사물의 외형으로부터 접근한다. 세부에 대한 인식 없이 전체를 보고 전체적인 인상에 견주어 부분적인 인상을 분석한다. 그리고 이러한 부분을 새로운 전체로 종합한다.
    - ② 촉각형 : haptic type. 눈보다는 근육 감각이나 촉각적인 인상에 의하며, 자신의 정서적인 가치로 부분의 크기와 중요도를 결정하여 매우 주관적인 작업을 한다.

(2) 입체표현 발달단계

- **난화기(2~4세)**: 찰흙을 주무르고 두드리는 행위 중심의 특성 / 운동지각적 사고를 상징적 사고로 변화시키는 단계
- **전도식기(4~7세)**:
  - 자신이 알고 있는 개념을 의도적으로 표현하기 위해 찰흙 덩어리로부터 원하는 부분을 돌출시켜 나타내거나 또는 부분을 따로 만들어 접합시켜 대상을 표현하는 단계
  - 찰흙 놀이에서 끊임없이 표현양식을 변화시키는 단계
- **도식기(7~9세)**: 사고의 차이에 따른 두 가지 양상이 생기는 단계
  - ① 분석적 방법 : 전체로부터 세부로 들어가는 방법
  - ② 종합적 방법 : 하나하나의 상징적 형태의 부분들로 전체를 구성하는 방법
- **또래 집단기(9~11세)**:
  - 자신의 능력을 인식하고 집단과 자신과의 관계를 발전시키기 위해 자기 자신을 찾으려 한다.
  - 환경과 환경을 이루는 대상과 재료와의 진정한 관계를 발견하려 한다.
- **의사실기(11~13세)**:
  - 의식적으로 조각하는 단계이다.
  - 시각형(객관적인 형)과 비시각형(주관적인 형)으로 구분된다.
    - ① 시각형의 동기유발 : 형태를 변화시킨다.
    - ② 비시각형의 동기유발 : 주관적인 경험을 자극하여 동기를 부여할 수 있다.
- **결정기(13~17세)**:
  - 시각형과 촉각형으로 뚜렷하게 구분된다.
    - ① 시각형 : 눈에 의해 사물의 외형으로부터 접근한다. 세부에 대한 인식 없이 전체를 보고 전체적인 인상에 견주어 부분적인 인상을 분석한다. 그리고 이러한 부분을 새로운 전체로 종합한다.
    - ② 촉각형 : 눈보다는 근육 감각이나 촉각적인 인상에 의하며, 자신의 정서적인 가치로 부분의 크기와 중요도를 결정하여 매우 주관적인 작업을 한다.

2 버트(Cyril Burt)의 발달단계

- **난화기 (2~5세)**
  - 무의미한 끄적거림
  - 맹목적 난화기, 유목적 난화기, 부분적 난화기로 나눈다.

- **선화기 (4세)**
  - 각 부위가 완전하지 못한 인물화 중심
  - 시각적 자기 통제력이 발전하는 단계

- **묘사적 상징기 (5~6세)**
  - 점차 정돈되어 가는 단계, 상징적 낙서, 미숙한 도식
  - 개인마다 도식의 형태가 다르고 좋아하는 형태는 오랫동안 반복적으로 그림

- **묘사적 사실기 (7~8세)**
  - 세부묘사 추구, 주관적 지식에 의한 개념적 그림
  - 장식적 표현이 가능하고 인물의 측면 표현이 나타난다.
  - 어린이는 본 것이 아닌 아는 것을 그린다. 개인적 생각보다 일반적인 유형을 생각한다.

- **시각적 사실기 (9~10세)**
  - 사물에 대한 관찰표현, 입체적인 면을 나타낼 수 있다.
  - 명암의 의미를 알게 되고 풍경화를 사실적으로 그릴 수 있다.
  - 중복과 투시법을 사용할 수 있다.
  - 기억과 상상에 의한 그리기를 지나 자연을 보고 그린다. 2차원적인 면은 윤곽선이 사용된다.

- **억제기 (11~14세)**
  - 객관적 사실 추구
  - 표현 능력의 부족으로 인해 실망과 좌절
  - 인상 깊은 동화나 소설의 줄거리 표현이 가능하다.
  - 인물표현이 드물고 대신 형식적인 디자인을 선호한다.

- **예술적 부활기 (15세 이후~)**
  - 예술적 행위로서 그림을 다시 시작(대부분의 사람들이 이 시기에 도달하지 못하고 억압된다.)
  - 남자와 여자의 성 차이가 표현에서 나타난다.
    ① 남자 : 기계적 공업제품을 선호하며, 기술적, 직선적 그림을 선호한다.
    ② 여자 : 우아미, 기교적, 곡선적이고 장식적 형태와 색채의 풍부함을 선호한다.

3 루켄스(H. T. Lukens)의 감상능력 발달단계

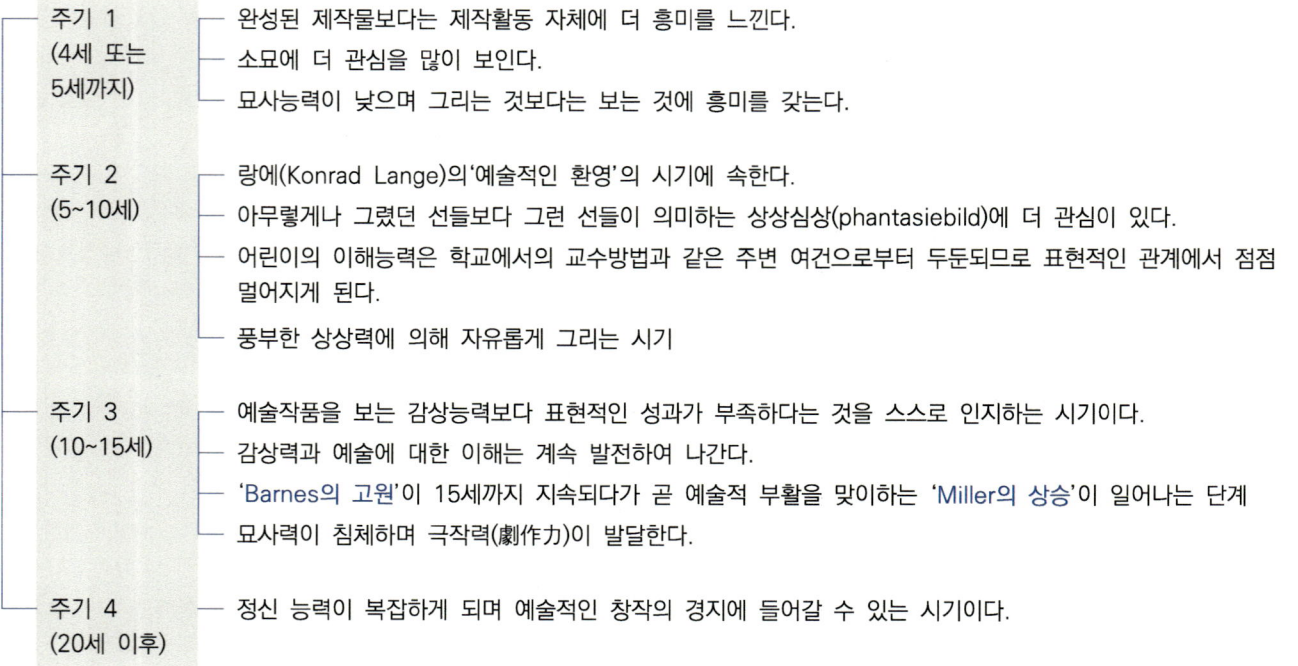

주기 1 (4세 또는 5세까지)	— 완성된 제작물보다는 제작활동 자체에 더 흥미를 느낀다. — 소묘에 더 관심을 많이 보인다. — 묘사능력이 낮으며 그리는 것보다는 보는 것에 흥미를 갖는다.
주기 2 (5~10세)	— 랑에(Konrad Lange)의 '예술적인 환영'의 시기에 속한다. — 아무렇게나 그렸던 선들보다 그런 선들이 의미하는 상상심상(phantasiebild)에 더 관심이 있다. — 어린이의 이해능력은 학교에서의 교수방법과 같은 주변 여건으로부터 두둔되므로 표현적인 관계에서 점점 멀어지게 된다. — 풍부한 상상력에 의해 자유롭게 그리는 시기
주기 3 (10~15세)	— 예술작품을 보는 감상능력보다 표현적인 성과가 부족하다는 것을 스스로 인지하는 시기이다. — 감상력과 예술에 대한 이해는 계속 발전하여 나간다. — 'Barnes의 고원'이 15세까지 지속되다가 곧 예술적 부활을 맞이하는 'Miller의 상승'이 일어나는 단계 — 묘사력이 침체하며 극작력(劇作力)이 발달한다.
주기 4 (20세 이후)	— 정신 능력이 복잡하게 되며 예술적인 창작의 경지에 들어갈 수 있는 시기이다.

4 파슨스(Parsons)의 발달단계

- '미적 인식론 및 미술작품 감상 능력 발달론'
  피아제(J. Piaget)의 인지심리학 이론과 콜버그(L.Kohlberg)의 도덕판단의 인지발달 이론을 기초하였다.
  이 연구에서 파슨스는 '주제, 표출, 매체·형식·양식, 판단'의 4가지 관점에 기반한 인터뷰로 다양한 사람들의 반응을 분석하였다.

- ① 편애(5세)
  - 다른 사람의 관점에 대한 의식이 거의 없다.
  - 즐거운 자극으로서의 그림
  - 좋아하는 것으로 판단한다.
  - 좋은 혹은 나쁜 미술 개념의 결여
  - 그림에 대한 직관성

- ② 미와 현실주의 (10세)
  - 그림 내용에 근거해서 좋은 미술과 나쁜 미술을 구별한다.
  - 그림의 기본적 목적은 무엇을 재현하는 것이다.

- ③ 표현(사춘기)
  - 개인적인 경험을 중시한다.
  - 작품이란 감정이나 생각이 표출되는 것이다.
  - 제재 그 자체의 내용보다 표현된 것을 더 중시한다.
  - 표출된 다양한 특징을 중시한다.

- ④ 양식과 형식 (청소년)
  - 양식적 전통에 대한 시각은 중요한 것이 된다.
  - 사회적 환경과 경험을 중시한다.
  - 전통과 공동체의 공적 이념을 중시한다.

- ⑤ 자율성 (전문적으로 훈련된 성인)
  - 특정한 작품, 학교, 예술적 가치를 중심으로 형성되었을지도 모르는 비판적 합의에 대한 질문
  - 가치는 역사와 함께 변하는 것이다.
  - 끊임없는 조정을 할 수 있다.

5 하르트만 층 이론

- 예술작품의 존재 방식
  - 전 경 — 작품이 보여주는 물질
  - 후경 제1층 — 묘사된 인물의 '외면적, 물적'인 계층(2차원의 전경에 나타나는 3차원적인 것)
  - 후경 제2층 — 물질적 계층에서 나타나는 '생명'의 계층(인물의 동작, 표정 등)
  - 후경 제3층 — 생명의 계층을 통해서 나타나는 '심적' 계층(인물의 성격, 내적 운명 등)
  - 후경 제4층 — 심적 계층을 바탕으로 나타나는 보다 큰 '정신적' 계층(인물의 본질, 이념, 깊은 의미, 작품의 의의) 등

6 수용 미학

- 수용 미학 — 야우스, 잉가르덴. — 미술작품의 의미는 주체(학생)의 의지와 상호작용하는 데에서 재생산, 구축되어야 한다
  수용자 중심

05 미술 비평 유형

【 미술 비평의 유형 】

스톨리치	리사르	다케우치	월프	펠드만
규칙 비평	기술 비평	재단 비평		
맥락적 비평	역사적 비평 심리학적 비평 이념적 비평	역사적 비평 심리학적 비평 과학적 비평	맥락 비평	도구주의 비평 (도덕, 종교, 정치, 심리, 목표)
인상주의 비평	•	인상주의 비평 감상 비평 심미 비평	일기체 미술 비평	•
의도주의 비평	•	•	•	•
내재적 비평	형식주의 비평	•	형식주의 비평	형식주의 비평
•	•	•	•	표현주의 비평

1 펠드만(Eruke B. Feldman)의 미술비평

- **기술하기**
  - 의미: 객관적인 사실들에 의한 '목록' 작성 과정, 조형적 요소와 원리들에 관한 관찰
    - 제재, 크기, 어디에?, 미술가는 누구? 언제?
    - 전경, 중경, 배경에는 무엇?
    - 선의 모양은? 공간은? 윤곽은?
    - 작품의 종류는? 스케치의 종류는?
    - 눈에 보이는 매체, 작가가 자기 의도를 전달하기 위해 사용한 매체는?
  - 언어활동: 작품을 직시하였을 때 나타나는 특징, 즉 조형적 요소와 원리들에 관한 관찰을 통대로 기술하는 것.

- **분석하기**
  - 의미: 조형 요소와 원리들의 관계에 대한 기술, 작품의 조직과 형식 분석, 형식의 비평
    - 어떻게 통일성을 이루었나? 균형, 조화를 이루었나?
    - 기능은?
    - 원근은 있는가? 강조된 구도는? 비례는?
    - 후원가는?
    - 주된 색은? 색의 역할은?
    - 양식의 명칭은?
    - 놓여진 위치는?
    - 추상인가? 구상인가?
    - 작품 A와 비교했을 때 이 작품의 특징은?
  - 언어활동: 시각적인 조형적 특지을 따져보는 관계

- **해석하기**
  - 의미: 작품의 의미를 고려하는 단계, 의미의 내재적·미학적 입장
    - 이 작품의 제작 의도는 무엇일까? 작가는 무엇을 나타내려고 했을까?
    - 이 작품은 어떤 의미를 지녔다고 생각하는가?
    - 우리에게 무엇을 전달하려 하는가?
  - 언어활동: 작품의 주제나 의미에 대하여 해석을 이끌어내는 단계

- **판단하기**
  - 의미: 다른 작품과의 관계에서 그 작품에 등급을 매기고 선택하며, 성공과 실패에 대한 결론을 내리는 과정
    - 이 양식에서 무슨 미술적 우수성이 있는가?
    - 이 작품이 혹은 미술가가 다른 작가에게 끼친 영향은?
    - 특히 마음에 드는 이유와 정당화는?
    - 좋아하는가? 어떻게 서열을 매기는가?
  - 언어활동: 이제까지 밝혀진 작품의 현상과 내용들에 근거하여 작품의 가치를 판단하고 평가하며, 선택하는 특징

2 앤더슨 – 교육적 비평

- 제1단계: 반응
  - 반응 — 작품을 보고 주관적으로 평가하는 반응의 단계
- 제2단계: 지각 분석
  - ① 재현 — 반응에서 돌출되는 것을 객관적으로 관찰할 수 있는 특징에 대해 묘사를 포함한 지각분석으로 흥미를 끌고 눈에 띄는 특징을 말로 재현
  - ② 조형상의 분석 — 조형의 관계 발견
  - ③ 형상의 특징 지우기 — 미술품이 지닌 의미의 핵심인 양식과 주제에 관계해서 조형상의 특징에 자신의 기분을 투영한다.
- 제3단계: 개인적인 해석
  - 개인적인 해석 — 지금까지의 자료로부터 종합적, 직관적으로 투영한다.
- 제4단계: 작품을 둘러싼 상황의 검증
  - 작품을 둘러싼 상황의 검증 — 작품이 제작된 환경과 그 내력 등 작품에 대한 정보를 다룬다.
- 제5단계: 종합
  - ① 해결 — 개인적인 해석과 전문가의 해석을 참고로 명확한 해석 제시
  - ② 평가 — 표현주의, 형식주의, 모방주의, 실용주의, 개념주의 등 이론을 바탕으로 종합적 판단을 한다.

3 게히건(G. Geahigan)의 '비평적 탐구(critical inquiry)'

- 펠드만식의 '비평적 담화' 학습을 비판하고, 듀이(J. Dewey)의 문제해결 모형을 참고하여 제시하였다.
- 탐색하고 발견하는 데 초점이 맞추어진다. 순환적인 과정이다. 절차가 아니라 일종의 활동을 의미한다.
- 작품의 비평에 관한 전문화된 지식과 배경 정보를 확실히 연구하는 시도를 포함한다.
- 공동체의 노력을 통해 학생들의 사고를 변화시킨다.

- 1) 비평 단계
  - 문제 인식 — 불확정적인 문제 인식의 상황. 애매모호한 내적 갈등 상태에 빠져서 깊이 생각함과 동시에 탐구가 시작된다.
  - 문제의 명확화 — 탐구자가 해결해야 할 문제가 무엇인지 명확히 인식하는 단계.
  - 가설설정 — 문제 해결을 위한 여러 가지 가설을 설정하는 단계
  - 추론 — 가설에 대한 결과들을 추론하는 일
  - 가설의 검증 — 추론한 것에 대하여 관찰과 실험, 조사 등을 통해서 가설을 증명한다.
  - 적용(전망) — 탐구를 통하여 얻은 지식은 지지될 수 있는 탐구 성과인 것으로 이러한 소산들은 다른 탐구를 조망할 때 응용, 적용되는 것이다.

- 2) 3가지 유형의 교육적 활동
  - ① 미술작품에 대한 개인적 반응
  - ② 학생 연구 활동
  - ③ 개념 및 기술의 개발

정샘 미술임용
마 인 드 맵

PART 02

교육과정
(교수·학습 및 평가)

01 미술과 교육과정(2015 개정)

미술과 교과 역량

'미적 감수성'	다양한 대상 및 현상에 대한 지각을 통해 자신의 느낌과 생각을 이해하고 표현하며 미적 경험에 반응하면서 미적 가치를 느끼고 내면화할 수 있는 능력이다.
'시각적 소통 능력'	변화하는 시각 문화 속에서 이미지와 정보, 시각 매체를 이해하고 비판적으로 해석하며, 이를 활용한 미술 활동을 통해 소통할 수 있는 능력이다.
'창의·융합 능력'	자신의 느낌과 생각을 다양한 매체를 활용하여 창의적으로 표현하고 미술 활동 과정에 타 분야의 지식, 기술, 경험 등을 연계, 융합하여 새로운 가능성을 발견할 수 있는 능력이다.
'미술 문화 이해 능력'	우리 미술 문화에 대한 이해를 바탕으로 정체성을 확립하고, 유연하고 개방적인 태도로 세계 미술 문화의 다원적 가치를 이해하고 존중하며 공동체의 발전에 참여할 수 있는 능력이다.
'자기 주도적 미술 학습 능력'	미술 활동에 자발적이고 주도적으로 참여하면서 자기를 계발·성찰하며, 그 과정에서 타인의 생각과 느낌을 이해하고 존중·배려하며 협력할 수 있는 능력이다.

1 미술

(1) **내용 체계** : 2015년 개정 공통과목 - 중학교

영역	핵심 개념	일반화된 지식	내용 요소	기능
체험	지각	감각을 통한 인식은 자신과 환경, 세계와의 관계를 깨닫는 바탕이 된다.	자신과 환경	탐색하기 발견하기 상호 작용하기 활용하기 모색하기 관련짓기
	소통	이미지는 느낌과 생각을 전달하고 상호 작용하는 도구로서 시각 문화를 형성한다.	이미지와 시각 문화	
	연결	미술은 타 학습 영역, 다양한 분야와 연계되어 있고, 삶의 문제 해결에 활용된다.	미술과 다양한 분야	
			미술 관련 직업	
표현	발상	주제를 다양한 방식으로 탐색, 상상, 구상하는 것은 표현의 토대가 된다.	주제와 의도	탐색하기 계획하기 점검하기 활용하기 표현하기
	제작	작품 제작은 주제나 아이디어에 적합한 조형 요소와 원리, 표현 재료와 용구, 방법, 매체 등을 계획하고 표현하며 성찰하는 과정으로 이루어진다.	표현 과정과 점검	
			조형 요소와 원리의 효과	
			표현 매체	
감상	이해	미술 작품은 시대와 지역의 배경을 반영하고 있어 미술 작품에 대한 이해는 시대적 변천, 맥락 등을 바탕으로 작품의 특징을 파악하는 활동으로 이루어진다.	미술의 변천과 맥락	설명하기 이해하기 해석하기 활용하기 전시 기획하기
	비평	미술 작품의 가치 판단은 다양한 관점과 방법을 활용한 비평 활동으로 이루어진다.	작품 해석	
			작품 전시	

(2) **내용 체계 : 2015년 개정 일반 선택중심교육과정 -** 고등학교

영역	핵심 개념	일반화된 지식	내용 요소	기능
체험	지각	감각을 통한 인식은 자신과 환경, 세계와의 관계를 깨닫는 바탕이 된다.	자신과 세계	인식하기 모색하기 참여하기 연계하기
	소통	이미지는 느낌과 생각을 전달하고 상호작용하는 도구로서 시각 문화를 형성한다.	시각 문화의 가치와 역할	
	연결	미술은 타 학습 영역, 다양한 분야 등과 연계되어 있고, 삶의 문제 해결에 활용된다.	미술을 통한 사회 참여	
			직업 세계와 미술	
표현	발상	주제를 다양한 방식으로 탐색, 상상, 구상하는 것은 표현의 토대가 된다.	주제의 확장	탐색하기 표현하기 활용하기 확장하기 성찰하기
	제작	작품 제작은 주제나 아이디어에 적합한 조형 요소와 원리, 표현 재료와 용구, 방법, 매체 등을 계획하고 표현하며 성찰하는 과정으로 이루어진다.	조형 요소와 원리의 응용	
			표현 매체의 융합	
			성찰과 보완	
감상	이해	미술 작품은 시대와 지역의 배경을 반영하고 있어 미술 작품에 대한 이해는 시대적 변천, 맥락 등을 바탕으로 작품의 특징을 파악하는 활동으로 이루어진다.	미술 문화의 교류	이해하기 설명하기 활용하기 판단하기
	비평	미술 작품의 가치 판단은 다양한 관점과 방법을 활용한 비평 활동을 통해 이루어진다.	작품 비평	

2 미술 창작

■ **내용 체계 : 2015년 개정 진로 선택중심교육과정 -** 고등학교

영역	핵심 개념	일반화된 지식	내용 요소	기능
표현 계획	발상	주변의 대상, 개인의 경험, 사회 현상 등을 탐색하여 주제를 설정하고, 다양한 정보와 자료를 수집하여 주제를 구체화한다.	표현 주제	탐색하기 구체화하기 시각화하기 선택하기 계획하기
			정보 수집	
	설계	다양한 방법을 활용하여 주제와 관련된 아이디어를 시각화하고, 주제에 적합한 제작 과정을 계획한다.	아이디어 시각화	
			제작 과정 조직	
표현과 확장	제작	조형 요소와 원리, 다양한 표현 기법을 활용하여 주제를 효과적으로 표현하며, 평면, 입체, 영상 등의 표현 매체를 실험하거나 융합하여 창의적으로 표현한다.	표현 효과	표현하기 융합하기 점검하기 반영하기 전시하기 평가하기
			매체 활용	
	성찰	완성된 작품을 평가하여 다음 표현에 반영하며, 다양한 형식의 작품 발표를 통해 타인과 소통하면서 작품을 발전시킨다.	작품 분석과 반영	
			전시와 평가	

3 미술 감상과 비평

■ 내용 체계 : 진로 선택중심교육과정 - 고등학교

영역	핵심 개념	일반화된 지식	내용 요소	기능
미술의 역사	탐구	미술 작품과 작가에 대한 다양한 정보를 수집·분석하고, 그 특징과 의미를 탐구한다.	작품 탐구	정보 수집하기 추론하기 분석하기 설명하기 관련짓기 해석하기
			작가 탐구	
	이해	다양한 문화권 미술의 특징과 변천 과정을 이해하고, 사회·문화적 맥락에서 미술 작품의 의미를 해석한다.	미술의 변천	
			미술의 사회·문화적 맥락	
미술의 비평	반응	다양한 방법으로 미적 대상에 대한 자신의 반응을 형성하고 분석하여 명료화한다.	반응 형성	탐색하기 묘사하기 명료화하기 적용하기 논술하기 소통하기
			반응 분석	
	판단	비평 방법을 활용하여 자신의 관점에 따라 미적 대상의 가치를 평가하고 논리적으로 표현한다.	비평 방법과 관점	
			비평 활동	

◆ 참고

【 제7차 교육과정 vs 2007 개정 교육과정 vs 2009 개정 교육과정 vs 2015 개정 교육과정 】

제7차 교육과정		2007 개정 교육과정	2009 개정(2011년 각론)		2015 개정	
대영역	중영역	중영역	대영역	중영역	영역	핵심 개념
미적 체험 (신설)	자연미와 조형미의 조화 이해	자연 환경	체험 (명칭변경)	지각	체험	지각
						소통
	미술과 생활의 관계 이해	시각문화 환경		소통		연결
표현	주제 표현	주제 표현	표현	주제 표현	표현	발상
	표현 방법	표현 방법		표현 방법		
	조형 요소와 원리	조형 요소와 원리		조형 요소와 원리		제작
	표현 재료와 용구	표현 과정		×		
감상	서로의 작품 감상	미술 작품	감상	미술사	감상	이해
	미술품 감상	미술 문화		미술 비평		비평

교육부 고시 제2022-33호 [별책 13] **미술과 교육과정**

교육과정 설계의 개요
- 교과(목) 교육과정의 설계 방향에 대한 개괄적인 소개
- 교과(목)와 총론의 연계성, 교육과정 구성 요소(영역, 핵심 아이디어, 내용 요소 등) 간의 관계, 교과 역량 등 설명

1. 성격 및 목표
- **성격**: 교과(목) 교육의 필요성 및 역할 설명
- **목표**: 교과(목) 학습을 통해 기르고자 하는 능력과 학습의 도달점을 총괄 목표와 세부 목표로 구분하여 제시

2. 내용 체계 및 성취기준
- **내용 체계**: 학습 내용의 범위와 수준을 나타냄
  - **영역**: 교과(목)의 성격에 따라 기반 학문의 하위 영역이나 학습 내용을 구성하는 일차 조직자
  - **핵심 아이디어**: 영역을 아우르면서 해당 영역의 학습을 통해 일반화할 수 있는 내용을 핵심적으로 진술한 것. 이는 해당 영역 학습의 초점을 부여하여 깊이 있는 학습을 가능하게 하는 토대가 됨
  - **내용 요소**: 교과(목)에서 배워야 할 필수 학습 내용
    - **지식·이해**: 교과(목) 및 학년(군)별로 해당 영역에서 알고 이해해야 할 내용
    - **과정·기능**: 교과 고유의 사고 및 탐구 과정 또는 기능
    - **가치·태도**: 교과 활동을 통해 기를 수 있는 고유한 가치와 태도
- **성취기준**: 영역별 내용 요소(지식·이해, 과정·기능, 가치·태도)를 학습한 결과 학생이 궁극적으로 할 수 있거나 할 수 있기를 기대하는 도달점
  - **성취기준 해설**: 해당 성취기준의 설정 취지 및 의미, 학습 의도 등 설명
  - **성취기준 적용 시 고려 사항**: 영역 고유의 성격을 고려하여 특별히 강조하거나 중요하게 다루어야 할 교수·학습 및 평가의 주안점, 총론의 주요 사항과 해당 영역의 학습과의 연계 등 설명

3. 교수·학습 및 평가
- **교수·학습**
  - **교수·학습의 방향**: 교과(목)의 목표를 달성하기 위한 교수·학습의 원칙과 중점 제시
  - **교수·학습 방법**: 교수·학습의 방향에 따라 교과(목) 수업에서 활용할 수 있는 교수·학습 방법이나 유의 사항 제시
- **평가**
  - **평가의 방향**: 교과(목)의 목표를 달성하고 학습을 지원하기 위한 평가의 원칙과 중점 제시
  - **평가 방법**: 평가의 방향에 따라 교과(목)의 평가에서 활용할 수 있는 평가 방법이나 유의 사항 제시

[공통 교육과정]
- 미술 ....

[선택중심 교육과정]

[일반 선택 과목]
- 미술 ....

[진로 선택 과목]
- 미술 창작 ....
- 미술 감상과 비평 ....

[융합 선택 과목]
- 미술과 매체 ....

[고등학교 교과 구조 개선안]

공통과목	일반 선택과목	진로 선택 과목	융합 선택 과목
기초소양 및 기본학력 함양, 학문의 기본이해 내용 과목	교과별 학문 영역 내의 주요 학습 내용 이해 및 탐구를 위한 과목	교과별 심화 학습 및 진로 관련 과목	교과 내·교과간 주제 융합 과목, 실생활 체험 및 응용을 위한 과목

2022년 개정 공통 교육과정 미술과 역량

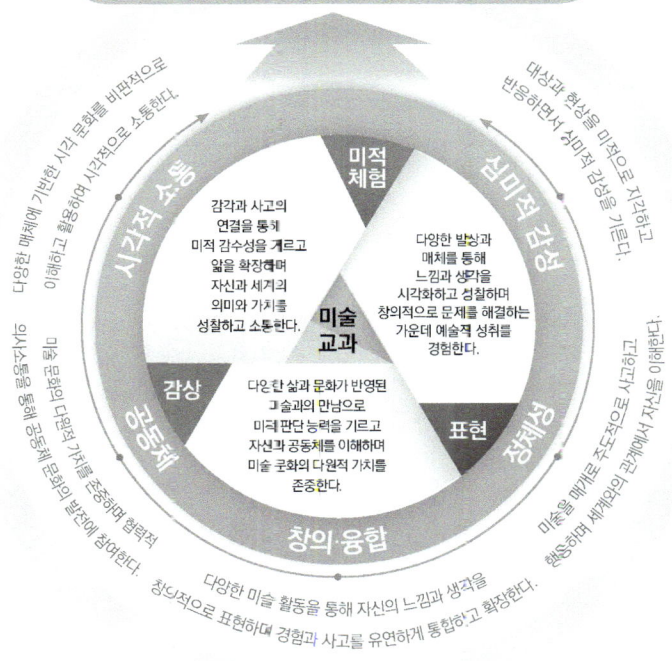

2022년 개정 선택 중심 교육과정 미술과 역량

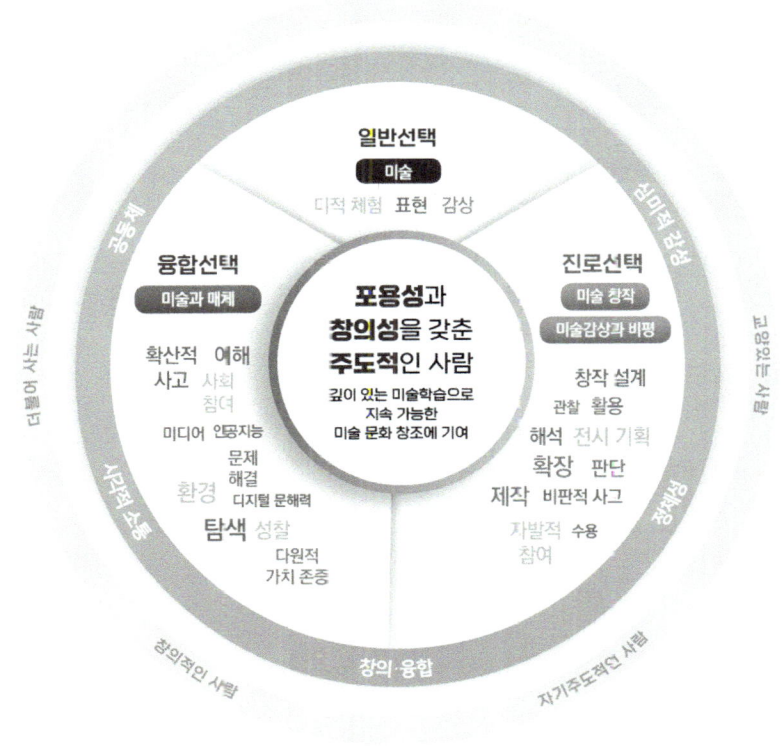

1 내용 체계 : 2022년 개정 교육과정 – 중학교 미술

(1) 미적 체험

핵심 아이디어	• 미적 체험은 감각을 깨워 미적 감수성을 풍부하게 하며 미적 가치를 발견하도록 한다. • 대상과 현상을 관찰하고 지각하는 경험은 앎을 확장하고 자신을 성찰하게 한다. • 이미지에 대한 비판적 이해는 시각적 소통과 문화적 참여의 토대가 된다.		

구분 범주	내용 요소		
	초등학교		중학교
	3~4학년	5~6학년	1~3학년
[지식·이해]	• 자신의 감각 • 대상의 특징 • 생활 속 미술	• 감각과 매체의 역할 • 자신과 환경의 관계 • 이미지와 의미	• 감각을 활용한 미적 인식 • 시각 문화의 의미와 역할 • 삶과 미술의 관계
[과정·기능]	• 감각을 활용하여 탐색하기 • 대상에 반응하여 느낌과 생각을 나타내기 • 미술의 특징과 역할을 발견하기	• 감각과 매체를 활용하여 탐색하기 • 대상과 상호 작용하며 의미 발견하기 • 이미지를 해석하고 활용하기	• 이미지를 비판적으로 해석하기 • 이미지를 활용하여 소통하기 • 미술과 다양한 분야 연결하기
[가치·태도]	• 미적 탐색에 대한 호기심 • 미술의 역할에 관한 관심	• 주변 환경에 대한 민감성 • 비판적으로 이해하는 태도	• 자신과 환경에 대한 감수성 • 다양한 문화 존중과 참여

(2) 표현

핵심 아이디어	• 표현은 자신의 느낌과 생각을 시각화하는 창의적 사고와 성찰의 순환 과정으로 이루어진다. • 다양한 발상은 아이디어와 주제를 발전시키고 표현의 토대가 된다. • 작품 제작은 표현 재료와 방법, 조형 요소와 원리 등을 선택하고 활용하여 창의적으로 문제를 해결하는 과정을 통해 예술적 성취를 경험하게 한다.		

구분 범주	내용 요소		
	초등학교		중학교
	3~4학년	5~6학년	1~3학년
[지식·이해]	• 표현 주제 • 기본적인 표현 재료와 용구 • 조형 요소의 특징	• 표현 주제와 발상 • 표현 재료와 용구, 디지털 매체 • 조형 요소와 원리의 관계	• 표현 주제와 의도 • 다양한 표현 재료와 방법 • 조형 요소와 원리의 효과
[과정·기능]	• 관찰과 상상으로 아이디어를 떠올리기 • 표현 방법을 익히기 • 의도를 가지고 작품을 제작하기 • 타 교과와 관련짓기	• 다양한 방법으로 아이디어를 연결하기 • 표현 방법을 탐색하여 활용하기 • 과정을 돌아보며 작품을 발전시키기 • 타 교과와 융합하기	• 주제에 적합한 표현 계획하기 • 새로운 표현을 실험하고 작품 제작하기 • 작품을 공유하고 소통하기 • 미술 표현 경험을 삶과 연결하기
[가치·태도]	• 표현에 대한 흥미 • 자기 작품을 소중히 여기는 태도	• 주제 표현의 의지 • 자유롭게 시도하는 태도	• 표현 과정에서의 주도성과 성찰 • 자신과 타인의 작품 존중

(3) 감상

범주 \ 구분	내용 요소		
	초등학교		중학교
	3~4학년	5~6학년	1~3학년
핵심 아이디어	• 감상은 다양한 삶과 문화가 반영된 미술과의 만남으로 자신과 공동체의 문화를 이해하게 한다. • 작품의 내용과 형식에 관한 맥락적 이해와 비평은 미적 판단 능력을 높인다. • 감상은 서로 다른 관점을 이해하여 삶에서 미술 문화의 다원적 가치를 존중하도록 한다.		
[지식·이해]	• 미술 작품과 미술가 • 미술 작품의 특징 • 미술 전시	• 미술 작품의 배경 • 미술 작품의 내용과 형식 • 공동체의 미술 문화	• 미술의 시대적, 지역적, 사회적 맥락 • 미술 용어와 지식 • 다양한 감상 방법과 관점
[과정·기능]	• 자세히 보고 질문하기 • 미술 작품에 관한 느낌과 생각을 설명하기 • 미술 전시 및 행사에 참여하기	• 작품과 배경을 연결하기 • 다양한 방법으로 분석하기 • 미술 문화 활동을 경험하고 공유하기	• 미술 작품의 내용과 형식 분석하고 설명하기 • 미술 작품을 해석하기 • 미술 감상 경험을 삶과 연결하기
[가치·태도]	• 자신의 감상 관점 존중 • 미술 문화에 관한 관심	• 서로 다른 관점의 존중 • 공동체 문화에 참여	• 미술의 다원성 존중 • 공동체 문화에 기여

2 내용 체계 : 2022년 개정 교육과정 – 고등학교 미술

(1) 미적 체험

핵심 아이디어	• 미적 체험은 대상과 현상의 미적 가치를 발견하게 하고 새로운 지각으로 확장된다. • 이미지의 관찰과 탐색은 미적 안목을 형성하고 자신과 사회, 환경과의 소통으로 이어진다.
범주 \ 구분	내용 요소
[지식·이해]	• 자신과 세계에 대한 미적 관점 • 시각 문화의 다양성과 의미 전달 방식 • 삶과 연결된 미술
[과정·기능]	• 대상과 현상의 미적 가치 분석하기 • 이미지를 활용한 소통방식 탐구하기 • 미술을 공동체와 생태환경으로 확장하기
[가치·태도]	• 시각 문화에 대한 비판적 수용과 향유 • 삶 속 미술의 의미에 대한 공감

(2) 표현

핵심 아이디어	• 표현은 창의적 사고와 순환적인 성찰의 과정을 포함한다. • 작품 제작은 창의적 문제 해결 과정으로 예술적 성취 경험을 수반한다.
범주 \ 구분	내용 요소
[지식·이해]	• 발상과 표현 주제 심화 • 적용과 융합을 위한 표현 방법 • 주제에 적합한 표현 매체
[과정·기능]	• 주제의 확장을 통한 작품 계획하기 • 표현 매체와 방법을 실험하고 융합하기 • 새로운 표현 효과를 적용하고 활용하기
[가치·태도]	• 미술 활동에 대한 관심과 참여 • 표현 과정에서의 집중과 자기 성찰

(3) 감상

핵심 아이디어	• 감상은 다양한 삶과 문화가 반영된 미술과의 만남으로 자신과 공동체의 문화를 풍요롭게 한다. • 작품의 내용과 형식에 대한 맥락적 이해와 비평은 미적 판단 능력을 높이고 미술 문화의 다원적 가치를 이해하게 한다.
범주 \ 구분	내용 요소
[지식·이해]	• 미술의 시대적, 지역적, 사회·문화적 변천 • 미술 감상과 비평을 위한 관점과 방법 • 전시의 목적과 유형
[과정·기능]	• 미술과 시대, 사회, 환경과의 상호 관련성 분석하기 • 작품에 대한 자신의 견해와 가치 판단을 논리적으로 표현하기 • 전시를 기획하고 참여하기
[가치·태도]	• 감상을 통한 소통 • 미술 문화의 다원적 가치 이해와 존중

3 2022년 개정 : 미술 창작

(1) 설계와 창작

핵심 아이디어	• 창작은 삶과 관련된 주제를 탐색하고 매체를 탐구하는 과정을 설계하며 자신의 미적 관심을 발견하고 창조하게 한다.
범주 \ 구분	내용 요소
[지식·이해]	• 자신의 진로나 관심 분야와 연결된 주제 • 아이디어를 발상하는 방법 • 표현 기법과 매체의 종류
[과정·기능]	• 정보 수집과 탐색으로 아이디어 시각화하기 • 표현 기법과 매체를 탐구하기 • 표현 매체와 방법을 선정하여 창작하기
[가치·태도]	• 창작 과정에서의 몰입과 도전적 문제 해결 태도 • 창작의 과정과 결과에 대한 다양성 존중 및 비판적 수용

(2) 창작의 확장

핵심 아이디어	• 창작은 매체의 실험과 융합, 소통과 성찰의 과정을 통해서 재개념화된 창조적 활동으로 확장된다.
범주 \ 구분	내용 요소
[지식·이해]	• 표현 기법과 매체의 효과와 적용 방법 • 작품 내용과 형식의 심화 • 전시 목적과 방법
[과정·기능]	• 표현 기법과 매체를 실험하고 융합하기 • 전시를 기획하고 구성하기 • 창작 과정과 결과를 성찰하고 확장하기
[가치·태도]	• 창작 과정에서의 몰입과 도전적 문제 해결 태도 • 창작의 과정과 결과에 대한 다양성 존중 및 비판적 수용

4 2022년 개정 : 미술 감상과 비평

(1) 미술 감상

핵심 아이디어	• 미술 감상은 작품의 조형적, 맥락적 다의성을 발견하고 이해하여 미술과 삶을 연결하게 한다.
범주 \ 구분	내용 요소
[지식·이해]	• 미술의 변천 과정과 미술사적 의의 • 작가와 작품의 특징과 맥락적 이해
[과정·기능]	• 미술사적 관점을 활용한 작품의 역사, 정치, 경제, 사회적 변천 과정과 특징을 분석하기 • 자신의 삶과 관련된 작가와 작품을 탐색하고 연결하기 • 온오프라인 전시 공간을 활용하여 작품 감상하기
[가치·태도]	• 작품 이해와 해석에 대한 공감과 포용 • 문화 다양성에 대한 수용과 공동체 의식

(2) 미술 비평

핵심 아이디어	• 미술 비평은 미술 작품의 가치와 의미를 비판적으로 판단하고 소통하여 사회와 삶으로 확장하게 한다.
범주 \ 구분	내용 요소
[지식·이해]	• 미술 작품의 의미 • 비평 방법과 관점
[과정·기능]	• 비평을 위한 다양한 분야의 자료 수집하기 • 비평 방법을 활용하여 해석하고 평가하기 • 다양한 비평 관점에 따라 가치 판단하기
[가치·태도]	• 미술 비평 관점을 사회와 삶으로 확장

【 한국의 미술과 교육과정 제2차 교육과정 시기의 중요 내용 】

시 기	1956년 10월 내한	
피바디 사절단의 슈드로우의 주요 활동		피바디 사절단의 영향
• 전국 사범학교 미술교육 순회지도 특강 및 미술지도협의회 개최 • 부산사범대학 미술과 학생을 대상으로 한 미술교육활동 • 사범학교 미술교사를 위한 교사연수회 개최 • 교사교육의 향상과 교사의 자질 향상 시도 • 미술, 공작 실기실 건축에 대한 경제적 지원 • 미술재료와 용구, 공작 기계의 지원		• 미술교육의 시범을 통한 창조주의 미술교육 전파 • 종래의 고정관념을 탈피하여 창조주의 미술교육에로 한국 미술교육 관계자들과 교사들의 인식 전환에 기여 • 미술교육연구회의 결성 촉진에 역할 • 미술교육 관련 출판물 간행에 재정적인 지원 • 전국에 아동미술의 붐을 형성 • 미술 국제교류에도 기여

02 교수·학습 방법

1 반응 중심 학습법

- 용도 및 목적 ── 대상과 현상에 대한 자신의 반응을 명료화 하고 자신의 반응에 따른 행동에 대해 의미와 가치를 부여하도록 한다.
- 학습 과정
  - 반응 형성 ── 시각적 대상이나 현상을 탐색하면서 학습자 개인의 경험과 선지식을 자극하여 반응 형성을 적극적으로 유도한다.
  - 반응 명료화 ── 형성된 반응을 교사와 학생, 학생과 학생 간의 질문, 토의, 반성 등의 상호작용을 통해 반응을 명료화한다.
  - 반응 심화 ── 관련 작품을 탐색하거나 새로운 시각으로 대상이나 현상을 재파악하는 과정으로, 표현 활동과 연계하여 반응을 심화한다.
  - 정리 및 발전 ── 반응의 내면화 고정이며, 학습자의 미술적 반응에 대한 의미와 가치를 부여하는 단계로 체험의 확대와 심화에 대한 긍정적 태도를 형성한다.

2 직접 교수법

- 용도 및 목적 ── 학습 과제를 수행하는 방법을 설명하거나 시범을 보이며 지도하는 방법
- 학습 과정
  - 용도 및 목적 ── 학습 과제를 수행하는 방법을 설명하거나 시범을 보이며 지도하는 방법
  - 문제 인식 ── 목표, 제재, 성취 수준 등을 알려주고 동기를 유발
  - 설명 및 시범 ── 교사가 학습 과제의 수행 방법을 제시하는 단계로 오류의 사례를 제시할 수 있다.
  - 질의응답
    - 질의응답을 통해 교사가 학습자의 이해 정도를 확인
    - 연습 활동을 관찰하여 간접적으로 확인하고 피드백
  - 연습 활동 ── 설명, 시범을 통해 이해된 학습 내용에 대하여 연습에 들어가는 단계
  - 작품 제작
    - 단계적 학습을 통해 습득한 표현 재료와 용구, 표현 방법에 대한 기능이나 능력을 충분히 활용
    - 학생들이 독창적인 작품을 제작하는 단계
  - 정리 및 발전
    - 작품 제작 과정이 원활하게 이루어지지 않을 경우는 개별 또는 모둠별로 '설명 및 시범'이나 '연습 활동'의 과정을 다시 반복함으로써 좀 더 발전시킬 수 있다.
    - 작품이 완료되면 이를 정리

3 창의적 문제 해결법

- 용도 및 목적 — 문제해결을 위한 사고 능력, 아이디어 창출 능력, 표현 능력, 작품 분석 및 새로운 해석이나 판단을 내리는 능력이 필요한 수업
- 학습 과정
  - 문제 인식
    - 학습자는 제시된 문제를 인식
    - 해결에 필요한 단서를 파악하기 위해 다양한 자료나 정보를 모아 문제나 주제를 검토, 해체, 분류
  - 아이디어 탐색 — 브레인스토밍 등을 통해 문제 해결을 위한 아이디어를 구상
  - 아이디어 정교화
    - 탐색한 아이디어를 분석하고 정교화하며,
    - 아이디어의 시각화를 위해 스케치하거나,
    - 여러 가지 아이디어를 대상으로 최선의 선택을 하고 재검토, 보완한다.
  - 아이디어 적용
    - 정교화된 아이디어를 표현 활동에 적용하는 단계
    - 독창적인 아이디어가 명확한 형태로 나타난다.
  - 종합 및 재검토 — 아이디어가 작품에 잘 반영되었는지 감상, 분석하며 새로운 선택의 가능성도 생각할 수 있다.

4 귀납적 사고법

- 용도, 목적
  - 객관적 사실 또는 원리가 있다는 전제로 이를 추론해 가는 과정을 통해 미적 인식 능력을 향상시킨다.
  - 사고력 개발에 초점을 맞추어 주변의 자연 환경과 시각 문화 환경, 미술 작품에서 미적 사고를 형성하고 미적 원리나 특징을 추론
- 학습 과정
  - 문제 인식
    - 학습 자료를 통해 학습 문제를 파악하고 탐구하는 단계이다.
    - 교사는 학습 문제에 관심을 고조시키고, 학생들의 기존 사고 체계를 변화시킬 학습 자료를 준비해야 한다.
  - 관계 탐색
    - 인식된 문제와 관련하여 제시된 자료를 탐색하는 단계이다.
    - 다양한 관찰과 탐색의 기회를 제공하여, 학습 주제에 대한 생각을 명확하게 한다.
    - 자신의 의미와 언어를 다른 학생과 대비시켜 정교화 한다.
  - 개념 발견
    - 탐색한 사실을 근거로 상호 관계를 찾아 규칙성을 발견하는 단계이다.
    - 개념은 언어를 통해 형성되므로 용어의 정의를 통해 추상 개념을 언어화할 수 있도록 한다.
  - 개념 적용
    - 형성된 개념을 다양한 상황에 적용·확장·응용하는 단계이다.
    - 실생활이나 표현활동에 적용시키도록 유도한다.
  - 정리 및 발전 — 학습 과정의 반성 단계로 학습한 개념에 대해 학습자의 이해력을 높이고, 학습자의 삶에 의미 있게 응용

15 프로젝트 기반 학습

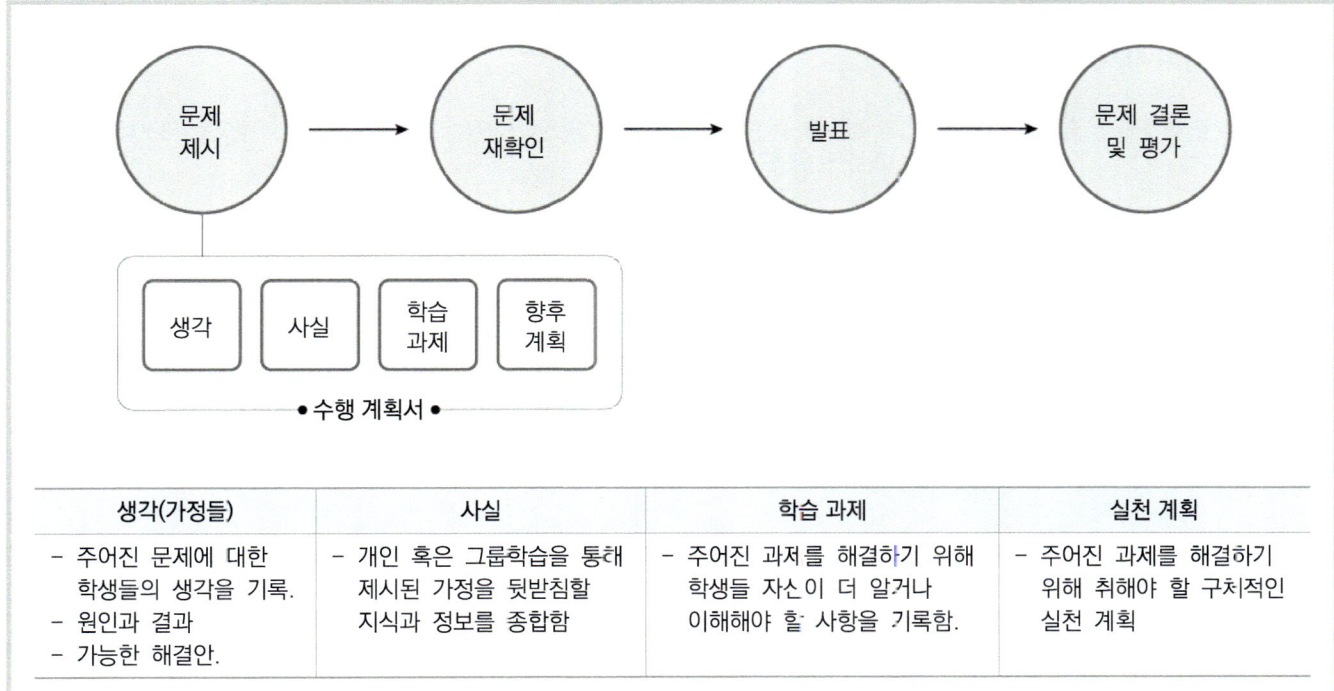

6 구성주의 미술교육 학습

- 구성주의 미술학습 모형
  - ① 자기주도적 학습(SDL) (Self-directed Learning) — 활동과정
    - 탐색/선택 — 선행 요소 분석, 미적 정보의 수집 및 결합, 학습자 분석, 과제 탐색 및 선정, 매체 선정, 수업 형태 선정
    - 표상 활동 — 내용 설계, 표상 요소 선택, 최종 산출물 설계, 표상활동, 재구상, 소집단 선택 및 형성
    - 감상 활동 — 환경 설정, 학습자 분석, 감상 작품의 선택, 결과물 선지 및 평가, 미적 정보의 교환, 반성적 사고, 확장

- 구성주의 미술교육
  - ② 아트프로펠
    - 작품활동 / 지각 / 반성
    - 프로젝트 학습법 / 프로세스 폴리오 평가
  - ③ 월취의 대화 학습 — 언어적 상호작용 강조
  - ④ 러고프의 도제학습 — 모델링 - 코칭 - 스캐폴딩 - 명료화 - 반성적 사고 - 탐구
  - ⑤ 말라구치 소집단 프로젝트 — 시작-전개-정리

03 평가

1 평가 결과의 해석에 따른 분류

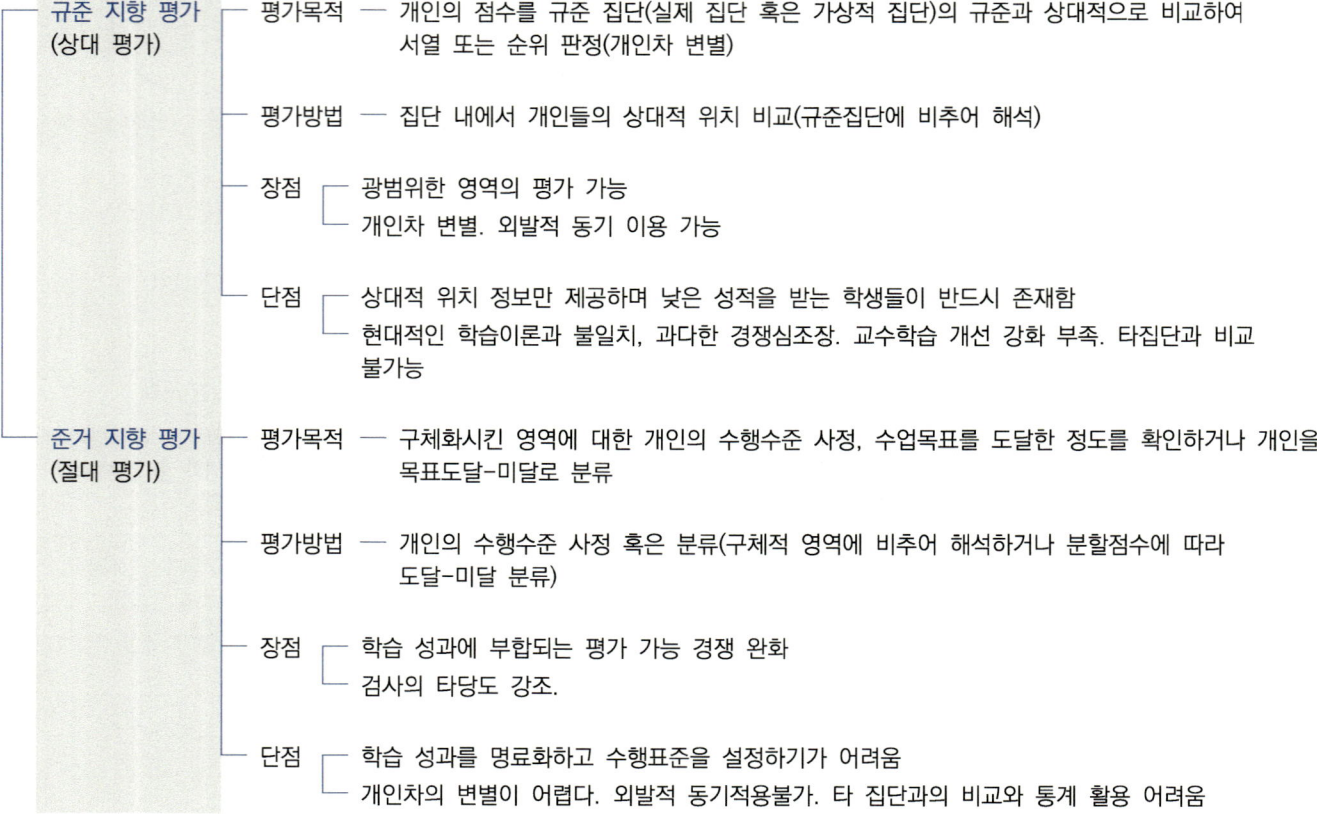

- **규준 지향 평가 (상대 평가)**
  - 평가목적 — 개인의 점수를 규준 집단(실제 집단 혹은 가상적 집단)의 규준과 상대적으로 비교하여 서열 또는 순위 판정(개인차 변별)
  - 평가방법 — 집단 내에서 개인들의 상대적 위치 비교(규준집단에 비추어 해석)
  - 장점
    - 광범위한 영역의 평가 가능
    - 개인차 변별. 외발적 동기 이용 가능
  - 단점
    - 상대적 위치 정보만 제공하며 낮은 성적을 받는 학생들이 반드시 존재함
    - 현대적인 학습이론과 불일치, 과다한 경쟁심조장. 교수학습 개선 강화 부족. 타집단과 비교 불가능

- **준거 지향 평가 (절대 평가)**
  - 평가목적 — 구체화시킨 영역에 대한 개인의 수행수준 사정, 수업목표를 도달한 정도를 확인하거나 개인을 목표도달-미달로 분류
  - 평가방법 — 개인의 수행수준 사정 혹은 분류(구체적 영역에 비추어 해석하거나 분할점수에 따라 도달-미달 분류)
  - 장점
    - 학습 성과에 부합되는 평가 가능 경쟁 완화
    - 검사의 타당도 강조.
  - 단점
    - 학습 성과를 명료화하고 수행표준을 설정하기가 어려움
    - 개인차의 변별이 어렵다. 외발적 동기적용불가. 타 집단과의 비교와 통계 활용 어려움

기준	규준참조 평가 (상대 평가)	준거참조 평가 (절대 평가)	자기 참조 평가		
			성장지향 평가	노력지향 평가	능력지향 평가
	평가 집단의 평균	학습 목표	현 성취도와 이전 성취도 간 차이	학습자의 노력정도	개인의 능력 대비 수행 결과

2 교수-학습 과정에 따른 평가

- 정치 평가
  - 기능
    - 수업의 출발점 결정
    - 집단배치
    - 수업 계획
  - 실시시점 — 수업 전
  - 측정내용
    - 선수필수 출발점 행동
    - 수업목표 달성 여부
  - 문항수준
    - 출발점 행동(쉬움)
    - 목표에 따라 다름

- 진단 평가
  - 기능 — 지속적인 학습장애 원인 확인 및 교정
  - 실시시점
    - 수업 중 필요 시
    - 학기나 학년 초
  - 측정내용 — 학습 장애와 관련된 행동 표본
  - 문항수준 — 쉬움

- 형성 평가
  - 기능
    - 피드백 제공으로 학습촉진
    - 교수방법 개선
  - 실시시점 — 수업 중 수시
  - 측정내용 — 수업 목표
  - 문항수준 — 목표에 따라 다름

- 총괄 평가
  - 기능
    - 성적 판정
    - 자격부여
    - 수업 효과 확인
  - 실시시점
    - 수업 후
    - 단원, 학기, 학년
  - 측정내용 — 수업 목표의 표본
  - 문항수준 — 다양한 수준

3 수행 평가

- **수행평가 특징**
  - ① 학습의 결과와 함께 과정을 중시하고 학생의 학습과정을 진단하여 개별학습 촉진
  - ② 학생이 문제의 정답을 택하는 방식이 아닌, 스스로 답을 작성하거나 행동으로 표현
  - ③ 기억력, 이해력과 같은 단순 사고능력보다는 창의력, 비판력, 종합력 등 고등사고력 측정
  - ④ 단편적 획일적 평가 지양, 학생 개개인의 변화와 발달 과정을 종합적, 전인적 평가

- **자기 평가**
  - ① 특정 주제나 교수·학습 영역에 대하여 자기 스스로 학습 과정이나 학습 결과에 대해 자세히 평가하도록 하여 그 결과를 보고서로 제시하는 평가
  - ② 자기 평가 보고서법(self assessment), 체크리스트법 사용
  - ③ 성장 지향 참조 평가, 능력 지향 참조 평가, 노력 참조 평가

- **동료 평가**
  - ① 동료 학생들이 상대방을 서로 평가하도록 하여 그 결과(보고서)를 보고 평가하는 것
  - ② 평가 시작 전 평가 대상에 대한 기준을 분명히 설정

- **포트폴리오**
  - ① 자신이 쓰거나 만든 작품집을 지속적이면서도 체계적으로 모아둔 개인별 작품집, 서류철을 이용한 평가
  - ② 학생들은 자신의 변화 과정을 알 수 있고, 자신의 장점, 약점, 성실성 여부, 잠재 가능성 등을 스스로 인식할 수 있다.
  - ③ 교사들은 학생들의 과거와 현재의 상태를 쉽게 파악할 수 있을 뿐만 아니라, 앞으로의 발전 방향에 대한 조언을 쉽게 할 수 있다.

- **프로세스 폴리오**
  - ① 완성된 결과물만 다루는 포트폴리오와 그런 결과물이 나오기까지의 중간 산출물이나 그에 대한 통찰, 사진 등 모든 항목을 포함한다.
  - ② 학생의 인지체제 뿐만 아니라 메타인지와 자기체제 사고까지 촉진함으로써 학습동기와 학습 결과에 대한 책임감과 발전 가능성에 대한 긍정과 자신감까지 성취하는 데 기여할 수 있다.
  - ③ 총괄적인 채점보다는 분석적인 채점이 유용하다.(수행 결과를 부분으로 나누어 평가)

- **연구보고서**
  - ① 학생의 능력이나 흥미에 적합한 주제를 스스로 선택하여, 자료를 수집, 분석, 종합하여 보고서를 작성, 제출하도록 하는 평가
  - ② 개별 과목, 범 교과적인 주제

- **관찰법**
  - ① 일화 기록법: 관찰 대상을 있는 그대로 기술한다.
  - ② 체크리스트법
  - ③ 평정척도법
  - ④ 루브릭 평가 : 수행 수준별, 평가 영역별로 세분화하에 제시한다.

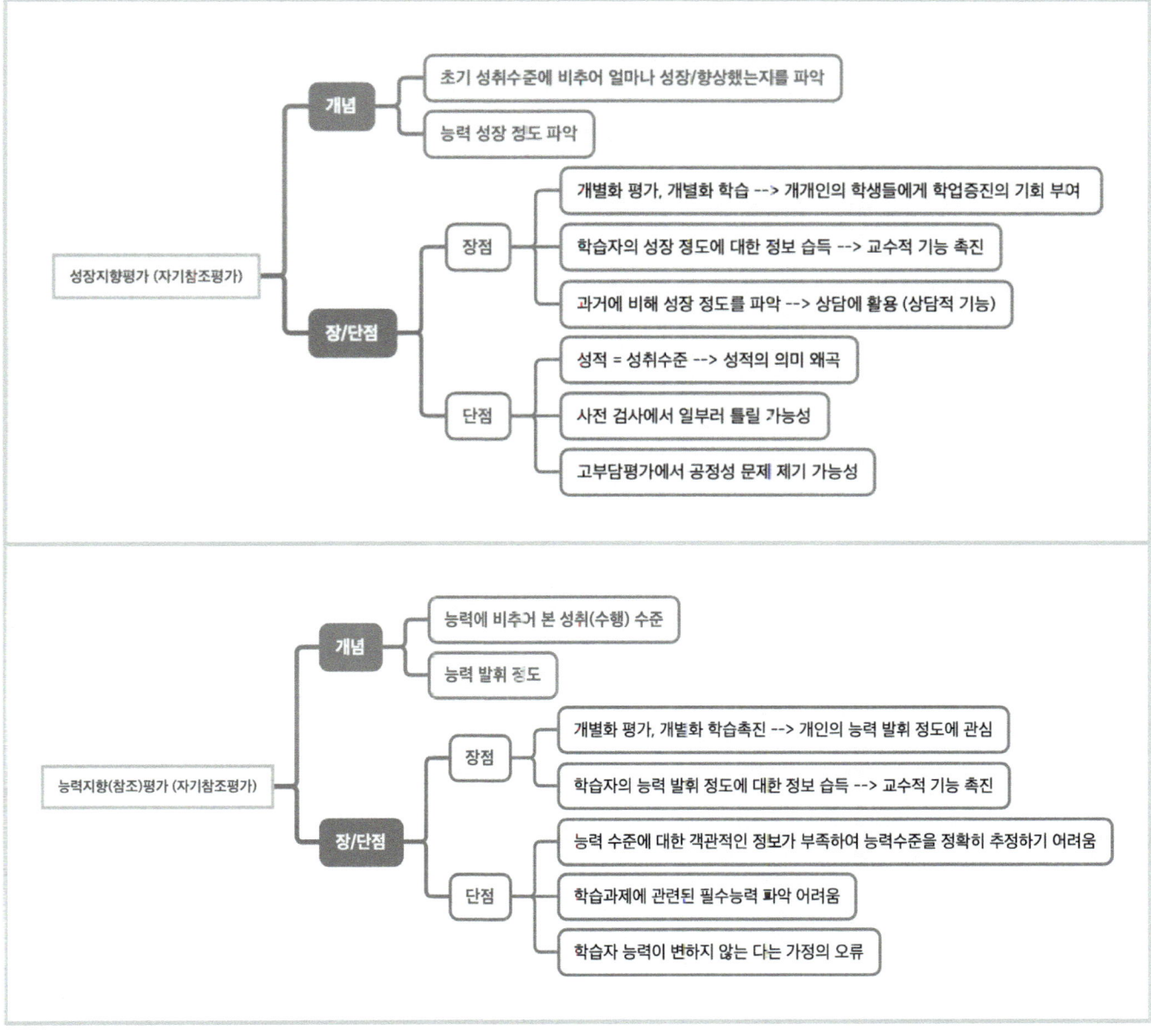

정샘 미술임용
마인드맵

PART 03

정·샘·미·술·임·용·마·인·드·맵

표현

01-1 조형론 - 서양 회화 영역, 드로잉

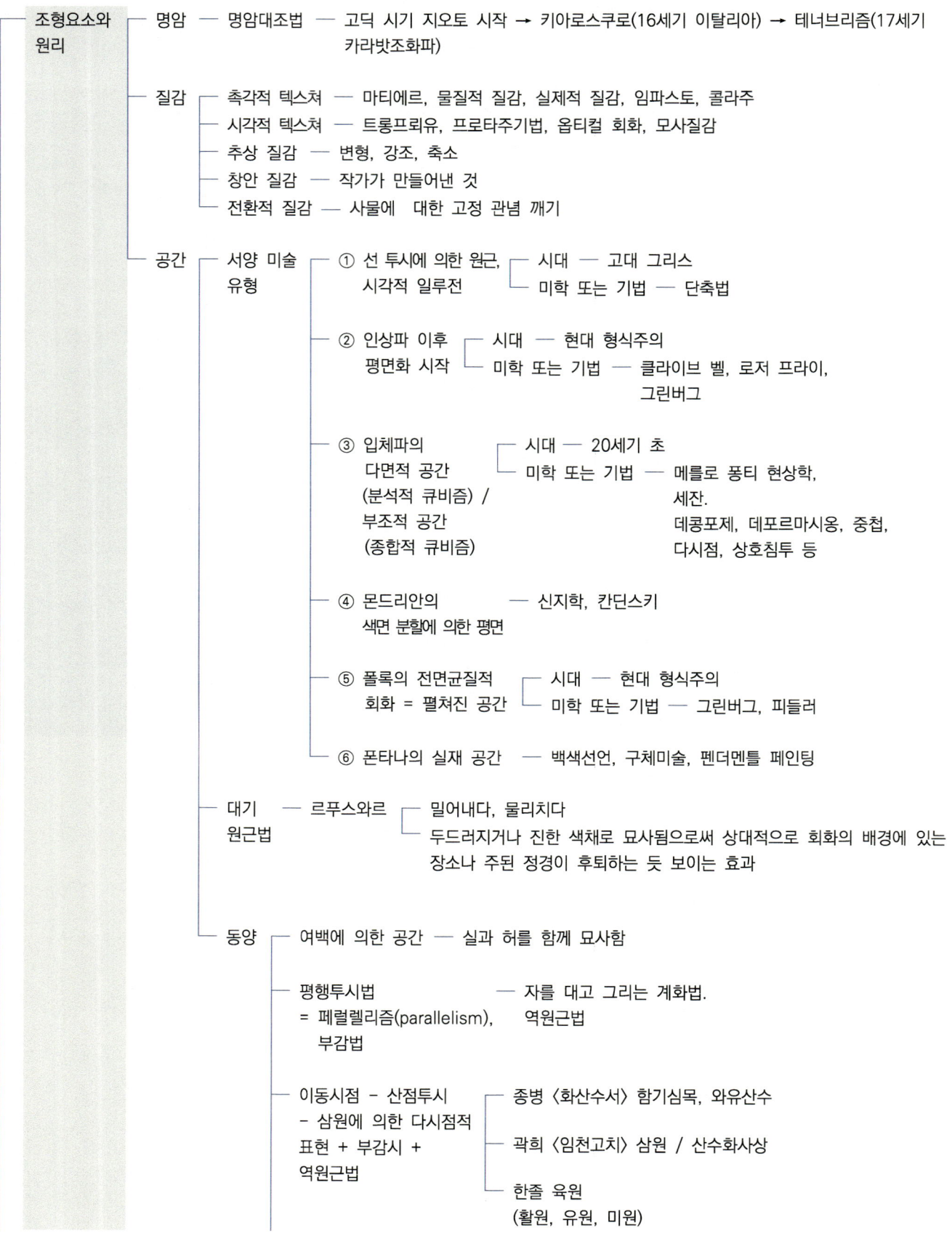

└ 삼원법 ─┬─ 고원 ── 산수의 색은 청명하고, 그 형세는 화면 상단으로 전개되므로 우뚝 솟아
         │   박력감이 있으며, 사람은 크고 뚜렷한 윤곽을 드러낸다.
         ├─ 심원 ── 산 앞에서 산 뒤를 굽어보는 시점이다. 산수의 색은 어둡고 무거우며 그 형세는
         │   화면 하단에 집중하여 오밀조밀하게 중첩된 세밀한 느낌이 있고, 인물은 작고
         │   세세한 윤곽으로 표현된다.
         └─ 평원 ── 가까운 산에서 멀리 있는 산을 바라보는 시점이다. 산수의 색이 밝기도 하고
                   어둡기도 하여 이중적이고, 형세는 화면의 중앙에 전개되므로 유연하고
                   아득하며 인물은 크지 않으나 맑고 깨끗한 성정을 갖도록 묘사한다.

─ 통일과 변화 ─┬─ 통일성을 주는 방법 ── 인접, 반복, 연속, 다양성을 지닌 통일성
  = 정돈   ├─ 조화 ── 유사, 대비, 균일, 강화
               ├─ 균형 ── 대칭, 비대칭, 비례, 주도, 종속
               └─ 리듬 ── 율동, 점이, 점증, 반복, 강조, 강약, 운동감

─ 드로잉 ─┬─ **제스처 드로잉** ─┬─ 운동감, 짧은 순간, 격정적 표현, 생명감
          │   (gesture drawing) └─ 매스 제스처 / 라인제스처 / 스크리블드 라인제스처
          │
          ├─ **블라인드 컨투어 드로잉** ─┬─ 대상물에 눈을 고정시키고 연속적인 선으로 그림
          │   ├─ 단 하나의 깨끗하고 확실한 한정선이다.
          │   └─ 입체 묘사적이다. 형태의 복잡한 내부 선들을 묘사해준다.
          │
          ├─ **윤곽선 드로잉** ── 무의식적으로 많은 선을 사용하여 전혀 지면을 보지 않고 그리는 드로잉
          │   (line contour drawing)
          │
          ├─ 서스테인 드로잉 ─┬─ 대상 전체를 재빨리 파악해서 묘사
          │   └─ 형태를 완성한 후 테두리를 명확히 함
          │
          ├─ 연속선 드로잉 ── 선이 처음부터 끝까지 중단 없이 이어짐
          │
          ├─ 스크리블드 라인 드로잉 ─┬─ 마구 뒤엉킨 선
          │   └─ 헨리무어, 자코메티
          │
          ├─ 인포메이셔널 드로잉 ── 있는 그대로의 사실을 생생하게 전달하는 목적. 르포르타주와 유사함.
          │   다지예술, 엠파케타주로 알려진 크리스토가 주로 사용함.
          │
          ├─ 임프레싱 기법 ─┬─ 드로잉 선의 윤곽을 뚜렷하게 살리는 기법
          │   └─ 음각선 기법
          │
          ├─ 므아레 ── 기하학적 배열 선, 옵아트 드로잉
          │
          └─ 해칭(크로스 해칭) ── 일정한 간격으 평행한 선을 촘촘하게 긋는 방식으로, 선의 빈도와 강도에 따라 다양한
                                느낌의 명암을 만들어낼 수 있다.

─ 스케치 ─┬─ 에코르세 ── 인체나 동물 근육의 움직임 연구
          ├─ 에스키스 ─┬─ 회화의 밑그림
          │   ├─ 초벌 그림
          │   └─ 간단한 그림
          ├─ 에보시 ─┬─ 에스키스 다음 단계
          │   └─ 조각에서는 대충 깎아 놓은 상태
          ├─ 에튀드 ── 제작 준비를 위해 그려진 습작, 연습으로서의 그림
          └─ 카르퉁 ─┬─ 벽화, 타피스트리의 밑 그림
                     └─ 시사 만화, 잡지의 풍자화

─ 크로키 ─┬─ 움직이는 대상의 특징을 좇아서 빠른 시간에 그리는 그림
  (스케치를 └─ 역동적, 생동적
  다르게 부름)

01-1. 조형론 – 서양 회화 영역, 드로잉

01-2 회화영역 - 매체와 재료, 용구

- **전색제** — 용매라고도 함. 취급에 용이하도록 하는 용제. 유성화구(도료)에는 각종 용유(溶油), 테레핀 정유 등의 에센스유 등이 쓰이며 수성화구에는 물이 용제가 된다.

- **프레스코**
  - 이탈리아어로 '신선'하다는 뜻.
  - 회반죽벽에 그려진 일체의 벽화 기법. 회반죽벽이 마르기 전, 즉 축축하고 '신선'할 때 물로 녹인 안료로 그림
  - 부온 프레스코기법 — 덜 마른 회반죽 바탕에 물에 갠 안료로 채색한 벽화. 정통적인 방법
    - 석고는 안료를 접착시켜 주는 매체로 작용.
  - 메초 프레스코 — 어느 정도 마른 벽에 그린 벽화
  - 세코(Sesso)
    - 이탈리아어로 '마른'이란 의미, 같은 안료를 사용하여 다른 회벽에 그리는 것
    - 벽에 회칠을 한 다음 그리는 세코 화법은 프레스코와는 달리 회칠이 마른 다음에 그린다.

- **프레스코 제작 단계**
  - ① 아리치오 — 준비 스케치로부터 거친 회반죽 층
  - ② 시노피아 — 붉은 안료로 그려진 밑그림
  - ③ 인토나코 — 그림이 그려지는 얇은 맨 윗면
  - ④ 지오르나타 — 하루분의 회반죽 면적
  - 밑그림 방법 — 파운싱 기법: 초크 가루나 흑연 가루로 밑그림의 형태와 선을 복원할 수 있도록 하는 기법

- **재료와 용구**
  - **유채**
    - 15세기 반 에이크 / 천천히 정밀하게 / 광택, 중후, 깊은 색조, 농담
    - 혼색이 자유, 세부묘사, 명암, 색채 표현, 발색
    - 건조가 느리다 / 화학작용으로 변색 우려
    - 건성유
      - 린시드(아마의 종자로 짠 기름)
      - 포피유(양귀비 종자로 짠 기름)
    - 휘발성유
      - 테레빈유(소나무 송진)
      - 페트롤(정제 석유)
    - 시카티브(건조촉진제) / 리퀸(내구성과 부착력)
    - 제작상 문제 — 백악 / 박락 / 반점 / 황변 / 흑변 / 부풂 / 얼룩
  - **아크릴**
    - 1920년대 멕시코 대벽화
    - 1950년대 폴록, 로드코, 놀랜드, 머더웰
    - 1960년대 영국 일반화
    - 건조 빠름, 접착성, 내구성, 발색, 혼색, 사용 간편
    - 물감의 부피가 줄어든다.
  - **템페라**
    - 난황(계란은 부착력 강화 기능), 난백, 식초(붕부제의 역할), 젤라틴 수, 계면 활성제, 마늘즙
    - 건조가 빠르고, 접착력, 내구성, 건조 후 색이 선명
    - 혼색이 어렵다.
  - **과슈**
    - 불투명 수채, 수용성 아라비아 고무
    - 평평하고 균일한 색면, 불투명성, 두껍게 덧칠하는 마티에르 가능, 유화느낌의 색조
  - **카세인(Casein)**
    - 인을 함유한 단백질의 하나
    - 광택이 전혀 없는 카세인화만의 퍼석한 무광 효과는 윤기를 절제한 듯한 효과
  - **디스템퍼(Distemper)**
    - 빨리 마르게 하기 위해 쓰는 불투명하고 윤기 없는 수성 물감.
    - 안료에 아교, 물 계란 흰자와 노른자, 호분 등을 혼합해서 만든다.

- 채색제
  - 피그먼트 안료 (Pigments) — 물이나 대부분의 유기용제에 녹지 않는 분말 형태의 착색제. 흰색, 색체가 있음. 아마인유, 니스, 합성수지 액, 아라비아고무 등 전색제에 섞어서 도료, 인쇄잉크, 그림 물감 등을 만들어 물체 표면에 색을 입히거나 고무, 합성수지 등에 직접 섞어서 착색한다.
  - 수채
    - 물로 명도 조절
    - 색의 번지는 효과 겹침.
  - 파스텔 — 분말 안료, 백점토, 접착제
    채색의 분위기가 온화하고 부드럽다. 혼색이 어렵다. 다양한 색이 필요하다.
    완성 후 정착액을 뿌려 보관한다.

- 단색제
  - 콩테 — 안료를 굳힌 것. 연필과 목탄의 중간 정도, 초크라고도 한다.
    연필에 비해 진하고 농담의 변화를 풍부하게 표현
    강하고 묵직한 효과, 선묘와 문지르는 표현 병용
  - 목탄 — 버드나무, 벚나무, 포도나무 사용
    농담 표현이 자유롭고, 부드러워 미묘한 색조와 다양한 질감 표현이 가능.
    주로 문질러서 표현. 정착액을 뿌려 보관함.
    감성적인 성질을 갖고 있으며, 작품이 진행되어 가는 과정의 감정이 바로 화면에 표현.

- 기초 기법
  - 템퍼링 (Tempering) — 템퍼(temper – 원하는 농도로 만든다는 의미)라는 동사에서 유래했다.
    안료에 결합력이 있는 점착성 전색제를 섞어 '부드럽게' 함으로써 사용하기 편리하게 만들어졌다.
  - 틴트 (Tint) — 물감의 빛깔을 부드럽게 바꾸는 일. 색채 이론에서 틴트 = 흰색과의 혼합물이며 그림자는 검정색과의 혼합물로 본다.
  - 바인더 (Binder) — 물감을 혼합할 때 쓰는 물감 용해제. 바인더를 얼마나 사용하느냐에 따라 물감의 종류가 달라진다.
  - 블룸 (Bloom) — 흔하게 바니시의 표면이나 늙은 왁스 또는 콘크리트 주물의 표면에 형성되는 흐릿한 퇴색 현상, 얼룩
  - 씨씽 (Cissing) — 물감의 뭉침 현상. 물감이 칠한지 얼마 되지 않아 뭉쳐서 잘 발리지 않는 것으로 '크롤링(crawling)' 또는 '크리핑(creeping)'이라고도 한다.
  - 체질안료 (Filler) — 양을 늘리거나 농도를 묽게 하기 위하여 다른 안료에 배합하는 무채색의 안료, 탄산칼슘, 황산바륨 따위의 무기물을 많이 쓴다.
  - 임프리마투라 — 유화의 실험 단계부터 사용했다 / 밑그림이 완성되기 전이나 후에 흰 바탕 위에 얇은 색채의 층 / 베네치아 파에서 주로 사용
  - 스르페르뒤 — 주조 기법 / 딜랍 주조
  - 카툰(카르통) — 두꺼운 종이 판지 / 밑그림, 화고 / 시사만화, 풍자

01-3 회화영역 - 서양회화 기법

- **정물화**
  - 언더페인팅 — 채색 전 밑그림 / 임프리마투라 이후 언더페인팅 이후 본그림 / 렘브란트, 루벤스
  - 바니타스화 — 허무, 현세의 덧 없음
  - 트롱프뢰유 — 눈속임 기법
  - 프롱크 정물 — 보여주다, 과시하다
  - 블리딩(Bleeding) — 어둡고 진한 색을 상대적으로 엷은 색깔 위에 덧칠해 색 분산 효과를 내는 것. / 수채화
  - 납화 (Encaustic)
    - 안료를 벌꿀이나 송진에 녹인 것을 불에 달군 인두로 벽면 또는 화면에 발라 색을 입히는 기법.
    - 인화라고 하는 고대 회화 기법 / 엔카우스틱(encaustic)또는 밀납화라고도 한다.
  - 스그라피토 (Sgraffito)
    - 이탈리아어로 '긁음'이라는 뜻.
    - 회화, 도자기, 유리공예 등에 적용되는 기법, 표면에 포개어진 두 층 가운데 위층의 부분을 군데 군데 긁어내 무늬나 형태가 아래층의 빛깔로 드러나게 하는 방법이다.

- **풍경화**
  - 색채원근법
    - 색의 심리 효과를 화면에 응용함
    - 난색계는 가까이 – 한색계는 멀리
  - 대기원근법 — 대기 중의 먼지, 햇빛의 작용 / 윤곽선의 선명도, 색상의 차이로 원근 표현
  - 투시 원근
    - 서양
      - 고정 시점, 작가 중심
      - 소실점에 따라 1점 / 2점 / 3점 투시
    - 동양
      - 이동 시점, 자연(대상) 중심
      - 삼원법(고원, 평원, 심원)에 따른 산점투시
      - 건물은 계화법에 따른 역원근법

- **인물화**
  - 그리자유 — 명암대조법이 나타나기 이전에 사용한 기법 / 부조 효과 / 회색조 명암, 농담 / 지오토, 반 아이크, 루벤스
  - 글라시, 글레이징 — 밑의 색이 마른 후 비쳐 보이는 투명효과 / 티치아노, 루벤스, 렘브란트
  - 단축법
    - 단일한 사물, 인물에 적용된 원근법
    - 돌출, 후퇴, 부유의 효과를 연출해 강한 양감과 운동감을 표현한다.
    - 만테냐, 코레지오, 미켈란젤로, 틴토레토
  - 스푸마토 — 증발된, 연기 / 다빈치
  - 알라 프리마 — 색을 칠하면서 동시에 드로잉 / 할스, 벨라스케스, 다비드
  - 스컴블링 — 밑에 있는 물감이 들여다보이도록 하기 위해 불투명의 어두운 색 위에 불투명한 색을 불규칙적으로 바르는 것
  - 블렌딩 (Blending) — 두 가지 색상을 이용하여 맞닿은 부분의 색이 점차적으로 변화하는 효과를 내는 것
  - 브러시 작업 (Brush work) — 붓으로 그리거나 색을 칠하는 특징적인 방식 / 렘브란트 = 브러시 스트록
  - 키아로스쿠로 (Chiaroscuro)
    - 17c 미술사가 F.발디누치가 처음 쓴 단어로, 이탈리아어 '밝다(chiaro)'와 '어둡다(oscuro)'를 합성한 것
    - 원래는 단색 명암화를 뜻하는 것으로 채색 전에 명암의 가락만을 표시해 놓은 그림이나 단색으로 그린 소묘
  - 펜티멘토 (Pentimento) — 이탈리아어로 '후회하는'이라는 뜻. 유화에서 화가가 덧칠하여 지운 밑그림이나 그 전의 그림들이 다시 노출되는 현상.

- 모더니즘
  - 그라타주
    - 축축한 캔버스를 긁어내는 기법. 물감을 두껍게 칠한 후 표면을 긁어낸다.
    - 에른스트
  - 그리자이유
    - 회색조의 색채만 사용하여 그 명암과 농담 표현
    - 르네상스 시대의 화가들이 사용
    - 지오토, 얀 반 아이크, 루벤스, 중세의 스테인드글라스, 미니어처 내부의 단색 그림
  - 구체미술 국제양식
    - 네덜란드 반 되스부르크가 1930년에 추상미술에 대해 언급
    - 1930~50년대에 유럽에서 성행한 전위적 건축양식
    - 기능주의에 입각한 건축물의 활동 공간으로서의 실제적 효용성 강조
    - 건조물의 의도적 장식성을 배제, 단순하고 세련된 현대적 감각의 구성추구
  - 근본회화 (fundamental painting)
    - 1960년경부터 제작한 추상 미술의 한 경향
    - 자기 통찰적 회화, 근본회화, 기초회화, 미니멀 아트의 지류, 드빌데가 창안한 용어
  - 글라시
    - 유화 물감의 투명한 효과를 살리기 위해 엷게 칠하는 묘법
    - 티치아노, 루벤스, 렘브란트
    - 화면에 윤기와 깊이는 물론 색조에 섬세한 변화를 주는 데 목적
  - 데쿠파주
    - 과슈 데쿠페
    - 종이 오려 붙이기
    - 파피에콜레의 변형
  - 데콩포제
    - 분해, 해체
    - 보이지 않는 면까지 화면에 끌어내어 사물의 진상을 밝힘
  - 데칼코마니
    - 비 흡수성 소재에 물감을 칠한 후 종이를 덮거나 누르거나 문지른다.
    - 우연한 패턴과 이미지 복사
  - 데데이즈망
    - 전치, 전이
    - 일상의 질서에서 떼어 내어 뜻하지 않는 장소에 놓아 심리적 충격을 줌
    - 마그리트
  - 데포르마시옹
    - 변형, 왜곡, 주관적인 왜곡
  - 드리핑
    - 그림물감을 캔버스 위에 흘리거나 붓든지 또는 튀겨서 제작하는 회화기법. 우연적인 표현효과
  - 로 캔버스
    - 밑칠 하지 않은 캔버스
    - 모리스 루이스가 캔버스에 물감이 스며드는 작업을 제시함
  - 메르츠
    - 슈비터즈 작품
    - 일상 생활에서 버려진 폐품 콜라주
    - 우연성
  - 모더니스트 회화
    - 1960년대 형식주의 미술 비평가 그린버그에 의해 발전된 회화 개념
    - 그린버그는 18세기 칸트로부터 시작된 자기 비판적 경향의 심화가 모더니즘이라고 정의 하였다.
    - 매체의 고유한 본성에 집중함으로써 순수해지며, 특히 평면성의 추구

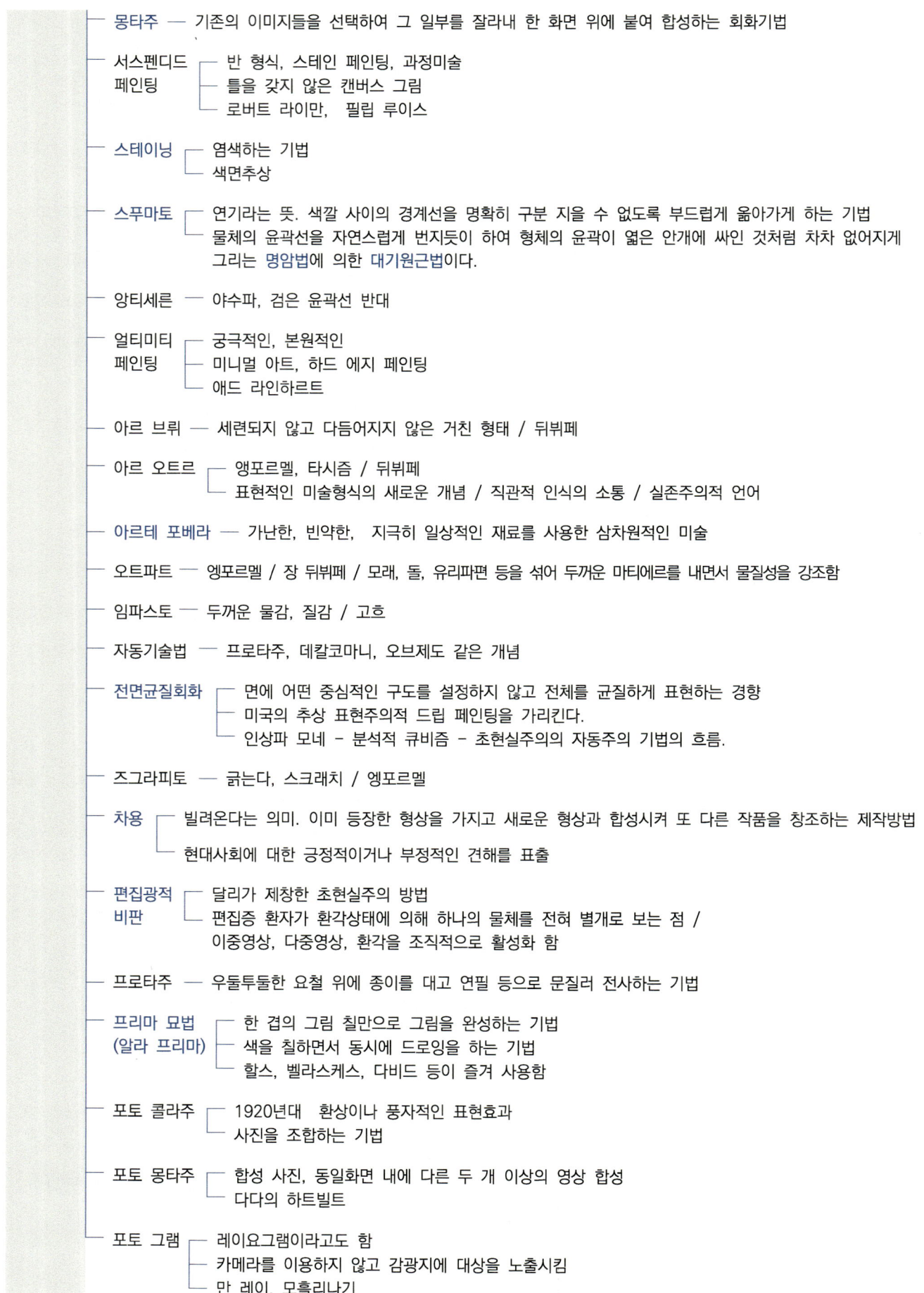

- 몽타주 — 기존의 이미지들을 선택하여 그 일부를 잘라내 한 화면 위에 붙여 합성하는 회화기법
- 서스펜디드 페인팅
  - 반 형식, 스테인 페인팅, 과정미술
  - 틀을 갖지 않은 캔버스 그림
  - 로버트 라이만, 필립 루이스
- 스테이닝
  - 염색하는 기법
  - 색면추상
- 스푸마토 — 연기라는 뜻. 색깔 사이의 경계선을 명확히 구분 지을 수 없도록 부드럽게 옮아가게 하는 기법
  - 물체의 윤곽선을 자연스럽게 번지듯이 하여 형체의 윤곽이 엷은 안개에 싸인 것처럼 차차 없어지게 그리는 명암법에 의한 대기원근법이다.
- 앙티세른 — 야수파, 검은 윤곽선 반대
- 얼티미티 페인팅
  - 궁극적인, 본원적인
  - 미니멀 아트, 하드 에지 페인팅
  - 애드 라인하르트
- 아르 브뤼 — 세련되지 않고 다듬어지지 않은 거친 형태 / 뒤뷔페
- 아르 오트르
  - 앵포르멜, 타시즘 / 뒤뷔페
  - 표현적인 미술형식의 새로운 개념 / 직관적 인식의 소통 / 실존주의적 언어
- 아르테 포베라 — 가난한, 빈약한, 지극히 일상적인 재료를 사용한 삼차원적인 미술
- 오트파트 — 엥포르멜 / 장 뒤뷔페 / 모래, 돌, 유리파편 등을 섞어 두꺼운 마티에르를 내면서 물질성을 강조함
- 임파스토 — 두꺼운 물감, 질감 / 고흐
- 자동기술법 — 프로타주, 데칼코마니, 오브제도 같은 개념
- 전면균질회화
  - 면에 어떤 중심적인 구도를 설정하지 않고 전체를 균질하게 표현하는 경향
  - 미국의 추상 표현주의적 드립 페인팅을 가리킨다.
  - 인상파 모네 - 분석적 큐비즘 - 초현실주의의 자동주의 기법의 흐름.
- 즈그라피토 — 긁는다, 스크래치 / 엥포르멜
- 차용
  - 빌려온다는 의미. 이미 등장한 형상을 가지고 새로운 형상과 합성시켜 또 다른 작품을 창조하는 제작방법
  - 현대사회에 대한 긍정적이거나 부정적인 견해를 표출
- 편집광적 비판
  - 달리가 제창한 초현실주의 방법
  - 편집증 환자가 환각상태에 의해 하나의 물체를 전혀 별개로 보는 점 / 이중영상, 다중영상, 환각을 조직적으로 활성화 함
- 프로타주 — 우둘투둘한 요철 위에 종이를 대고 연필 등으로 문질러 전사하는 기법
- 프리마 묘법 (알라 프리마)
  - 한 겹의 그림 칠만으로 그림을 완성하는 기법
  - 색을 칠하면서 동시에 드로잉을 하는 기법
  - 할스, 벨라스케스, 다비드 등이 즐겨 사용함
- 포토 콜라주
  - 1920년대 환상이나 풍자적인 표현효과
  - 사진을 조합하는 기법
- 포토 몽타주
  - 합성 사진, 동일화면 내에 다른 두 개 이상의 영상 합성
  - 다다의 하트빌트
- 포토 그램
  - 레이요그램이라고도 함
  - 카메라를 이용하지 않고 감광지에 대상을 노출시킴
  - 만 레이, 모흘리나기

마·인·드·맵

1960년 이후 현대미술, 포스트모더니즘

- 다큐멘테이션 — 개념, 대지, 신체, 이벤트 해프닝, 설치 / 일회적 성격의 미술
- 데콜라주
  - 콜라주와 반대의 뜻으로 떼어내고 박탈한다는 의미
  - 볼프 포스텔의 그룹 기관 잡지에서 유래한다.
  - 파괴적인 행위를 거듭함으로써 우연성의 창조적 흔적과 사회적인 비평성을 찾아낼 수 있다.
- 무관계 미술 — 평면성, 올 오버 페인팅, 동어 반복적, 모노크롬적
- 물질회화 — 모래, 자갈, 직물, 스던지, 나무 등의 발견된 오브제를 사용하여 구성되며 네오 다다의 양상과 관련된다. 특히 컴바인 페인팅과 관련이 있다.
- 발견된 오브제
  - 주로 기계 제작된 일상용품으로서 기성의 물건이지만 미술작품이나 미술작품의 일부분으로서 새로운 지위를 부여받은 오브제
  - 최초로 착안한 작가는 뒤샹이다. 레디메이드 작품들의 실험이다.
- 변형 캔버스 (세이프트 캔버스) — 그림이 캔버스 위에 그려지는 것이라는 개념 타파 / 스텔라
- 브리 콜라주 — 차용 / 낸시 버슨
- 서스펜디드 페인팅 — 틀 없는 회화 / 쉬포르 쉬르파스의 비알라
- 쉬포르 쉬르파스
  - 1970년대 프랑스에서 결성된 전위적 미술단체. 때로는 기법
  - 서명, 제작일자, 제목 제거, 캔버스의 나무틀 떼어 내어 버림
  - 회화를 둘러싸고 있는 상업적 또는 회화에 개입된 불순한 요소들을 제거하려고 노력함
- 아상블라주 — 모으기, 집합, 조립
- 엠파게타주 — 포장 작업 / 1960년대 크리스토
- 인터렉티브 — 상호참여 미술, 체험 프로그래밍 예술
- 인포메이셔널 드로잉 — 설계도, 도표 / 크리스토 작품
- 차용
  - 빌린다는 의미. / 기성 작품에서 부분적 이미지를 빌려 조합하는 경우는 브리 콜라주
  - 위작도 엄연한 표현행위임을 보여주는 것(샘플링 아트가 극단적 예임) 오리지널리티에 대한 가치없는 반격.
  - 예술적 의도 그대로 가져온다는 적극적인 의미로 해석될 경우 포스트모더니즘의 전관적 특성이다.(레오 스타인버그 주장)
  - 다다의 뒤샹, 〈모나리자〉 / 페르난도 보테로 / 앤디 워홀
  - 메타 랭귀지의 적용이 본격적으로 성행한 1980년대에 와서 크게 유행하기 시작함. 네오 지오 작가들과 시뮬레이셔니즘에 매료된 작가들에 의해 중점적으로 시도 됨

01-3. 회화영역 – 서양회화 기법

- 컨버전스 아트 ─ 예술 작품에 과학 기술이 투입되어 탄생한 새로운 예술 작품으로 기존에 미디어를 활용해 전시
  했던 수준을 넘어 원작을 디지털 기술을 이용해 재해석한 2차 창작물
  평면에 머무르는 그림이나 글이 아니라 예술과 IT 기술의 결합을 통해 오감으로 체험할 수 있는
  새로운 작품

- 컴바인페인팅 ─ 회화와 조각의 결합 / 네오 다다 / 라우센 버그

- 키치 ┬ 로젠버그는 이 시대의 일상적인 예술로 정의함
       └ 모조품의, 고결함의 결여

- 토톨로지 ─ 반복, 중복 / 팝아트, 미니멀 아트, 프라이머리 스트럭처, 시스테믹 페인팅 / 개념미술의 조셉 코주스

- 패러디 ─ 차용, 알레고리, 브리콜라주, 패스티시와 함께 포스트모더니즘의 전략

- 패스티시 ┬ 원본에서 따온 것을 수정해서 복제하거나 조각들을 짜 맞추어 만든 그림이나 도형
          ├ 다른 예술가들의 양식을 명백히 모방한 것
          └ 절충적인 작품에 대해 경멸적인 의미로 쓰인다.

- 페마주 ┬ 페미니스트 아트
        └ 미리엄 샤피로

- 프로즌 해프닝 ┬ 얼어붙은, 꼼짝 않는
              ├ 인체에 석고 작업
              └ 조지 시걸

02 조소 이론

- 소조
  - 1. 특징
    - 가소성 있는 재료를 안에서 밖으로 붙어거나 떼어내면서 표현
    - 자유로운 형태, 사실적 표현, 영구 보존이 어려워 대체 기법을 사용한다.
  - 2. 테라코타 — 찰흙으로 성형 후 초벌구이
  - 3. 청동(브론즈)
    - 찰흙 원형 – 형 뜨기 – 외형에 석고로 다시 틀 만들기 – 안에 청동 붓기
    - 밀랍 주조법을 사용하기도 한다.
  - 4. 석고형 뜨기 — 원형제작 – 형틀 제작 – 내형 제작 – 형틀 제거 – 정리 및 완성
  - 5. 합성 수지
    - 플라스틱(규소 수지=실리콘)
    - 쉽게 만들 수 있다. 섬세한 표현 가능, 충분한 강도, 물-기름-약품에 강하다.

- 조각
  - 1. 특징
    - 경질의 재료에 일정한 형태를 남기고 밖에서 안으로 깎아내어 표현
    - 재료의 특성에 형태가 제한 받는다. 독특한 재질감을 준다.
  - 2. 목조 — 비교적 다루기 쉽다.
  - 3. 석조 — 재료의 중량감과 내구성이 강하다.
  - 4. 시멘트

- 구축법
  - 입체파 이후 사용하는 기법으로 접착하거나 용접하여 구성하는 방법
  - 선재, 면재, 양재 등의 구성을 이용한다.
  - 비 대상적, 비재현적, 비구상적이다.
  - 새로운 재료를 적극 사용한다.

- 현대조소
  - 1. 현대 과학과 기술을 이용한다. 다양하고 복잡한 양식으로 전개된다.
  - 2. 공산품, 연질의 재료 등 다양한 재료와 표현 방법이 사용된다. (오브제 조각. 정크 아트로서 조각)
    - ※ 반형태(Anti-Form)= 프로세스 아트, 포스트 미니멀리즘, 아르테 포베라에 적용 함. 미니멀 아트에 반발.
    - ※ 소프트 스컬프쳐(soft sculpture)= 연성조각, 조각의 물리적 고정성 거부, 반형태, 반정형과 유사용어.
  - 3. 규모가 커지고 색채가 등장했다.
  - 4. 자연을 표현의 매체, 장소로 인식하고, 자연 요소가 표현의 요소로 도입 되었다.
  - 5. 생활공간을 조형 공간화 하려는 사고가 나타났다.
  - 6. 혼성 모방 양식, 다양한 양식의 결합적 경향이 등장 했다.
  - 7. 설치적 경향, 타블로 조각, 환경 앗상블라주 형식이 등장했다.

- 성형 방법
  - 빚어 만들기
  - 쌓아 만들기
  - 속파기 성형
  - 판 성형
  - 물레 성형
  - 석고형 성형

※ 성형 방법은 p.105 참고하세요.

조소 용어

- **네거티브 스페이스**
  - 1938년경 헨리 무어
  - 조소, 회화에서 형상 안에 뚫린, 또는 형상으로 둘러싸인 내부 공간

- **디렉트 카빙** — 직접 재료의 표면을 깎거나 파서 제작하는 기법

- **레디메이드**
  - 기성품의, 전시용의
  - 예술로서 전시하기 위해 임의로 선택한 양산된 제품

- **레플리카 (replica)**
  - 원작가가 자신의 작품을 동일한 재료, 방법, 기술적 수단을 사용해 똑 같은 모양과 크기로 재현하는 것
  - 다다의 뒤샹 = 기존의 '오리지널'에 대한 고정적 사고 전복

- **리프러덕션 (reproduction)** — 오리지널 작품이 원작가 아닌 다른 사람에 의해 기술적 방법으로 모방, 재현된 경우이다. 세리 레빈이 대표적이다.

- **로스트 스컬프처**
  - 보이지 않는 조각. 잃어버린 조각이라고도 한다. 발견된 오브제에 대응하는 의미
  - 코즐로프, 저드, 안드레, 모리스의 미니멀 아트에 붙인 이름
  - 시각적 흥미를 유발하지 못하고 사실적이고 특징 없는 일상용품을 제시함

- **리빙 스컬프처**
  - 물리적인 오브제에 의한 제작을 포기하거나 작가 자신을 미술품으로 제시하는 경향
  - 1961년 만조니가 누드 모델의 몸에 사인을 하여 동료들에 미술 작품이라고 선언

- **리터럴 아트** — 마이클 프리드가 미니멀 아트에서 보여 지는 연극성에 대해 그것의 비 예술성과 모더니즘이 지향하는 바와 다름을 비판하면서 쓴 용어.

- **타블로 조각** — 설치, 연극적인 무대와 같은 형식, 전통적인 방법

- **카세타주**
  - 도장찍다, 봉인하다
  - 올덴버그, 조지 시걸 등 실물의 재현의 의미에 중점을 둔 경향

- **프라이머리 스트럭쳐**
  - 1960년대 중반에 영국과 미국에서 성행한 기하학적 추상조서 경향. 미니멀 아트로도 통용됨. 회화에서는 시스테믹 페인팅과 대응되는 흐름
  - 기본 구조 라는 뜻. 구, 원통, 각기둥, 육면체 등의 간결한 기하학적 형태를 추구.
  - 로스트 스컬프처라는 별칭도 있다.
  - 간결한 기본적 형태와 선명한 원색이 주조를 이룸.
  - 작품을 전시장 바닥에 배치함으로써 조소는 으레 대좌에 놓인다는 고정관념 타파.
  - 산업사회에서 흔한 공업제품의 이미지나 재료를 적극 활용 함. 예술품을 일반적 생산과정과 비슷한 제작 경로를 거쳐 비개성, 비사유성, 복제 가능성 등의 새로운 미적 영역으로 개척한 것도 이들의 공적이다.

03 전통회화

- 화제
  - 감로도
    - 아귀도의 세계를 묘사한 불화
    - 우란분경 신앙, 극락왕생 신앙 등이 결합된 도상
  - 감모여재도 ― 돌아가신 조상을 흠모하기를 마치 곁에 계신 듯하다는 뜻 / 민화의 일종 / 사당도
  - 경직도 ― 농사짓는 일과 누에를 치고 비단 짜는 일을 그린 그림
  - 계회도 ― 풍류를 즐기고 친목을 도모하기 위한 문인 관료들의 계회를 그린 일종의 기록화
  - 곽분양행락도 ― '곽자의'의 성공적인 공적 생활, 다복한 개인적인 삶을 주제로 한 그림
  - 기로회도 ― 기로, 60~70세 이상의 노인들의 친목 모임을 묘사함
  - 노안도 ― 갈대와 기러기를 소재로 한 화조화 / 노후의 평안을 염원하는 뜻
  - 대쾌도 ― 성 밖에서 씨름과 태껸을 하는 동자들과 그것을 구경하고 있는 사람들의 흥겨운 모습
  - 무이구곡도 ― 중국 무이산에 있는 구곡을 그린 그림 / 주의의 삶과 학문을 추종한 그림
  - 무일도 ― 통치자에게 백성들의 생업의 어려움을 일깨우고 바른 정치를 하도록 하기 위해 그려진 감계적 성격의 그림
  - 박고도 ― 청동기, 도자기, 기타 문방사보 등 골동품을 묘사한 그림 / 책가도, 책거리 그림이라는 용어로 지칭된다.
  - 반차도
    - 조선시대 기록화에서 특정 행사에 참여한 인물들이 상호 위계질서에 따라 배치된 그림
    - 행렬도, 진찬, 진연 행사에 참여한 신하들, 내외명부들, 악사, 무희 등 각 인물의 위치를 나타낸 그림
  - 빈풍칠월도 ― 주나라 백성들의 생업인 농업과 잠직업의 생활과 이에 따른 풍속을 월령의 형식으로 읊은 시가
  - 약리도 ― 떠오르는 아침 해를 배경으로 물속에서 거대한 잉어가 솟구쳐 오르는 모습
  - 영산회상도 ― 영축산에서 설법하는 석가모니와 그 권속들을 도상화한 그림
  - 의궤도 ― 궁중의 여러 가지 중요한 행사의 상세한 절차를 필사본으로 작성한 그림
  - 절위도강도 ― 선종화, 달마가 온 몸을 가사로 감싸고 갈대 잎을 타고 강을 건너는 모습
  - 진찬, 진연도 ― 조선시대 궁중에서 베풀어진 대, 소 연회의 장면을 묘사한 그림
  - 하마선인도 ― 신선도 화제 중 하나 / 두꺼비와 함께 그린다.
  - 한산습득도 ― 선종화의 대표적인 화제 / 글자가 쓰이지 않은 빈 두루마리를 펼쳐 들고 서 있는 모습

- 용필법 / 용묵법
  - 갈필
    - 물기가 거의 없는 상태의 붓에 먹을 절제 있게 찍어 사용
    - 건필, 고필이라고 한다.
    - 습필, 윤필과 대비된다.
  - 감필법
    - 필선의 수를 더 이상 줄일 수 없을 만큼 최소한의 선으로써 대상의 정수를 표현한 기법
    - 공필과 대비되는 기법
  - 계화 ― 자를 이용하여 정밀하게 사물의 윤곽선을 그리는 화법
  - 공필 ― 표현하려는 대상물을 어느 한 구석이라도 소홀함이 없이 꼼꼼하고 정밀하게 그리는 기법
  - 구륵법 ― 대상의 윤곽을 필선으로 먼저 정하는 화법
  - 몰골법 ― 윤곽선을 써서 형태를 정의하지 않고 바로 먹이나 채색만을 사용하여 붓을 눌러 넓게 퍼지도록 하여 묘사하는 법
  - 균이연수준문 ― 물 표면의 잔잔한 파도를 묘사하기 위한 연결되거나 혹은 끊어진 필선
  - 낙화 ― 인두를 달구어 나무, 대나무 또는 상아의 표면을 지져서 그림이나 문양을 그린 그림
  - 발묵
    - 먹에 물을 많이 섞어 넓은 붓으로 윤곽선 없이 그리는 화법
    - 당대 이후 일품 화가들이 구사한 것 / 북송의 미불, 남송의 선종 화승의 그림에서 보인다.
  - 백피 ― 길고 구불구불하며 약간 나선형의 성격을 띤 필선으로 측백나무 표면을 묘사하는 기법
  - 복채법
    - 색이 곱게 보이기 위해 비단 뒤에서 채색을 가하여 앞쪽으로 배어나오게 하는 기법
    - 배채법 / 세필, 화조화, 불화, 진찬도, 진연도에 사용
  - 분임
    - 모사의 한 기법
    - 그림 위에 비치는 종이를 놓고 윤곽선을 따라 그대로 그린 후 그 종이를 뒤집어 윤곽선대로 분필로 그린다.
  - 삼백법
    - 명암을 표현하는 기법 / 키아로스쿠로 / 얼굴을 묘사할 때 사용 / 돈황의 벽화에서 사용
    - 조선전기 불화의 특징적인 기법
  - 삼전법 ― 묵란화 운필법의 하나로서, 난엽을 칠 때 붓을 세 번 눌렀다 떼면서 선에 변화를 주는 기법
  - 석묵여금
    - 먹을 금처럼 아껴서 사용하는 의미
    - 북송대 이성, 조선 말기 추사
  - 선담
    - 물기가 적은 붓과 묽은 담묵으로 산의 큰 흐름을 나타내는 것
    - 짙은 묵색이 드러나지 않게 한다.
  - 선염
    - 먹이나 안료에 물을 섞어 각 단계의 점진적 농담의 변화가 보이도록 칠하는 기법
    - 붓 자국이 드러나지 않도록 한쪽을 짙게 하고 다른 쪽으로 갈수록 연하게 우려주는 방법.
  - 운염법
    - 무지개 운, 농담의 단계를 달리하여 표현하는 인물화 묘사법
    - 18세기 이후에 나타남
    - 훈염법과 동일
  - 육리문
    - 얼굴의 표정을 나타내기 위해 피부의 질감 표현에 관계된 기법
    - 얼굴 전체의 살결 방향, 골상을 피부결이나 근육결에 따라 잔 붓질을 가하여 음영을 묘사하는 기법
  - 윤필 ― 짙은 먹이 풍부하게 묻은 붓으로 그린 필치, 습필이라고도 한다.
- 용필법 / 용묵법

- 적묵 — 먹을 쌓아서 중첩하는 것, 무게감

- 전면축화법 ┬ 투시법을 이용해서 앞의 물건은 제대로 보이지만 뒤에 있는 물체들은 뒤로 멀어질수록
  │   점점 작게 보이는 착시(錯視) 현상을 표현.
  └ 서양의 단축법과 같다.

- 찰염 — 먹이나 색채를 촉촉이 문지르듯 칠하는 기법 / 서서히 물이 스며들 듯 변하는 효과

- 초묵 — 매우 치밀한 짙은 먹색, 중묵이라고도 한다.

- 취운법 ┬ 청록산수화에서 바람에 날린 구름을 묘사하는 기법
  └ 먹선은 전혀 사용하지 않은 채 매우 흐린 흰 윤곽선이 보일 듯 말 듯하게 표현되며 흰색 선염만으로
    그린다.

- 치형돌기 ┬ 산의 윤곽선 바깥쪽에 이빨 모양으로 돋아나 붙어 있는 작은 형태
  └ 이곽파 화풍, 금대, 원대 말 명초의 매너리즘이 심한 산수도에 나타남

- 퇴묵 — 붓에 물기를 적게 하여 붓의 터치가 거칠게 나오도록 하는 법

- 태서법 — 서양화법 / 음영을 가하여 입체감을 표현하는 기법

- 파묵 ┬ 먹의 농담을 여러 단계로 조절하여 입체감, 공간감을 표현 / 농묵을 담묵으로, 담묵을 농묵으로 꺼트려 표현
  └ 왕유의 산수화(장언원의 역대명화기에 수록 됨)

- 현애괘천법 — 절벽에 매달린 바위 위로 떨어지는 폭포수를 묘사하는 기법

- 재료/안료
  - 등라자 — 양홍과 화청의 배합으로 내는 등나무 꽃 색과 같은 보라색 안료
  - 라피스라즐리 — 청금석, 청색 안료를 추출하는 재료 / 아잔타 석굴이나 키질 석굴 등의 벽화에 사용
  - 모란홍 — 연지로부터 만든 분홍색 안료
  - 석간주 — 불화의 재료 중 하나로 붉은 색을 내는 안료
  - 유금 — 청록산수, 불화, 화조화 등에서 필요한 윤곽선이나 강조하는 부분에 칠하는 금색
  - 자청견 — 감색 비단, 금니로 산수화, 화조화 등을 그리거나 불경 사경에 사용되는 비단
  - 전화 — 인도 쪽이라는 식물을 끓여 만든 청색 안료
  - 군청 — 남동광으로 만든 청색
  - 녹청 — 공작석으로 만든 녹색, 백록이라고도 한다.
  - 운모 — 백운모로 만든 백색, 진주광택
  - 진사 — 적색계 안료
  - 대자 — 산화철로 만든 황갈색, 적갈색
  - 호분 — 백색의 안료 / 살색 또는 분색을 표현하는 데 사용함
  - 흥황 — 해등이라는 나무의 진으로 만든 식물성 황색 안료

- 단청
  - 안료 만들기 — 전통 색채 체계는 음양오행적 우주관에 근거한 오방색을 사용한다.
    단청의 배색 원리는 상록하단(上綠下丹)이라 말할 수 있는데, 이는 건물의 도리, 창방, 공포 등의 상부는 녹색으로, 기둥은 붉은색으로 칠하는 것을 말한다.
  - 안료 정제법 — ① 분쇄된 원료를 흐르는 물에 정제하여 추출한 뒤 입자 크기별로 분류하는 것이다.
    ② 수비법(水飛法): 돌을 곱게 가루 내어 물에 넣고 저어 앙금을 만들어 이를 말려서 아교에 개서 썼다. 물에 넣고 저어 앙금을 만드는 방법을 수비(水飛)한다고 한다.
  - 별지화 — 단청 그림 중의 하나, 창방, 평방, 도리, 대들보 등 큰 부재의 양 끝에 머리초를 놓고 중간 공백에다 회화적인 수법으로 그린 장식화

- 조형론
  - 입의 — 뜻과 정신, 착상이나 구상 / 관념적 형상성
  - 포치 — 화면의 구도와 위치 / 대상물을 화면에 배치하는 법
  - 포백 — 여백을 배치하는 것 / 포국이라고도 함
  - 포국 — 구도의 다른 말 / 경영위치라고도 함
  - 낙관 — 낙성관지 / 서호를 완성하고 마무리
  - 제발
    - 그림이 이루어지게 된 배경이나 그림의 감흥, 작가 평, 전래 경위, 진위, 고증 등을 적어 놓은 것
    - 제발, 제기, 화발 / 시문의 경우 제시, 제화시, 화찬이라고 함
  - 제관 — 화제, 제시, 화면 위에 쓴 문자
  - 횡폭 — 가로, 세로의 비례로 보아 가로가 긴 그림
  - 장권 — 횡권이나 수권이라고도 한다.

- 동양화 구도
  - 치진포세 — 외면적인 위치 배치 + 화면에 있어서 내재적인 역동감과 기세 배치
  - 점경
    - 화면에 생기, 대비적 효과, 섬세함, 눈을 끄는 작용
    - 화면에 생동감을 주고 분위기를 증가시키기 위하여 첨가하는 약간의 경물
  - 삼첩양단
    - 삼첩 : 1층은 땅, 2층은 나무, 3층은 산 / 일하양안과는 다르다.
    - 양단 : 경치는 아래에 산은 뒤에
  - 일하양안 — 강을 중심으로 근경의 언덕과 강 건너 대안(對岸)으로 나눠지는 구도
  - 산점투시 — 이동시점투시, 공간구성
  - 보보유경
    - 산점투시를 사용하여 걸음걸음마다 새로운 경치가 나타나게 하는 표현
    - 공간과 시간상의 제약을 초월할 수 있음
  - 잔산잉수
    - 마원, 하규가 사용한 산수화 구도법
    - 대상을 파악하는 방법이 소규모적이고 산이나 수목 등 개개의 경물이 광활하게 전개되지 않는다.
    - 화면의 좌우 아랫구석으로 돌리게 그림을 그리는 구도
    - 중앙 윗부분에 상당한 여백이 있어 여백부분이 화면에서 차지하는 비율이 크다.
    - 대각선 구도

묘법

- **감람묘** — 처음과 끝이 가늘고 중간이 굵은 필선 / 감람(올리브)씨와 같은 모양

- **고고유사묘** — 부드럽고도 가는 첨필로 누에가 실을 토하는 듯 그린 인물화 옷 주름 선묘

- **구인묘** — 마치 지렁이가 기어 다닌 흔적과 같은 곡선으로 옷 주름을 묘사하는 필선

- **궐두묘**
  - 가느다란 나무말뚝과 같이 직선으로, 빠른 속도로 내리긋고 강하게 점으로 끝을 맺는 선묘
  - 마원과 하규 그림 묘사에서 보인다.

- **궤두묘**
  - 나룻배를 뜻하는 것 / 붓끝이 닳아 없어진 독필로 그림
  - 마원, 하규의 인물표현 법

- **금현묘**
  - 가야금을 그치지 않고 타내려가는 듯하게 부드럽게 이어진 인물화의 옷 주름 선묘
  - 고고유사묘와 같은 유형이나 보다 거칠고 굳건하다.

- **마황묘** — 말벌의 몸과 같은 형태로 굵기에 변화가 많은 인물화의 옷 주름 묘사 / 난엽묘라고도 한다. / 남송의 마화지가 사용

- **시필묘** — 마른 울타리나 땔나무와 같이 날카로운 인물화 옷 주름의 선묘

- **유엽묘** — 버들잎이 바람을 맞는 것 같이 가늘고 부드럽게 인물화의 옷 주름을 묘사하는 선묘

- **전필수문묘** — 밀려오는 파도와 같이 빠르고 동적으로 묘사한 필선

- **절로묘** — 선이 길고 가늘어 마치 갈대를 꺾은 듯한 형상의 인물화 선묘 / 남송 양해

- **정두서미묘**
  - 인물화 옷 주름이 시작되는 부분은 못의 윗부분과 같고 끝으로 갈수록 선이 가늘어져 쥐의 꼬리와 같은 필선
  - 청록산수화에서도 바위나 산의 윤곽선에 보인다.

- **조의묘** — 북제시대 조중달의 인물화 / 사람이 옷을 입은 채 물에 빠진 듯 옷이 몸에 착 붙은 모습의 옷 주름, 조의출수

- **조해묘** — 첨필로써 장봉을 이룬 필선, 대추씨와 같은 모양

- **죽엽묘** — 거칠고 딱딱하게 옷 주름을 표현할 때/ 대나무 잎과 같은 선묘

- **철선묘** — 굵고 가는 데가 없이 두께가 처음부터 끝까지 똑같은 꼿꼿하고 곧은 필선

- **해조묘** — 잎이 다 떨어진 겨울 나뭇가지를 게 발톱처럼 날카롭게 묘사한 수지법 / 북송의 이성, 곽희 / 안견 산수

- **행운유수묘** — 고요한 계곡의 흐름과 구름이 스쳐가는 듯 부드럽고 유연하게 흐르는 선묘

- **혼묘** — 이중으로 그어진 윤곽선

- 점법
  - 개자간쌍구법 ─ 한 개자점 필선이 또 다른 개자점 필선과 이어지듯 서로 가까이 붙어 있어 쌍구
    - 나뭇잎이 쳐져 있는 모습
  - 개자점 ─ 수묵산수화에서 나뭇잎을 그리는 기법 / 개(介)자와 같게 그림
  - 대혼점 ─ 타원형처럼 생긴 비교적 큰 점 / 여름 나뭇잎을 나타낼 때 사용
  - 미점 ─ 붓을 옆으로 위어서 횡으로 찍는 점묘법, 미불이 창안함 / 정선 산수화에 나타남
  - 백엽준 ─ 작은 검은 점, 근경의 측백나무 잎을 묘사하거나 원경의 활엽수 잎을 묘사하는 데 사용된다.
  - 산구분천법 ─ 흐르는 물을 그리는 법 / 산의 입구에서 갈라진 폭포를 그리는 법
  - 서족점 ─ 쥐의 발자국처럼 네 개나 다섯 개의 약간 구부러진 필선을 부채 살 모양으로 모아 소나무 잎을 묘사하는 기법
  - 세수등점 ─ 매우 가느다랗게 늘어진 덩굴을 묘사하는 점
  - 세엽점 ─ 매우 가느다란 잎을 묘사하는 점획, 주로 어린 버드나무나 대나무의 잎을 묘사
  - 송엽점 ─ 소나무의 침엽을 묘사하는 점
  - 수등점 ─ 절벽 아래 걸려 있는 덩굴식물을 묘사하는 아래로 내리그은 여러 개의 가느다란 필선
  - 오동점 ─ 오동나무 잎을 묘사한 점, 측필의 사용. 문인화에서 주로 사용한다.
  - 파필점 ─ 부러진 붓으로 찍은 점 / 우설준과 비슷하나 윤곽이 좀 더 거칠다.
  - 편필점 ─ 비스듬히 누운 필치로 그은 점 / 개자점의 변형 / 활엽수 잎 묘사
  - 평두점 ─ 위가 평평한 점 / 멀리 보이는 나무나 숲을 묘사
  - 호초점 ─ 후춧가루를 뿌린 듯 작은 검은 점을 많이 찍어 멀리 보이는 삼나무 잎을 묘사하는 기법
- 수지법
  - 녹각화법 ─ 사슴 뿔 모양, 잎이 떨어진 가을 나무 묘사에 활용
  - 노근화법 ─ 큰 뿌리나 암벽 밖으로 나와 있는 뿌리를 묘사하는 법. 가파른 풍경에 사용함.
  - 해조화법 ─ 겨울 또는 죽은 나무 묘사에 활용. 게 발톱 모양

준법

- **고루준** — 바위의 거친 표면을 묘사하기 위한 준법 / 명대 절파의 오위가 사용한 준

- **구작법** ┬ 산이나 바위의 윤곽을 필선으로 먼저 정하고 그 내면의 질감을 나타내기 위한 기법
  └ 도끼로 찍은 듯한 자국을 내는 기법, 부벽준이라고도 한다. 남송대 마하파, 명대 절파가 사용한다.

- **권운준** — 뭉게구름 모습의 준법, 기다란 곡선으로 침식된 산이나 바위의 표면 질감을 나타냄. 북송대 이곽파.

- **귀면준** — 귀신 얼굴의 주름살 같이 거칠고 불규칙한 바위표면의 질감을 나타냄 / 북송의 이성 그림

- **금벽준** — 금니와 청록색으로 바위나 산의 표면에 질감을 나타냄

- **난마준** — 서로 뒤엉킨 마 줄기와 같은 준법 /
  피마준 보다는 직선에 가까운 필선, 불규칙하게 침식된 바위 표면 묘사

- **난운준** — 어지럽게 쌓인 구름을 방불케 하는 곡선으로 된 준법, 풍화작용으로 침식된 바위 표면 묘사

- **단선점준** — 2~3mm 정도의 짧은 선이나 점의 형태를 띤 준 / 안휘준 교수가 명명 /
  조선 시대 15세기 후반부터 16세기 전반에 나타남

- **단필마피준** — 짧은 마를 풀어놓은 듯한 약간 거친 느낌, 부서지고 각진 바위나 산봉우리의 효과 / 남당의 거연 작품

- **대부벽준** — 큰 도끼로 찍었을 때 생기는 단면과 같은 모습, 비백이 나타남 / 습필의 특성이 있다.
  남송의 마원, 하규 등이 사용 / 소부벽준은 갈필의 특성(남송대 이당이 사용) / 조선 초기 절파화풍

- **두판준** — 콩의 두 쪽처럼 생긴 필선의 준법 거의 수직으로 그은 짤막하며 두꺼운 필선

- **마아준** — 말의 이처럼 생긴 바위 모양을 묘사한 준법 / 당대 이사훈, 송대 조백구 등이 사용 / 조선 정선, 김홍도

- **마피준** — 마의 올이 얽힌 것 같은 준, 다소 거친 느낌 / 남당(혹은 오대)의 동원이 사용

- **반두준** — 백반 덩어리나 둥그런 찐빵 모양의 많은 덩어리가 모여서 이루어진 산꼭대기의 모습 / 거연, 원4대가

- **부벽준** — 도끼로 나무를 찍어낸 자국과 같은 바위 표면의 질감을 나타내는 준 / 명대 절파에서 사용
  남송 시대 이당 산수에서 처음에 소부벽준으로 등장

- **부착준** — 도끼로 통나무를 갈랐을 때 생기는 것처럼 기다랗게 결을 형성하여 갈라진 바위의 단층 질감을 표현하는 데 사용되는 준

- **수직준** — 예리한 필선을 수직으로 그어 내린 준, 정선이 금강산을 소재로 한 진경산수에서 암산의 독특한 모습을 묘사하기 위해 창안한 것

- **옥설준** — 작은 점이 모여 산을 이루게 하는 기법 / 청초 석도의 화어록에 처음 등장 / 지마점과 유사함

- 우림장두준 — 높은 바위산의 표면 질감을 나타내기 위하여 사용되는 면이 넓은 준 / 우림준이라고도 한다. / 측봉으로 위에서 아래로 내리긋는 기법

- 우모준 — 소의 털과 같이 짧고 가느다란 필선 / 원대 왕몽 / 조선 후기 심사정

- 우점준 — 아주 작은 타원형으로 찍혀진 붓 자국이 빗방울 같이 생긴 준 / 북송의 범관의 작품

- 운두준 — 풍화 작용을 받아 침식되어 마치 구름이 피어오르는 것 같이 생긴 산 / 북송대 이곽파

- 이리발정준 — 진흙에서 뽑아낸 못과 같은 형태의 준 / 굵은 먹선으로 된 피마준에 첨두점을 배합한 것 / 송대의 강삼이 사용

- 자리준 — 가시처럼 뾰족뾰족한 필선, 바위산 질감을 표현하는 용도 / 북송의 연문귀의 산수화

- 절대준 — 직각으로 꺾인 띠 모양의 준 / 수평 지층에 수직 단층이 보이는 바위산의 모습 / 원대 예찬

- 직찰준 — 수직으로 붓을 문지르듯 내리그은 준 / 정선이 사용한 준. 쇄찰준, 수직준이라고도 한다.

- 타니더수준 ┬ 띠가 진흙 밭에 질질 끌린 모양의 준
  └ 물에 흠뻑 젖은 표면에 물이 채 마르기 전에 절대준을 가하여 만든다. 침식이 상당히 진행된 바위 표면 묘사

- 탄와준 — 소용돌이 물의 표면과 같은 질감을 나타내는 준 / 반두준과 비슷 / 절벽의 돌출된 밑 부분의 벌집처럼 구멍이 뚫린 모양 묘사

- 파망준 — 찢어진 망과 같은 모양의 준 / 깊게 침식되지 않은 불규칙한 화강암 표면 묘사

- 피마준 — 마의 올을 풀어서 늘어놓은 듯 실 같은 모습의 준 / 남종화와 관계가 깊다 / 황공망

- 하엽준 — 연잎의 엽맥 줄기와 같이 생긴 준 / 산봉우리의 표면 묘사에 주로 사용된다. / 조맹부가 창안

- 해삭준 — 풀린 밧줄과 같은 모양의 필선

- 전통회화 제작 태도
  - 1) 모 = 그리고자 하는 그림 위에 종이나 비단을 포개고 거기에 비쳐서 나오는 형상을 그대로 배껴 그리는 것
  - 2) 임 = 그림 옆에 비단이나 종이를 나란히 놓아두고 옮겨 그리는 것
  - 3) 방 = 그림을 자세히 관찰하여 그림의 뜻을 찾아내고, 이를 새롭게 해석하는 것.

04 판화

- **볼록판화**
  - 조각칼, 볼록한 부분에 잉킹, 양각과 음각, 정교함과 단순함, 강한 흑백대비, 원화 좌우가 바뀜
  - 바렌, 조각도, 롤러
  - 목판화
    - 우드 컷 — 널목판, 세로결, 부드러운 목재, 니들 사용, 조각칼 자국
    - 우드인 그레이빙 — 눈목판, 가로결, 단단한 목재, 뷰린 사용, 세밀하고 자세한 표현
  - 1) 지판화 : 객관적으로 정교하게 묘사하기보다는, 세계에 대해 느끼는 정서적인 측면을 단순하고, 자유롭게 표현하는 것에 적합한 기법
  - 2) 리놀륨판화 : 목판화에 비해 제작이 용이하며 어느 방향으로나 제판 작업이 가능하다. 판면에 무늬가 없다.
  - 3) 직판화, 탁판화, 프로타주(건탁), 콜라그래프
  - 활판인쇄 / 선명하고 정교한 인쇄
  - 다색판화
    - 분판법
      - 색 수만큼 제작
      - 눈금표 맞추기
    - 삭감법 — (판 소멸법) 한 장의 목판을 파나가면서 찍는 법

- **오목판**
  - 오목판 홈에 잉킹, 프레스 압력으로 인쇄 / 간접법과 직접법, 섬세하고 날카로운 선의 효과
  - 원화 좌우가 바뀜 / 공통적으로 제판 - 잉킹 - 닦아내기 - 인쇄의 과정
  - 직접법
    - 드라이 포인트 — 니들, 바니셔, 스크레이퍼 / 선이 가늘고 자유롭다, 판재 거스러미를 활용한다.
    - 인그레이빙 — 뷰린, 바니셔, 스크레이퍼, 연마제 / 새기는 압력에 따라 선의 굵기 조절
    - 메조틴트
      - 로커, 룰렛으로 어두운 톤 만든다.
      - 바니셔, 스크레이퍼로 거친 부분을 깎거나 눌러서 밝은 부분을 묘사한다.
      - 작은 점들로 표현, 부드러운 효과와 풍부한 명암, 다양한 톤의 효과
  - 간접법
    - 하드 그라운드 에칭
      - 방식액, 질산-네덜란드 질산-염화 제2철, 동판프레스기
      - 산의 부식작용 이용
      - 제작과정 : 판 준비 - 그라운드 칠 - 철침으로 그리기 - 묽은 산에 부식 - 물과 석유로 세척 - 잉킹 - 닦아내기 - 프레스 - 인쇄
    - 소프트 그라운드 에칭
      - 부드러운 방식액
      - 질감 표현 활용
    - 리프트 그라운드 에칭
      - 설탕, 포스터 칼라, 방식액
      - 회화(붓 자국의 효과), 애쿼틴트 효과
    - 애쿼틴트
      - 송진가루, 질산, 방식액, 석유, 동판프레스 / 수채화의 효과
      - 제작과정 : 판 준비 - 송진 - 열로 고착 - 방식액으로 그림 - 산에 부식 - 반복 - 니들로 그림- 물과 석유로 세척 - 바니셔로 마무리 - 잉킹- 닦아내기 - 프레스 - 인쇄
  - 그라비어 인쇄 — 제판에 사진적 기법 사용

마·인·드·맵

- 평판화
  - 판에 요철 만들지 않는다. 직접 그림을 그려서 표현, 기름과 물의 반발성 원리, 자연스런 농담변화, 붓 터치, 회화적 느낌
  - 석판 — 석판이나 아연판에 해먹, 리소드레용, 아라비아 고무액
    - 1. 판 준비 – 카운터 에치 용액으로 세척 – 아라비아 고무액으로 그릴 부분 테두리 선정
    - 2. 전사지로 그림 옮기기 : 유성 작업(해먹, 크레용, 양초 등)
    - 3. 활석가루 묻히기 + 송진가루
    - 4. 산처리 작업(아라비아 고무액=수성 작업))으로 이미지 정착 + 물로 세척 + 반복
    - 5. 이미지처리(에치 과정) – 석유로 닦아내기 + 잉크로 엷게 바르기 + 반복
    - 6. 석유와 물로 세척
    - 7. 잉킹 + 롤러 – 인쇄
  - 모노타이프 — 한 장만 찍을 수 있는 판화 / 유리판, 아크릴판 / 17세기 베네딕트, 19세기 블레이크, 드가 등 / 마블링, 데칼코마니도 포함됨
  - 콜로타입
    - 석판화의 물과 기름의 반발 원리와 유사하다.
    - 사진의 연속적인 톤을 판화로 옮길 수 있는 기법
    - 유리 또는 금속판에 감광된 젤라틴을 사용함
  - 오프셋 인쇄 : 대량의 고속 인쇄 가능 / 큰 규격 인쇄 가능, 6도 이상의 인쇄 도수 가능

- 공판화
  - 구멍에 잉크를 밀어 넣어 찍음, 선명한 표현효과, 자유로운 붓 터치, 상업적인 목적에 이용된다. 이미지 좌우가 바뀌지 않는다.
  - 스텐실 — 그림 부분을 오려내어 그 구멍으로 물감이 찍힘, 단순, 선경
  - 실크스크린
    - 실크천, 스퀴지
    - 천의 흔적 효과 / 팝아트에서 적극 사용
  - 세리그래프 — 순수예술용 실크스크린을 칭함
  - 스크린 인쇄 : 유리, 금속, 플라스틱 등에도 인쇄 가능

- 판화 용어
  - A.P(E.A) — 작가 보관용 / 10% 미단 / 에디션에 포함시키지 않는다.
  - P.P — 공방의 프린터에게 주는 에디션 외의 프린트
  - T.P — 에디션에 들어가기 전에 시험 삼아 찍어보는 시험용
  - C.P — 제판 마감, 더 이상 찍지 않는다는 의미로 판에 흠을 낸다.

05-1 서예 및 전각

- 한자
  - 전서
    - 배경 — 은의 갑골문, 금문, 진의 석고문 / 진대 - 대전, 소전
    - 획 — 굵기가 일정, 가로 수평, 세로 수직 / 획의 끝이 전절
    - 서법 — 용필=원필과 장봉 / 기필은 역입, 수필은 회봉
  - 예서
    - 배경 — 진에서 한대에 형성 / 초기=고례 / 팔분
    - 획 — 세로보다 가로가 길다 / 가로획은 수평과 파책
    - 자형 — 좌우대칭의 균제미
    - 서법 — 역입 평출, 잠두안미, 대체로 방필
    - 광개토대왕비 — 고례 서체
  - 해서
    - 배경 — 4세기 후반부터 5세기 당대 형성
    - 획 — 가로보다 세로획이 굵고 오른쪽이 약간 올라간다. 전절을 꺾어준다.
    - 자형 — 정방형
    - 서법 — 주로 방필 / 1획 3절 / 영자팔법, 일파삼절
    - 향세 — 안진경체
    - 배세 — 구양순체
  - 행서
    - 배경 — 후한대 예서를 빨리 쓰기 위해 장초를 거쳐 초서로 이행하는 과정
    - 획 — 점획이 부드럽고 곡선적
    - 자형 — 다양함
    - 서법 — 대부분 노봉, 필순, 필압
  - 초서
    - 배경 — 후한대에 속서에 필요에 의해 점과 획을 극도로 간략화한 서체
    - 획 — 점획의 연결 생략, 단순화
    - 자형 — 자유로움, 극도의 생략과 단순화
    - 서법 — 노봉, 점획의 연결, 생략
  - 비백서 — 정의 — 필획에 힌 부분이 드러나고, 필세가 나부끼는 듯 하고, 빗자루로 쓴 것처러 보이는 서체
    후한 시대 채옹이 창시한 서법
- 한글
  - 판본체 (고체)
    - 훈민정음 반포 당시 글씨체
    - 원필체(훈민정음, 동국정운) / 방필체(월인천강지곡, 용비어천가)
    - 획의 굵기가 일정 / 가로획과 세로획이 직각
    - 기필 — 장봉 역입
    - 수필 — 중봉, 회봉(역출)
  - 필사체
    - 성종 시대 전후
    - 월인석보, 두시언해
  - 혼서체 — 한글과 한자가 함께 쓰인 필사체, 국한문혼용체
  - 궁체
    - 숙종 시대 궁녀들에 의해 정리된 서체. 정자, 흘림, 진흘림
    - 운필상 노봉으로 입필
    - 간가결구 — 초, 중, 종성자의 자형과 구성이 규칙적이고 원칙적이며, 합리적
    - 획의 굵기가 다양하고 가로획의 오른쪽이 약간 올라감
- 집필법 — 단구법 / 쌍구법 / 오지법 / 악관법
- 완법 — 현완법 / 제완법 / 침완법

- 서예 훈련법
  - 구궁격 — 9등분된 모눈종이
  - 묘홍법 — 서체 위에 투명지 올리고 씀
    (사영법, 모사법)
  - 운지법 — 체본의 글자 위에 손가락으로 글씨 연습
  - 골서법 — 글씨의 골격을 연필로 쓴 후 연습
  - 쌍구법(농서법) — 문자의 윤곽을 그린 후 윤곽을 채우듯 연습
- 임서의 종류
  - 형림 — 용필, 자형, 결구, 전체의 구성법 등 서법의 원리를 이해하고 습득
  - 의림 — 글자의 외형보다는 내면적인 정신성 따라서 임서
  - 배림 — 형림과 의림으로 익힌 글씨를 보지 않고 쓰는 임서
- 전각 3법
  - 자법 — 문자의 결구법, 전서의 법
  - 장법 — 인면에 글자를 배치하는 법
    - 소밀법, 경중법, 나양법, 호응법, 주백상간법, 잔파병렬법(잔파, 殘破)
  - 도법 — 집도와 운도
    - 역권(握拳)법 / 단구법 / 쌍구법 / 사지제두법
    - 단도 / 쌍도 / 절도 / 형도 / 충도
  - 소밀(疏密): "빽빽하기는 침 하나도 들어갈 수 없고 느슨하기는 말이 달릴 수 있을 정도"
  - 경중(輕重): 문자 결구의 필요에 따라 몇 개의 필획을 거칠게 혹은 세밀하게 하는 법.
  - 나양(挪讓): 문자 혹은 필획의 위치를 좌우 혹은 상하로 적당히 이동시켜 완미한 허실의 포국을 구하는 것.
  - 호응(呼應): 문자 상호간의 호응을 통쾌 허실상응의 예술효과에 이르는 것.
  - 주백상간법: 주백문이 하나의 인장에 있을 때를 말한다.
  - 계격합문법(界格合文): 계격의 사용으로 좋은 구도를 얻는 방법.
  - 의정부앙(欹正俯仰): 문자 혹은 필획을 한쪽으로 기울이거나 부앙(俯仰)하게 한다.
  - 잔파병렬법(잔파, 殘破): 전각의 가장자리를 칼날의 모서리로 두드리는 작업.
  - 재료와 용구 — 인도 / 인고 / 인재 / 주묵 / 인상 / 인ㄴ(인주) / 인구(가늠 자)
- 전각의 종류
  - 성명인(백문인) / 호인(주문인)
  - 사구인
    - 아름다운 글·문구, 두인과 유인
    - 두인(수인) — 작품의 오른쪽 위 어깨에 찍음
    - 유인 — 작품의 여백
  - 초형인 — 문자가 아닌 사람의 얼굴, 동물
  - 봉인 — 문서의 비밀보장
  - 감상인(감정인) — 감상자가 감상 소감을 새겨 찍음, 감정 결과를 증명함
  - 수장인 — 서적, 회화 등 소유자가 찍는 인장, 장서인
  - 장서인 — 책에 찍는 도장
  - 재관인 — 실명인, 자신이 살고 있는 집, 서재의 이름

소밀법(아문장인장)	경중법(소박)	나양법(초승)	호응법(영상백운)
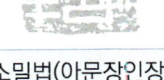			
주백상간법(회렴지인)	계격합문법(이인지세)	의정부앙법(대장지문)	잔파병렬법

05-1. 서예 및 전각

05-2 서예의 역사 - 중국

- 은 시대 (B.C. 1751~1123)
  - 갑골문

- 주 시대 (B.C. 1700~700)
  - 종정문(금문)
  - 대전(주문) — 서주 선왕 때 사주가 정리(주문이라고도 한다) — 석고문

- 진 시대 (B.C. 249~207)
  - 소전(진전) — 진시황이 이사에게 정리하도록 하였다.

- 한 시대 (B.C. 249~A.D. 207)
  - 예서 — [고례 ⇨ 팔분(금례 또는 한례), 장초(초서의 원형)]
  - 비의 건립(고례 - 노효왕 각석, 팔분 - 을영비·장천비·예기비·조전비)
  - 초·행서의 출현

- 삼국(위·촉·오) 시대 (220~280)
  - 해서 — 위나라의 종요가 정리
  - 장초 ⇨ 초서 발달, 행서가 발달

- 진 시대 (진·서진·동진) (280~420)
  - 동진의 왕희지·왕헌지 부자에 의해 행·초서의 완성(난정서)

- 남·북조 시대 (420~589)
  - 남조 — 왕희지 서풍(온화·세련)
  - 북조 — 힘찬 육조풍(용문조상기·정희하비·장맹룡비)

- 수 시대 (581~618)
  - 남·북 서풍의 통일
  - 지영 — 초서(진초 천자문)

- 당 시대 (618~907)
  - 대가(구양순·저수량·우세남) 이후 안진경이 나타나 해서의 전성기이다.
    - 구양순 〈구성궁예천명〉 / 저수량 〈안탑성교서〉 / 안진경 〈안근례비〉
    - 우세남 〈공자묘당비〉 / 손과정 〈서보(초서)〉
  - 우리나라에도 많은 영향을 주었다.

- 송 시대 (960~1279)
  - 형식보다 필의를 존중, 4대가(소식·황정견·채향·미불)

- 원 시대 (1271~1368)
  - 서화동원설(왕희지 서법을 통한 복고주의)
  - 조자앙(조맹부)의 송설체(우리나라에도 영향)

- 명 시대 (1368~1644)
  - 초기 〈송설체〉 ⇨ 중기 〈축육명·문징명〉 ⇨ 말기 〈동기창〉

- 청 시대 (1644~1912)
  - 고증학·금석학의 발달
  - 첩파 — 법첩 연구
  - 비파 — 고대 비갈 연구(등석여·포세신·조지겸·오창석·)

05-3 우리나라 서예의 역사 〈한자〉 6~7세기경부터 본격적으로 사용

- 고구려
  - 광개토대왕릉비(호태왕비) = 고려 (예서)
  - 모두루묘지, 묵서묘지 — 해서, 평양성 각석
- 백제
  - 사탁지적당탑비 — 육조풍 해서
  - 무령왕릉매지권 — 해서(남조풍)
- 신라
  - 진흥왕순수비 — 육조풍 해서
- 통일신라
  - 왕희지법에서 구양순체의 유행으로 이어짐
  - 김생(태자사 낭공대사비, 백월서운비) — 왕희지법 행서
  - 최치원(진감선사비) — 구양순법
  - 화엄경각석(백지묵서 대방광불) — 구양순법
- 고려
  - 장단설(정진대사 원오탑비) — 왕희지법
  - 석탄연(문수원 중수기) — 최초의 안진경법, 왕희지체와 사경풍의 서체를 종합
  - 이암(문수원 장경각비) — 송설체
  - 이제현 – 송 — 송설체
- 조선
  - 조선시대 전체 = 초기(송설체) ⇨ 중기(왕희지 서체) ⇨ 후기(다양)
  - 이용(안평대군) — 매죽헌 필첩 — 송설체
  - 한호 — 석봉체(왕희지, 조자앙, 안진경체), 왕희지체
  - 윤순 — 백하체(미불 서법), 신위(동기창 서체), — 동국진체
    강세황, 조광전, 이광사 등이 있다.
  - 김정희 — 예서와 해행서를 등용 — 전통을 벗어난 독창적인 추사체를 만들어냈다.

06 사진, 영상, 영상 그래픽

1 역사

카메라 옵스큐라 (camera obscura)	르네상스 이후	고대 아리스토텔레스가 발견했다고 한다. 르네상스 이후 화가들이 밑그림 그리는 도구로 이용함
헬리오그라피 (Heliography)	1826년	니엡스가 라벤더유에 아스팔트의 일종인 비트먼을 녹인 화합물로 8시간 노출한다. 빛을 받은 유대역청을 라벤더 오일로 지우면 빛을 받은 부분이 남고, 안 받은 부분은 오일에 녹는다.
다게레오 타입 (Daruerreo Type)	1831년/ 1839.8.19	다게르가 은도금판(셰필드 건판) 위에 요드화은을 이용한 타입. 은판 표면에 요소 증기를 분무하여 요드화은(할로겐화 은)을 만들고, 노출 후 수은 증기를 분무하여 처음으로 양인화를 얻었다. 한 장의 감광판으로 한 장만 현상할 수 있다.
칼로 타입 (Calotype)	1839년	팍스 탈보트가 최초의 종이 네거티브를 만들어 명명함. 음화–양화 기법으로 사진의 본질적인 복제성이 이루어진 셈이다. 종이에 요드화은을 도포하여 말리고, 노출 직전에 질산은–갈산 수용액을 도포한 후 노출하여 갈산과 질산 용액으로 현상한다.
건판 사진법	1871년	메덕스에 의하여 젤라틴 용액을 이용한 브롬화은 건판사진법이 개발됨.
폴라로이드	1947년	에드윈 .H. 랜드가 일욕현상상식의 폴라로이드를 개발함. 수초 만에 현상과 인화를 한꺼번에 이루어내는 즉석 현상의 시대를 열었다.

2 사진 촬영

- 촬영 기법
  - 심도
    - 심도는 피사체에 근접해서 촬영할수록 얕아진다.(피사체만 또렷함).
    - 피사체로부터 멀어질수록 깊어진다.(사진 속의 모든 대상이 또렷함)
    - 심도는 조리개와 촬영거리가 같더라도 렌즈의 초점거리에 따라 달라진다.
  - 피사계 심도
    - 초점이 맞아 보이는 범위.
    - 초점이 맞아 보이는 범위가 많으면 '피사계 심도가 깊다'라고 한다.
    - 피사체 앞뒤의 초점이 맞는 범위를 '피사계 심도' 라고 한다.
    - 최대 개방 조리개(가장 낮은 f/수치)에서 심도는 가장 낮아진다.
    - 최소 조리개(가장 높은 f/수치)에서 심도는 최대가 된다.
- 팬 포커스, (pan focus =깊은 피사계)
  - 조리개 — 좁은 조리개 값. (구멍이 작을수록, f/16)
  - 초점 거리 — 짧은 초점 거리 (50mm)
  - 촬영 거리 — 먼 거리 피사체. (3m)
- 필름과 센서의 감도
  - ISO (International Organization for Standerdization)
    - 숫자가 높을수록 더 작은 광량에서도 적정노출을 얻을 수 있다.
    - 실내 촬영에서는 빠른 필름 감도나 높은 ISO 설정이 좋다.

3 영상

1) 영상 제작 과정

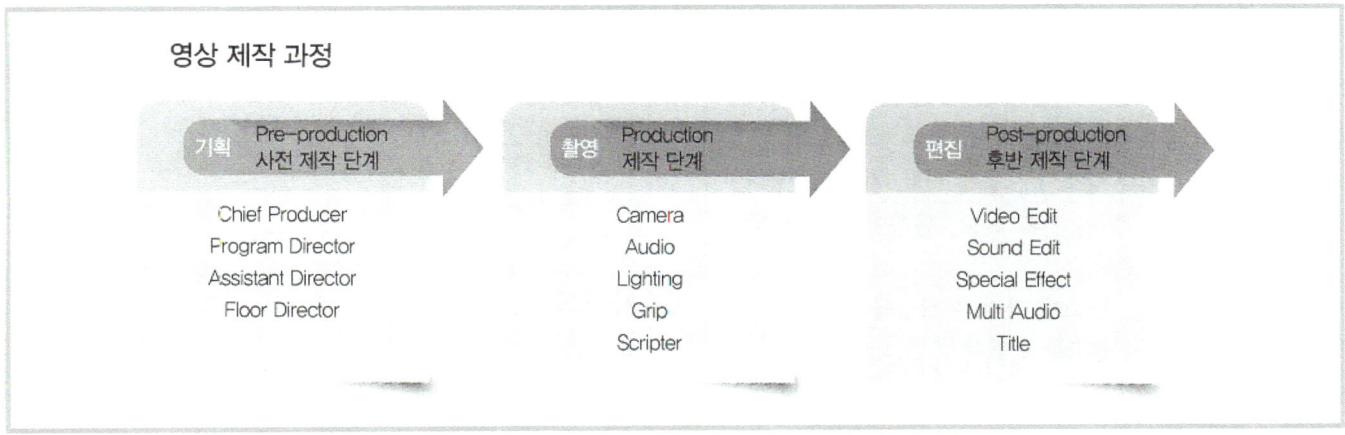

- 과정별 중요 업무
  - 사전 제작 단계 — 소재 선정, 아이디어 개발, 사전조사(research), 캐스팅, 제작진 구성, 로케이션 헌팅(location hunting), 기획 수립 및 기획서 작성
  - ↓
  - 제작 단계 — 촬영, 특수 촬영 동시 녹음
  - ↓
  - 후반 제작 단계 — 프리뷰(preview) 및 가편집, 본 편집, 내레이션(narration), 녹음, 더빙, 음향, 이펙트 효과 편집, 음향 믹싱, 타이틀 제작, 종합 편집

2) 컷의 종류

- **컷의 종류**
  - **내용 컷 (Content Cut)**
    - 이야기를 진행시키기 위해 새로운 장면으로 전환할 때 사용한다.
    - 가장 흔한 내용 컷은 두 사람의 대화 장면에서 나온다.
  - **액션 컷 (the Action Cut)**
    - 액션 컷은 연속 컷 또는 이동 컷이라고도 부른다. 한 컷에서 시작된 행동이 다음 컷에서 끝나는 모든 경우를 말한다
  - **시점 컷 (POV Cut, the PointOfView Cut)**
    - 첫 번째 컷에서 화면 밖으로 향한 시선을 다음 컷에서 보여 주는 피사체와 동기화시키는 것이다. 이 시점 컷은 연속성이 중요하다.
  - **매치 컷 (the Match Cut)**
    - 장면 전환에서 가장 많이 이용된다.
    - 매치 컷 사용에서는 화면 크기와 프레임 내에서의 위치가 모두 일치해야 한다
  - **개념 컷 (the Conceptual Cut)**
    - 개념 컷은 은유(metaphor)를 담고 있다.
    - 사운드는 가끔 개념 컷에서 중요한 역할을 한다.
  - **제로 컷 (the Zero Cut)**
    - 장면 전환을 위한 컷의 방법 중 하나다.
    - 매치 컷의 한 종류이며 주로 액션 신에서 자주 사용된다.
  - **점프 컷 (the Jump Cut)**
    - 점프 컷은 오로지 비연속성에 초점을 맞추는 것이다.
    - 점프 컷은 시청자로 하여금 불안정성을 느끼게 해 준다.
  - **컷어웨이 (Cutaway)**
    - 주요 인물과 같은 장소에 존재하면서 그와 관련성을 가지는 다른 어떤 사람이나 피사체를 보여 주는 컷.
    - 이야기의 흐름은 더 부드러워진다.
  - **컷오프라인 (Cutoff Lines)**
    - 컷오프로 화면 프레이밍을 정하는 전통적인 방법
    - 풀 숏, 니 숏, 웨이스트 숏, 바스트 숏, 헤드 숏 등이 있다.

- **영상 촬영의 기법**
  - **숏(shot)**
    - 촬영이 완료된 하나의 화면.
    - 한 호흡으로 촬영해 만들어지는 순간을 말한다.
  - ↓
  - **신(scene)**
    - 배우의 연기가 포함된 한 장소 또는 배경
    - 한 신은 하나의 숏 또는 몇개의 숏으로 구성된다.
  - ↓
  - **시퀀스(sequence)**
    - 몇개의 숏, 혹은 몇개의 신으로 구성된다.
    - 한 시퀀스는 배우의 연기의 지속성을 유지하는 것이 핵심이다.
    - 배우의 연기의 지속성을 위해 페이드인, 또는 아웃등을 활용하는 경우도 많다.

- **장면 전환의 4대 기법**
  - **컷(Cut)** — 가장 일반적으로 쓰이는 것으로 광학적인 작용 없이 장면이 전환되는 기법.
  - **디졸브(Dissolve)** — 앞의 장면과 뒤의 장면이 겹쳐지면서 장면이 전환되는 기법(O.L이라고도 함)
  - **와이프(Wipe)** — 앞의 장면이 지워지듯 사라지면서 뒤의 장면으로 전환되는 기법(아이리스도 속함)
  - **페이드(Fade)** — 어두운 화면에서 점점 밝아지는 것을 페이드 인(F.I)이라고 하고 밝은 화면에서 점점 어두워지는 것을 페이드 아웃(F.O)이라고 한다.

- **중요 용어**
  - **미장센 (Mise-en-scene)**
    - '무대에 배치한다.'라는 의미. '장면(화면) 속에 무엇인가를 놓는다.'
    - 연출자의 메시지나 미학 등을 표현. 여러 가지 구성 요소들을 생각해 내고, 화면 속에 배치함으로써 하나의 그림을 만들어 내는 작업.
  - **몽타주** — '조립하는 것'이라는 뜻. 각각의 장면을 적절하게 이어 붙여서 스토리가 있는 하나의 내용으로 만드는 작업.
  - **모션 캡쳐** — 몸에 센서를 부착하거나, 적외선을 이용하는 등의 방법

3) 시나리오

- 시나리오 개발 과정
  - 콘셉트 시트
    - 전체적인 이야기(메시지)를 간략하게 묘사해 놓은 것
    - 제작자들이나 관련된 스태프들이 하나의 영상 작품을 쉽고 빠르게 평가할 수 있도록 만든 간략한 메모 시트이다.
    ↓
  - 시놉시스
    - 일종의 요약된 줄거리
    - 주제, 기획 및 집필 의도, 등장 인물, 줄거리의 4가지 기본 요소가 구체적으로 포함된다.
    ↓
  - 트리트먼트
    - 전체 시나리오의 세부적인 상황 묘사나 에피소드를 빠짐없이 작성한 것.
    - 실제 작품을 분석하여 대사 없이 짧게 압축된 요약 본
    ↓
  - 신 리스트
    - 줄거리가 자연스럽게 흘러가는지 알 수 있도록 각각의 장면에서 일어나는 사건을 시간 순으로 정리한 것
    - 전체적인 느낌을 이해하고 흐름을 파악하는 데 도움을 준다.
    ↓
  - 시나리오
    - 영상 작품의 각본으로 영상 장면의 순서, 배우의 대사와 동작 등을 글로 쓴 대본.
    - 구성 요소에는 등장인물, 사건, 배경이 해당된다.

- 시나리오 조정
  - 각색과 윤색
    - 각색은 대본으로 바꿔 쓰는 것. 각본을 개조하는 일.
    - 윤색은 각색 이후 큰 틀을 변화하지 않고 부분적인 에피소드나 대사 정도만 수정하는 것.

4) 스토리보드

- 스토리 작성
  - 콘티뉴이티 (continuity)
    - 시나리오를 바탕으로 정확한 순서나 여러 가지 상황을 기입한 촬영 각본을 말한다. 일반적으로 콘티라고 한다.
  - 스토리보드
    - 주요 장면을 그림이나 사진 등으로 정리한 계획표로 스토리 내용을 보는 사람이 이해할 수 있도록 그림으로 그려 정리한 판이라는 뜻.

5) 영상 제작 시 카메라와 렌즈 운용

- 영상 제작시 카메라와 렌즈 운용
  - 피사계 심도 — 초점이 맞아 보이는 범위
  - 화이트 밸런스
    - 카메라와 사람의 눈이 다른 점 중 하나는 색온도의 순응성이다.
    - 카메라는 광원이 바뀔 때마다 흰색을 흰색으로 인식하도록 조정을 해주어야 하는데 이를 화이트 밸런스라를 맞춰준다고 표현한다.
      - 푸른색에 화이트밸런스를 맞추면 화면 전체가 붉은 색조를 띄어 해질녘 분위기를 낼 수 있다.
      - 붉은색에 화이트밸런스를 맞추면 화면 전체에 푸른 색조가 띠게 되어 일출 전의 새벽의 느낌이나 파란 하늘을 더 파랗게 만들 수 있다.

6) 영상 몽타주 이론

- 몽타주 이론
  - 레프 쿨레쇼프 — '쿨레쇼프 효과'
    쇼트와 쇼트의 병치 편집 = 색다른 정서적인 효과를 낼 수 있다.
  - 프세볼로트 푸도프킨 — 데쿠파주 형식을 지향함.(장면을 분할한다는 의미)
    '점층 몽타주'는 다른 말로 벽돌쌓기 몽타주라고도 불린다.
    하나의 개념 또는 감정을 표현하기 위해 여러 정보들을 차곡하게 쌓아 올리는 것.
    / 충돌 몽타주
  - 에이젠슈타인 — 허리우드의 '연속 편집법' 거부
    *연속편집 – 논리적인 시간과 공간, 사건의 연속성을 유지시키는 방식의 편집.

07 색채학

- 색채 지각 요인
  - 감각요인
    - 한상체(간상체) — 야간시 중성색과 무채색만 지각 / 올빼미는 한상체만 있음
    - 추상체 — 주간시 색을 식별함 / 닭은 추상체만 있음
    - 푸르킨예 현상 — 추상체에서 한상체로 이동
  - 색채지각설
    - 영 — 색각의 3색설, 뉴턴의 광학이론 / 빨간, 파란, 노란색 가설 세움
    - 헬름홀츠 — 영의 주장을 빨간, 녹색, 파란이라고 주장 / 가산혼합과 일치 / 동시대비와 음성적 잔상 설명 부족
    - 헤링 — 반대색설 : 보석의 잔상효과, 동시대비 현상에 중요한 이론

- 색의 대비
  - 동시대비
    - 색상대비 / 보색 대비 / 명도 대비 / 채도 대비
    - 색의 차이가 클수록 대비현상은 강해진다.
    - 색의 3속성 차이와 2가지 이상의 색상을 동시에 볼 때 일어난다.
    - 시점을 한 곳에 집중시켜 색채지각 과정에서 일어나는 순간적인 현상이다.
  - 계시대비(계속)
    - 어떤 색을 보다가 다른 색을 보았을 때 먼저 본 색이 달라져 보인다.
    - 2개의 다른 자극이 동시에 일어날 때 일어나는 감각의 강조작용이다.
    - 시차를 두고 보았을 때 일시적으로 생긴다.
    - 면적 효과 / 병치 혼합 / 회전혼합
    - 한난대비 — 원근을 암시하는 요소를 가지고 있다.
    - 연변대비 — 2가지의 색 경계선 근처에서 일어난다. 마하밴드, 할레이션 효과라고도 한다.
  - 베졸트 효과 — 주위 색의 영향으로 인접 색에 가깝게 느껴지는 경우 = 동화현상
  - 대비효과의 특징
    - 그림이 작을수록 현저하게 나타난다.
    - 2색이 떨어져 있을 때 나타나고, 2색의 간격이 크면 클수록 감소한다.
    - 명도대비가 최소일 때 대비는 최대효과가 된다.

- 색의 혼합
  - 가산혼합
    - 1차색 — 빨강(R) + 녹색(G) + 파랑(B)
    - 2차색
      - 빨강 + 녹색 = 노랑(Y)
      - 녹색 + 파랑 = 청록(C)
      - 빨강 + 파랑 = 자주(M)
      - 빨강 + 녹색 + 파랑 + 흰색(W)
    - 1853년 그라스만이 제창
  - 감산혼합
    - 1차색 — 노랑(Y) + 청록(C) + 자주(M)
    - 2차색
      - 노랑 + 자주 = 빨강(R)
      - 노랑 + 청록 = 녹색(G)
      - 청록 + 자주 = 파랑(B)
      - 노랑 + 청록 + 자주 = 검정(BL)
    - 1831년 브레우스터는 색채의 기본원색으로 빨간, 노란, 파란을 제창
  - 중간혼합
    - 회전혼합
      - 바람개비, 회전판 / 명도는 그들 색의 평균(면적 비율에 따라 색상이 결정)
      - 믹스웰이 발견하여 맥스웰 회전판이라 한다.
    - 병치혼합 — 직물, 모자이크 등 색을 접근시켜 배치 = 혼색의 착시 / 명도나 채도에는 변화가 없다.

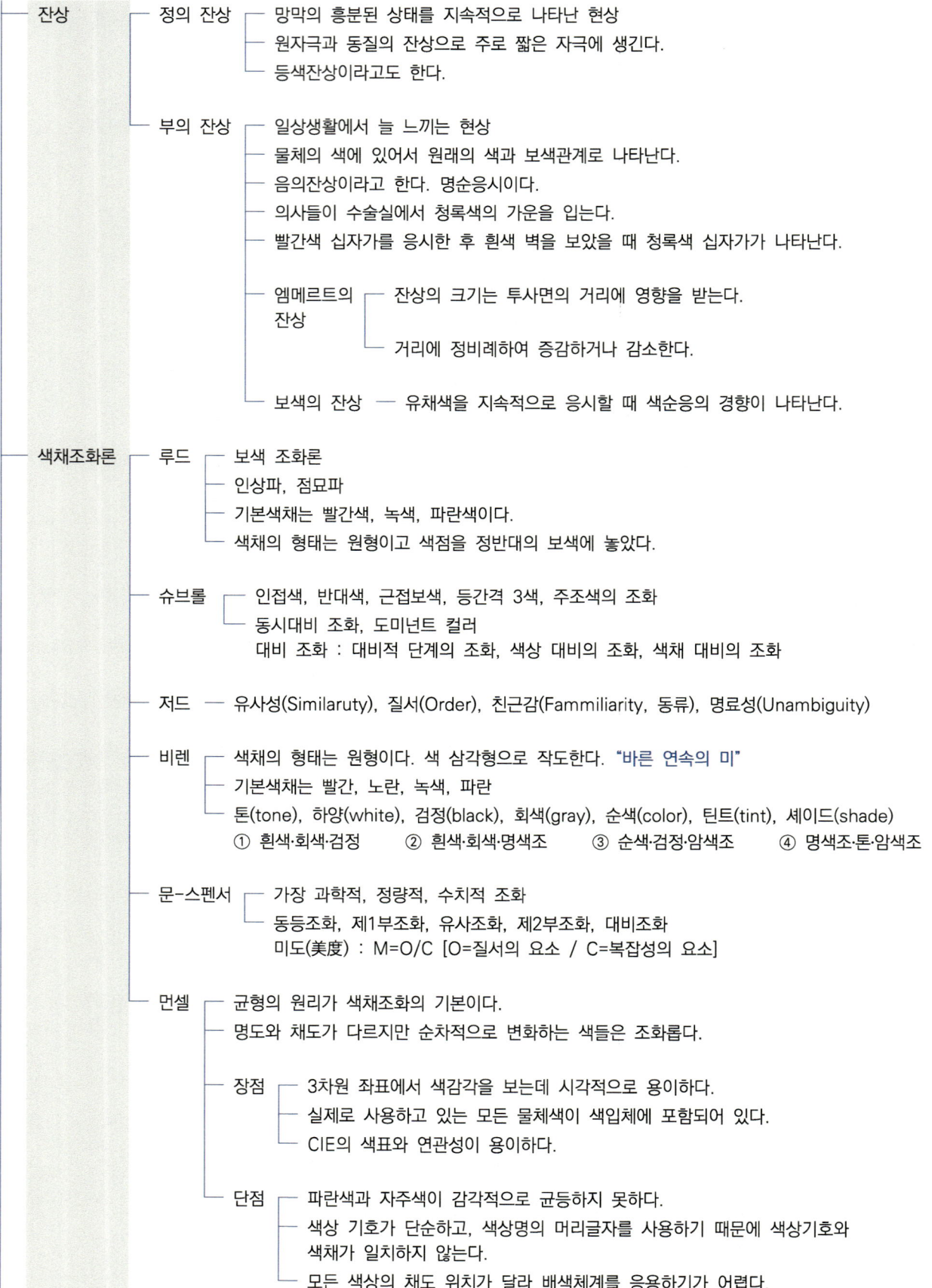

마·인·드·맵

- 색체계
  - 표색
    - 오스트발트
      - 무채색 조화 / 단색상 조화 / 등가색상의 조화 / 보색마름모꼴의 조화
      - 등순계열 조화와 관련이 있다.
      - 혼색하는 색의 양이 많고 적음에 따라 만듦
      - 흰색, 검정, 순색의 기준
      - "조화는 질서이다." / 몬드리안, 데스틸에 영향 줌
      - 흰색, 검정색, 순색의 완전한 3가지의 색은 회전 혼합에 의한 표현이다.
    - 먼셀
      - 색의 3속성에 따라 세 방향으로 지각적 고른 감도로 배열
      - 색상(H), 명도(V), 채도(C)
      - 색종단면도 — 가운데 중심 축 좌우가 보색
      - 색횡단면도 — 무채색을 중심으로 방사형
      - 그라스만의 색 3속성을 인간의 시감에 따라 단계로 정함
    - CIE
      - 국제조명위원회의 시감 시험
      - 영-헬름홀츠에 의한 3원색 이론에서 출발
    - NCS
      - 헤링이 저술한 색채인식의 자연체계에서 시작
      - 스웨덴 색채연구소가 발표
      - 인테리어나 환경디자인에 쉽게 적용된다.

- 디지털 색체계
  - RGB 시스템 — 주로 TV 모니터 / 숫자 0~255까지
  - CMYK 시스템 — 프린트 될 경우 시안, 마젠타, 노랑의 디지털 색채 / 겹칠수록 어둡고 채도가 낮아짐

- 색상과 톤 (PCCS)
  - 비비드 — 표준이 되는 색
  - 페일톤 — 연한 핑크색, 유채색의 톤 중에서 가장 밝은 톤
  - 그레이시톤 — 명도가 낮고 색깔이 약간 거칠게 느껴진다.

- 중요 색채 용어
  - 베졸트 효과 — 동화현상
  - 푸르키네 현상 — 밝은 빛에서 어두운 빛으로 이동시 단파장이 오래 남는다.
  - 애브니 효과 — 순도(채도)를 높이면 같은 파장의 색상이 다르게 보인다.
  - 베졸트 브뤼케 현상
    - 주황색의 빛을 강하게 받으면 노란색만 보인다.
    - 같은 주파장의 색광도를 변화시키면 색상이 약간 다르게 보인다.
  - 연색성 — 조명이 물체의 색에 영향을 끼치는 것으로 동일한 물체라도 광원이 달라지면 다르게 지각되는 현상

- 색채 조화의 응용
  - 분비 효과에 의한 배색 (Saparation)
    - ① 두 가지 색 또는 많은 배색에서 사용함.
    - ② 두 색 관계가 애매하거나 대비가 너무 강할 때.
    - ③ 분리색(saparation color)를 삽입한다.
  - 강조 효과에 의한 배색 (accent)
    - ① 단조로운 배색에 대조적인 색을 소량 첨가한다.
    - ② 긴장감과 주목성을 부각시키기 위해 사용한다.
  - 연속 변화에 의한 배색
    - ① 그라데이션으로 조화되는 배열에 따라 시각적인 유목감을 준다.
    - ② 루드의 조화론에서 설명함.
  - 반복 효과에 의한 배색 (repetition)
    - ① 두 가지 색 이상을 사용하여 통일감이 배제된 배색.
    - ② 일정한 질서를 기본으로 하여 조화를 주는 방법
    - ③ 타일의 배색이나 체크 무늬 배색에서 사용.

08-1 디자인 역사 1

- 세커교도 (1774) 디자인
  - 규칙성은 아름답다.
  - 아름다움은 하모니 속에 있다.
  - 아름다움은 합목적성에 기인한다.
  - 질서는 아름다움의 근원이다.
  - 루이스 설리반의 근원
  - 기능주의의 모태
  - 오토 바그너, 프랭크 로이드 라이트, 매킨토시에게 영향 줌

- 비더마이어 양식 (1820)
  - 합목적성과 순수함과 아늑한 이미지
  - 공간의 겸손과 통일적인 이미지
  - 솔직한 형태, 맞춤을 통한 대량 생산 - 주문형식
  - 대표 디자인 ─ 토넷 의자 디자인
    - 베니어 합판을 사용한 곡선형 목재
    - 단순한 형태, 실용적 기능
    - 조립이 가능한 부품으로 이루어져서 운송의 효율성 현장 조립, 산업적 대량생산 실현, 경제성 높다.

- 미술공예운동
  - 배경
    - 산업혁명 - 빈곤문제 발생, 정치적 혁신운동
    - 삶의 질의 균질화 - 디자인 혁신 운동
    - 스타일 전쟁 / 고전주의 양식 비판 / 고딕 회고 / 모리스의 마셜포크너 상회 설립
  - 슬로건 ─ 실용과 아름다움
  - 특징 ─ 수공예 부흥 운동, 중세의 소박한 양식 추구, 고딕 지향, 반공업주의, 대량 생산 시스템 거부 예술의 민주화 사상
  - 영향과 의의
    - 독일공작 연맹, 바우하우스, 러시아 아방가르드 운동에 큰 자극 줌
    - 시민의 일상적 생활환경의 미화라는 사회적 가치로 전환 / 조형 운동을 사회 개혁의 차원에서 전개시킨 점이 의의
  - 윌리엄 모리스, 존 러스킨
  - 아서 H, 맥머도, 찰스 R 애시비, 구스타프 스티클리

- 아르누보
  - 특징 ─ 유동적 곡선 표현 + 종합 예술 지향 / 기능주의적 사상과 합리성 추구 부족
  - 곡선적 아르누보
    - 프랑스 - 낭시파 양식, 기마르 양식 ─ 기마르, 에밀 갈레
    - 벨기에 - 건축과 인테리어 중심 ─ 오르타
    - 독일, 이탈리아, 스페인 동구권에서 발전 ─ 앙리 반 데 벨데, 페터 베렌스, 리머슈미트
  - 직선적 아르누보
    - 영국 스코틀랜드(글레스고파) ─ 매킨토시
    - 오스트리아 빈 분리파 ─ 오제프 프란츠, 호프만, 오토 바그너, 올브리히, 콜로만 모저
  - 새로운 구조미 추구 ─ 철을 조형의 주재료로 사용 = 동적이고 유미한 곡선 장식을 지닌 철골 구조
  - 빈공방
    - 빈 분리파 일원들이 1903년 창립한 공예 회사
    - 곡선적 아르누보에 비하여 장식 줄이고 여백을 많이 준 직선 형태

1 직선적 아르누보

- 글래스고우 매킨토시
  - 산업적 생산의 가능성을 추구
  - 일본적 미학의 영향
  - 우아한 직선의 사용, 격자무늬 장식축소
  - 편편한 구조와 절대적 대칭의 사용
  - 오스트리아 빈 공작 연맹에 영향 줌
- 분리파 (비엔나)
  - 기하학적 추상, 직선적 형태
  - 초기에는 아르누보 – 점차 직선 미학
  - 클림트, 콜로만 모저, 요제프 가리아 올브리히, 요제프 프란츠, 마리오· 호프만
  - 오토 바그너의 근대건축 선언
    - 간편하고 경제적인 구조 = 유기적 + 기능적
    - 새로운 재료의 모색과 도전(철, 콘크리트, 유리), 산업재료를 적극 사용
    - 대량 생산 시대에 새로운 흐름에 대한 예술가들의 일반성 요구
    - 산업적 생산을 전제한 디자인 추구, 단순한 구성, 기하학적 형식, 반복적, 기하학적 패턴 강조

2 곡선적 아르누보

- 프랑스 아르누보
  - 에밀 갈레, 기마르의 활동
  - 단일 수량의 예술적 작품과 대량 생산을 함께 시도
  - 유기적 형태, 역동적인 형태, 비대칭적, 식물모티브, 환상적
  - 식물적 형태와 순수한 장식에 몰두
- 벨기에 아르누보
  - 앙리 반 데 벨데에 의해 시작됨, 빅토르 오르타(Victor Horta) 중심
  - 수공예의 옹호
  - 추상적이고 활기찬 형태 구사, 곡선화와 강한 선의 사용 식물의 원형을 디자인에 적용
  - 응용미술 분야, 건축과 실내장식에서 많은 영향을 끼침.
- 스페인 알데 호 벤
  - 역동적, 카톨릭적, 고딕양식, 섬세한 장식, 엄숙한 색채
  - 안토니 가우디
- 유겐트스틸(독일)
  - 기하학적이고 자연적인 형태, 표면 장식의 배제
  - 윤리적인 제조방식의 실천, 진솔한 가재도구 생산
  - 앙리 반 데 벨데, 리머슈미트
  - 구조가 간단하고 제작이 용이한 조형적인 표현
  - 뮌헨 유겐트스틸
    - 수공 예술을 위한 연맹 결성
    - 산업적 생산을 시도 – 기계 생산을 시도

08-2 디자인 역사 2

- **독일공작연맹**
  - 우수한 미적 기준을 표준화하여 대량 생산하고, 이의 수출을 통하여 독일의 국부증대를 목표로 한 디자인 진흥 단체
  - 순수하고 치장하지 않은 표면, 기능적 디자인, 규격화, 공학 기술적 특성
  - 표준화와 개별화 논쟁으로 와해됨
  - 페터 베렌스, 앙리 반 데 벨데, 헤르만 무테지우스, 그로피우스
  - 페터 베렌스
    - 유겐트 스틸에서 기능주의자로 변화
    - 1907~1914년 AEG 회사 CI 형성

- **바우하우스**
  - 1919년 그로피우스가 예술과 기술, 과학 통합, 종합 예술인 건축 지향
  - 국립 바이마르 — 이텐의 예비 조형 교육
    - 잠재적 능력 발굴
    - 기존 개념 해방 목적
    - 예술적 직관 중시
    - 실용주의적 이념과 대립
  - 데사우 바우하우스
    - 대량 생산을 전제로 한 공방 교육
    - 대량 생산용 모형 제작
    - 유니버셜(universal-일종의 산세리프서체) 서체 개발, 포토 몽타주
    - 졸업생이 교수로 합류(바이어, 앨버스, 브로이어)
  - 베를린 바우하우스
    - 미스 반 데어 로에
    - 나치의 탄압 = 1933년 폐교
  - 의의와 계승
    1. 학교 교육이라는 공동체를 매개로 전개된 디자인 운동
    2. 예술의 입장에서 근대 공업 사회의 과제에 접근함
    3. 국제적 디자인 교육이나 디자인 그 자체에 큰 영향 줌

- **아방가르드 예술의 영향**
  - 입체파
    - 대상을 2차원이 아닌 동시성으로 파악
    - 미래파에 영향 줌 - 레디 메이드 시리즈 발표
    - 기하학적 형태 표 / 순수주의 : 기계적 표현
  - 미래파
    - 마리네티를 중심으로 결성 / 물질문명, 속도, 운동감 추구
    - 기계에 의한 미래 사회 건설
    - 인쇄 문자의 콜라주, 문자의 연속 인쇄된 글자로 구성된 시각시(visual poetry) 만듦
    - 바우하우스, 데 스틸, 러시아 아방가르드에 영향 줌

- **오르가닉 디자인 (유기적 디자인)**
  - 주요 특성
    - 1930~1960, 1990~현재, 미국, 유럽
    - 부드럽고 흐르는 듯한 윤곽선, 조각적 형태, 섬세하고 미묘한 형태
    - 주위 환경과 관련성을 중요하게 생각한 디자인
    - 자연 소재와 성형이 쉬운 합성수지 등의 인공 소재를 모두 사용
  - 주요 사실
    - 시각적, 기능적으로 인테리어 및 건물과 하나로 연결돼야 한다고 믿음
    - 새로운 제조 공정, 신소재, 컴퓨터 설계기술의 진전에 크게 고무됨
  - 주요 인물 — 찰스 레니 매킨토시, 프랭크 로이드 라이트, 알바 알토, 에로 사리넨, 찰스 임스, 레이 임스, 피에르 폴랭, 로스 로브그로브
  - 관련 유파 — 아르누보, 기능주의

마·인·드·맵

- **유선형 (1930~1950, 미국)**
  - 주요 특성
    - 에어로다이내믹한 외관
    - 둥근 모서리과 매끈한 마감
    - 눈물방울 형상, 이음새 없는 통합체 옹호
  - 주요 사실
    - 분해를 모색한 기능주의와 달리 이음새 없는 통합체를 옹호함
    - 진보의 상징으로 대중의 상상력을 휘어잡음
    - 잦은 스타일 변경으로 기존 스타일의 수명 한정, 미국 제조업에 영향을 줌
  - 주요 인물 — 레이먼드 로위, 노먼 벨 게디스(N. Geddes), 헨리 드레이퍼스, 월터 도윈 티그,
  - 관련 유파 — 모던, 인터내셔널 스타일

- **아르데코**
  - 아르누보양식을 기하학적으로 정리 + 대량 생산 추구
  - 복고적 장식과 단순한 현대적 양식 결합, 대중화 시도
  - 에너지와 속도의 이미지를 주된 모티브로 삼았다.
  - 날카로운 가장자리, 라운드 처리된 모퉁이
  - 값비싼 재료, 대량생산 소재
  - 비교
    - 아르누보 — 일품제작, 비대칭, 곡선적, 연속성
    - 아르데코 — 대량 생산, 극수 생산, 대칭, 직선적, 불연속, 장식적
  - 자크 에밀 룰만, 카산드르, 도널드 데스키

- **스칸디나비아 모던 (1936~현재)**
  - 주요 특성
    - 밝은 빛깔의 목재
    - 깨끗한 선
    - 간결하며 조직적인 형태
  - 주요 사실
    - 오늘날까지도 스칸디나비아와 세계 전역에서 가정용 디자인으로 가장 지배적인 스타일
    - 자작나무, 너도밤나무, 티크 같은 목재와 가죽 등 자연 소재를 선호함
    - 더 모험적이고 친근한 핀란드 디자인은 가구와 텍스타일 분야에서 강한 인쇄 무늬와 색상을 사용함
  - 주요 인물
    - 〈스웨덴 모던〉 브루노 마트손, G.A. 베트크, 요제프 프랑크
    - 〈덴마크 모던〉 아느네 야콥센, 베르너 판톤, 해닝 코펠, 모르게 모겐센, 한스 요르겐 베그너
    - 〈핀란드 모던〉 알바 알토, 타피오 벨리 일마리 위르칼라, 티모 사르파네바
  - 관련 유파 — 아르누보, 모더니즘

08-2. 디자인 역사 2

1 1950년대 이후 현대 디자인

- 기능주의적 근대 디자인 (기능주의, 굿 디자인)
  - 제2차 세계대전의 영향
    - 1. 생산을 위한 디자인
    - 2. 최적의 디자인 개념 창출
    - 3. 국가 산업 표준 규정(ASA, KS, JIS)

- 인터내셔널 스타일 디자인 (기능주의, 굿 디자인)
  - 기능주의적, 보편성의 추구
  - 울름 조형 대학 + 브라운사의 제품 디자인
  - 노이에 그래픽(Neue Grafik)
  - 스위스의 오셉 뮐러 브로크먼이 3개 국어로 출간
  - 산세리프 서체 사용, 한정된 색채, 넓은 여백, 러시아 구성주의 영향, 흑백 사진에 의한 엄격한 비대칭 구성, 심플한 기능주의적 디자인
  - 모던 타이포그래피 / 유니버스 서체 / 산세리프 서체인 헬베티카 서체

- 반 디자인 운동 (반 기능주의)
  - 팝 디자인, 옵 디자인, 포스트모더니즘 디자인, 키치 디자인, 해체주의 디자인
  - 물질문명에 대한 비판 의식 / 베트남 전쟁에 대한 불안감, 대항문화 형성

- 안티 디자인 (반 기능주의)
  - 강한 색상, 스케일의 왜곡, 사물의 기능성 훼손, 아이러니와 키치
  - 알렉산드로 멘디니, 에토레 솟사스
  - 단체 : 아키줌 아소시아티, 슈퍼 스튜디오, 그루포 스트룸

- 팝 디자인
  - 팝 아트의 형태와 색채의 조합을 적극 사용
  - 소비자 욕구와 욕망을 중시
  - 선명한 무지개 색, 대담한 형태, 플라스틱 사용, 반복
  - 기능적 모던 디자인에 반대 디자인 전개
  - 환경 문제에 대한 관심과 1973년 오일 쇼크로 사라짐
  - 덴마크 : 베르너 판톤(스칸디나비아 디자인에도 속함. 단일 형태의자 = 파이버글라스와 폴리에스터)
  - 영국 : 피터 머독

- 포스트모더니즘
  - 다원주의 / 역사적 소재, 화려한 색상, 장식, 문화적 다양성
  - 산업 공정 거부 / 그래픽 디자인의 겹겹이 쌓인 이미지, 콜라주, 포토몽타주
  - 마이클 그레이브스, 알렉산드로 멘디니, 에토레 솟사스, 마리오 보타, 안드레아 브란치

- 멤피스 그룹
  - 에트레 솟사스 주도
  - 선명한 색상, 키치 스타일, 대담한 기하학적 형태
  - 팝아트적인 요소를 다양한 양식들과 혼용, 복합적인 형태 추구
  - 기능주의에 대한 반발
  - 디자인의 사회적 가치와 미적 기능의 중요성을 신념으로 함

- 옵아트
  - 물결무늬 / 흑백대비
  - 변형된 기하학적 형태를 사용해서 운동감을 자극함
  - 팝아트 거부
  - 바사렐리, 요제프 알버스, 브리지트 라일리, 케네스 놀란드, 래리 푼스

- 미니멀리즘
  - 기하학적인 형태, 고정된 색상, 그리드 베이스의 구성
  - 극도의 간결성, 형식적, 정제미, 빛의 사용
  - 표현 매체의 절제와 여백의 가치 강조
  - 아킬레 카스틸리오니

- 하이테크
  - 간결, 미니멀 형식, 공업 소재, 강한 기술적 특징의 디자인
  - '형태는 기능을 따른다' 추종
  - 산업적 소재 사용

- 해체주의 (1988~현재, 프랑스)
  - 주요 특성
    - 부서지고 찢어진 형태의 사용
    - 다층적, 뒤틀린 형태
    - 장식의 거부
  - 주요 사실
    - 도전과 폭로 목표
    - 역사주의와 장식주의 거부
    - 다양한 해석을 발상시키기 위해 문자와 이미지의 다층 구조를 사용
  - 주요 인물 — 프랭크 오웬 게리, 자하 하디드, 피터 아이젠만, 베르나르 추미, 캐서린 맥코이, 다니엘 바일
  - 관련 유파 — 모더니즘, 구성주의, 포스트모더니즘

1880년 전후	1900년대	1910년대	1920년대	1930년대	1940년대
• 1851년 : 런던에서 제1회 만국박람회 • 1861년 : 남북 전쟁 • 1879년 : 전화기 발명-벨 • 1883년 : 최초의 자동차	• 1900년 : '꿈의 해석'-프로이드 • 1903년 : 비행기 발명-아리트형제	• 1914~1918년 : 제1차 세계 대전 • 1915년 : 일반 상대성 이론-아인슈타인 • 1917년 러시아 혁명	• 1920년 : 국제 연합 설립 • 1929년 : 세계 공황 • 1920년대까지 : 최초의 무성 영화	• 1993년 히틀러 집권 • 1993~1936년 : 뉴딜 정책	• 1939~1945년 : 제2차 세계 대전 • 1944년 : 최초의 전자계산기 • 트랜지스터 라디오 발명 • 1949년 : TV 방영 시작(미국)
• 1860년대 : 미술 공예 운동 • 1890년대 : 아르누보 등장	• 1903년 : 빈 공방 • 1907년 : 독일 공작 연맹 • 1907년 : 입체파 등장 • 1909년 : 미래파 등장	• 러시아 아방가르드 • 1917년 : 데스틸 결성 • 1919년 : 바우하우스	• 미국의 근대 디자인 • 1925년 : 바우하우스 데시우 이전 • 뉴 타이포그래피 운동 • 1923년 : 밀라노 트리엔날레 시작 • 산업디자이너 등장 • 아르데코	• 바우하우스 교수들 미국 이주 • 1937년 : 뉴 바우하우스 설립 • 유선형 양식 등장	• 뉴 바우하우스 밀라노 이공과대학에 합병
			• 1922~1944년 : 조선 미술 전람회 • 1935년 : 상업 미술 전람회 • 공예, 도안의 시대		• 1945년 : 근대 디자인 교육의 시작 • 1949년 : 대한민국 미술 전람회 • 은행, 백화점, 제약 회사에 디자이너 등장

1950년대	1960년대	1970년대	1980년대	1990년대	2000년대
• 1950~1953년 : 한국 전쟁 • 동서 냉전 • 1958년 : 통신 위성 발사	• 1962년 : 쿠바 미사일 위기 • 1964년 : IBM 워드프로세서 개발 • 1969년 : 달 착륙	• 1973년 : 중동 전쟁, 석유 파동 • 1975년 : 베트남 공산화 • 반도체 보급 • 광섬유 통신 • PC, 워크맨 등장	• 1980년 : 이란, 이라크 전쟁 • 1985년 : 러시아 개방화 정착 시작 • 1984년 : 애플 사 설립	• 1990년 : 독일 통일 • 1991년 : 소련의 해체 • 인터넷 보급	• 새로운 세기의 시작 • EU통합, 자유 무역 협정(FTA) 시대로 • 정보 통신 시대로
• 추상 표현주의 • 팝 아트 • 울름 조형 대학 • 스위스파 "노이에 그래픽" 발간 • 악치덴츠 그로테스트 (Akzidenz Grotesk)	• 팝 디자인/옵 디자인 • 개념 미술	• 인간- 공학적 디자인 • 포스트모더니즘 (찰스 젱크스) • 스튜디오 알키미아 • 1977년 : 퐁피두센터 개관	• 멤피스 • 디자인 기호학 • 디자인 다원주의	• Droog Design • 해체주의 디자인	• 유니버설 디자인 • 환경 친화 디자인
• 1958년 : 금성사 설립 • 1958년 : 한국공예시범소 • 1959년 : 라디오 생산(금성사 디자인실)	• 1960년대 : 수출 일환으로서의 디자인 • 1965년 : 상공부 주관 대한민국 상공미전 • 텔레비전 방송	• 1970년 : 한국디자인포장센터 • 1975년 : 아트디렉터 시스템 도입 • 1976년 : 포니 자동차(현대)	• 서울 올림픽 관련 디자인 • 1980년 : 시스템 키친 등장 • 디자인 전문회사 탄생	• 브랜드로서의 디자인 • 디자인의 대중화 • 한국 디자인의 세계화 • 디지털 미디어 열풍 • 디지털 가전 세계 시장으로	• 공공 디자인의 확산 • 2001년 Icorgada 서울총회 • 2010년 : 서울 세계 디자인 도시 선포

09 디자인 분야

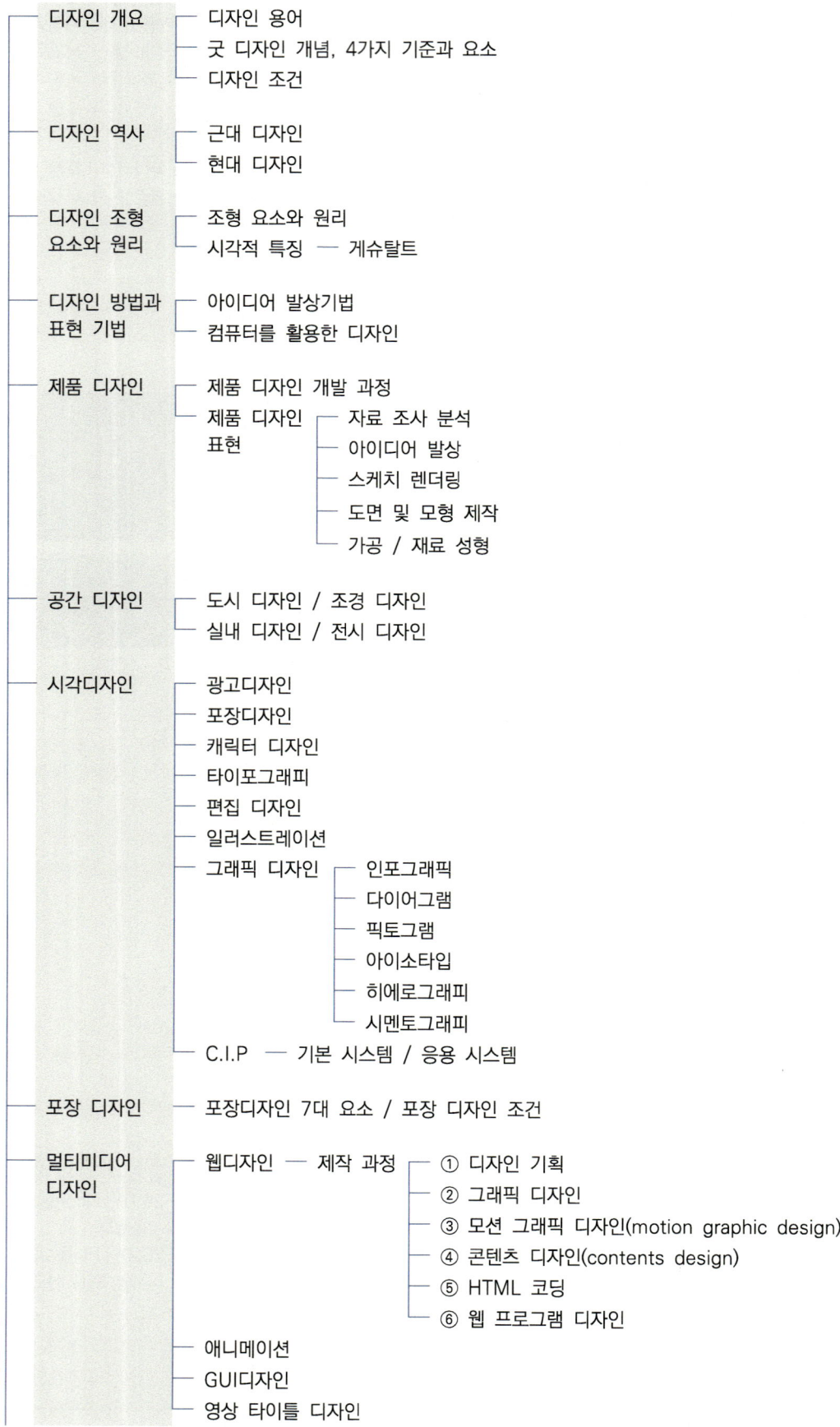

- 새로운 개념의 디자인
  - 공공디자인 — 지속 가능 디자인
  - 그린 디자인 — 적정 기술 디자인
  - 감성 디자인 — 사용자 중심 디자인 / 사용자 경험 디자인
  - 유니버설 디자인
  - 에르고 디자인

- 공간 디자인
  - 전시 디자인
    - 세부 디자인요소 — 전시 레이아웃, 쇼윈도 디자인, 쇼 케이스
    - 보조적 요소 — 사인 보드 디자인, 네온사인, 조명 광고, 옥외 광고판, 공공시설, 픽토그램, 사인 시스템

- 그린 디자인
  - 자연생태계에 악영향을 끼친 산업화의 부산물인 제품이 자연생태계에 더 이상 피해를 주지 않으면서 자연의 순화과정에 순응할 수 있도록 디자인
  - 1973년 중동전쟁, 세계 석유 위기, 한정된 지구자원에 대한 위기의식 형성. 지구자원·생태환경 관심 고조. 소비지향적인 굿-디자인 반대. 에너지 절약형 디자인과 같은 대체 디자인(alternative design) 개념이 등장했다.
  - ① 재활용을 위한 디자인
  - ② 재사용을 위한 디자인
  - ③ 제품수명연장을 위한 디자인
  - ④ 소재의 순수성을 높이는 디자인
  - ⑤ 다품종 소량 주문생산에 의한 디자인
  - ⑥ 생산성 중심의 디자인
  - ⑦ 분해를 위한 디자인

- 대안적 디자인
  - 1970년대 빅터 파파넥의 '대안적 디자인' 주장('통합적이고 포괄적이며 앞을 내다보는 디자인')
  - 사회 내의 혜택 받지 못한 소수를 위해 디자인 하기도 하며, 제3세계의 미개발국에 무보수 디자이너로 봉사
  - 빅터 파파넥 "디자인 기능 복합체"
    - 용도(use), 방법(method), 요구(need), 목적 지향(telesis)
    - 미학(aesthetics), 연상(association)

- 에코디자인
  - 1980년대즈음 서구의 학자들로부터 개념정립이 시작된 개념
  - 자연과 생태를 뜻하는 ecology와 design의 합성어
  - 자연을 생각한 디자인, 친환경 디자인을 뜻한다. 제품을 기획하는 과정에서부터 환경을 생각한다.
  - 제품개발단계에서 제품의 전과정적 환경측면을 고려하여 기존제품 대비 환경영향을 저감시키는 제품개발 활동

- 서스테이너블 디자인 (sustaindble)
  - 친환경 디자인
    - 에코 디자인 — 자연과 생태적 관점
    - 그린 디자인 — 인간과 환경, 문화적
    - 서스테이너블 디자인 — 사회적 책임, 산업주 책임의 의미를 강조함.

- 버내큘러 디자인
  - 풍토적이고 관습적인 지역성을 지닌 문화 현상
  - 전통 공예의 사물들과 그 문화에서 파생되어 일반인의 필요에 의해 탄생된 사물
  - 사례 : 디자이너에 의해 재탄생된 디자인의 예로 '에코 박스'는 병충해 방지를 위해 일반적으로 쓰이는 종이컵을 리디자인하여 결실 관리 및 수확시 별도 포장 없이 활용, 관리적 효율과 운송비, 포장비 등의 효율을 높였다.

- 셉티드 디자인 CPTED의 원리
  - 개념: 적절한 건축설계나 도시계획 등 도시 환경의 범죄에 대한 방어적인 디자인
  - 1. CPTED의 기본원리
    - 1) 자연적 감시(Natural Surveillance)
    - 2) 자연적 접근 통제(Natural Access Control)
    - 3) 영역성(Territoriality)
  - 2. CPTED의 부가원리
    - 1) 활용성 증대(Activity Support)
    - 2) 유지관리(Maintenance And Management)

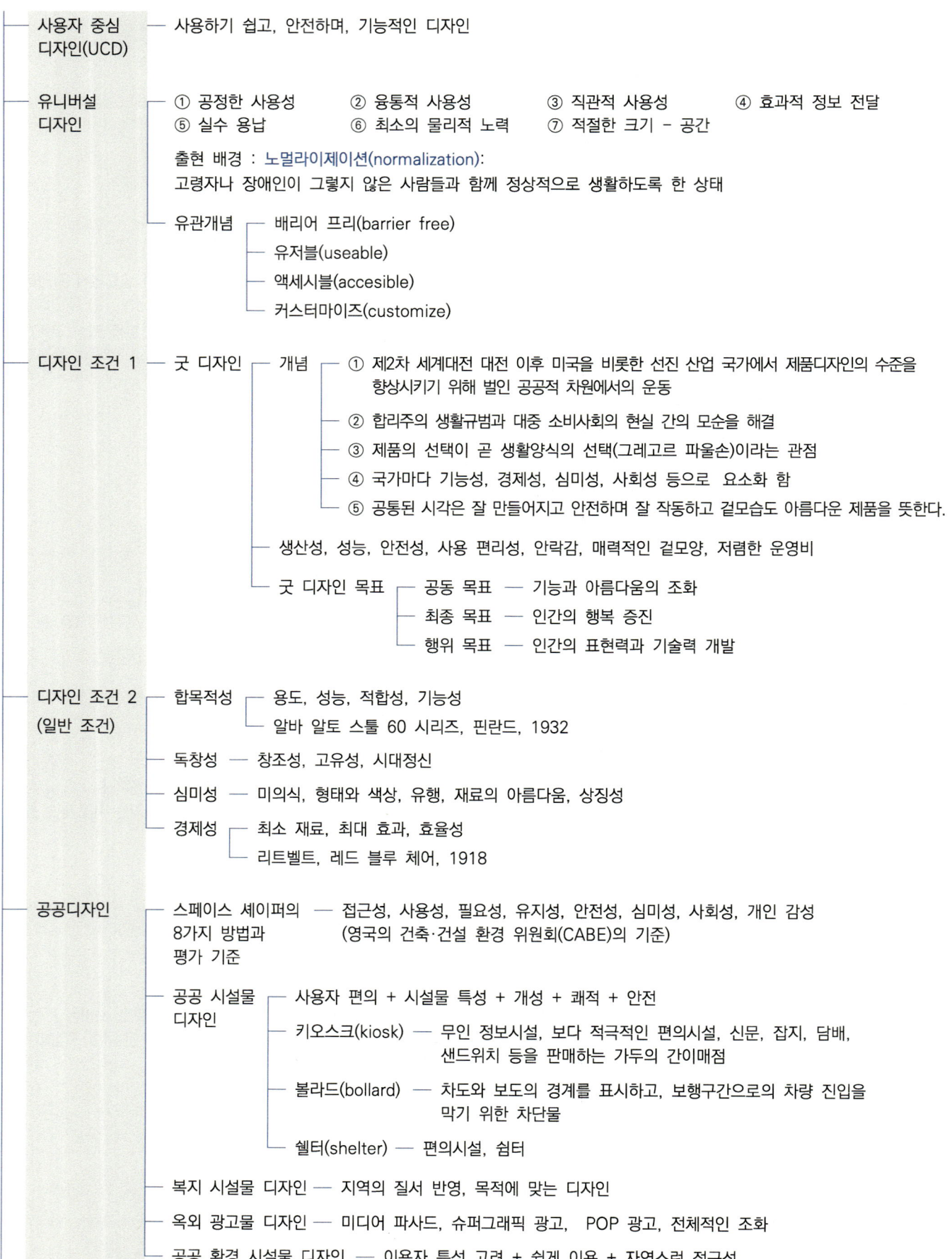

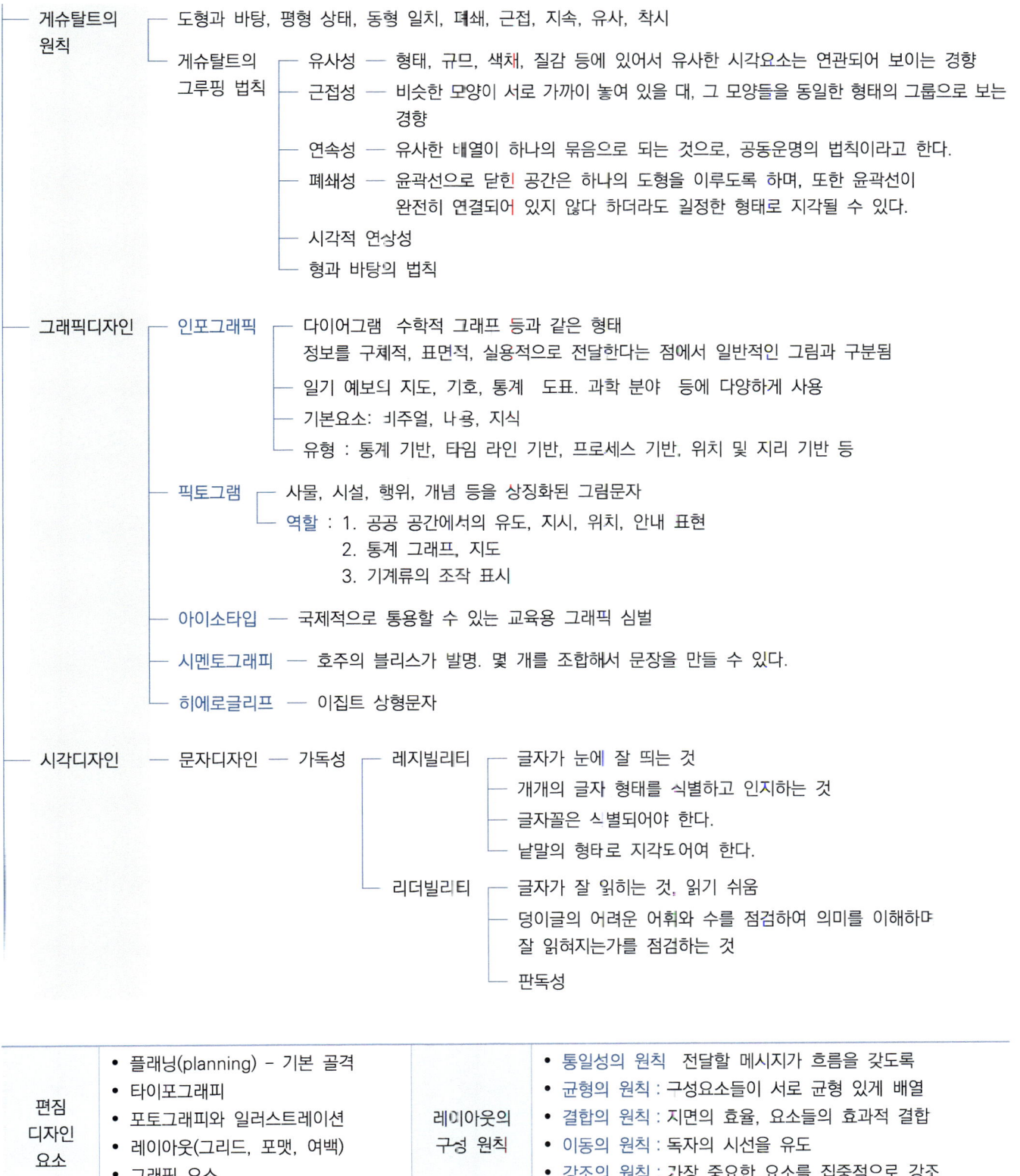

- 광고디자인
  - AIDMA 법칙 — 주목 – 흥미 – 욕망 – 기억 – 구매행위
  - DM — 직접 우송 광고물, 예상 소비자에게 직접 우송, 예상 고객을 선별할 수 있다.
    광고의 빈도를 자유롭게 조절할 수 있다. 타 광고와의 동시 경쟁을 피할 수 있다.
    - 엽서 — 1도~2도의 간단한 인쇄
    - 폴더 — 한 장의 종이를 여러 겹으로 접은 소형 광고물
    - 소책자 — 브로슈어로 통용, 상품 견본집, 영업 안내 책자, 카탈로그
    - 리플릿 — 작은 한 장의 종이를 접거나 펼친 채로 사용
    - 세일즈레터 — 광고주의 인사말과 글을 편지처럼 넣은 것
    - 브로드 사이드 — 3절 정도의 양면 인쇄
    - 노벨티 — 각종 광고용품, 수건, 라이터 등
    - 블로터 — 탁상용 캘린더 등
  - 신문광고
    - 장점
      - 때에 맞는 광고, 많이 읽히고 주목률 높다. 설득할 수 있는 기회를 더 갖는다.
      - 여러 독자층 확보, 지역별 광고에 편리, 반복 광고에 적당
      - 영상 매체에 비해 광고비 저렴
      - 상세한 카피로 제품에 대한 심층 정보 제공
      - 신제품을 전국적으로 광고하려고 할 때 유리
      - 수요자의 범위가 넓어 신뢰성, 보편성 높다.
      - 시간적 공간적 구속력 없어서 되풀이해서 본다.
    - 단점
      - 인쇄물의 질이나 색상이 다양하지 않다.
      - 광고의 수명이 짧다.
      - 독자의 계층을 선택하기 어렵다.
    - 특성
      - 신뢰성
      - 안전성
      - 편의성
    - 구성요소
      - 조형 요소 — 일러스트레이션, 트레이드마크, 코퍼리트 심볼, 브랜드, 로고타입, 보더라인
      - 내용적 요소 — 헤드라인, 보디카피, 슬로건, 캡션, 회사명과 주소
- 광고디자인 — AIDMA 법칙 — 주목 – 흥미 – 욕망 – 기억 – 구매행위

- 잡지광고
  - 특정 독자층을 갖는다.
  - 매체로서 생명력이 길다.
  - 회람률이 높기 때문에 발행부수 몇 배의 독자를 갖는다.
  - 컬러 인쇄 효과가 좋으므로 소구력이 강하다
  - 감정적 광고나 무드 광고를 하는데 적당하다
  - 스페이스의 독점이 가능하다.
  - 중류계급 이상의 가정
  - 고가품 광고
  - 그림에 의한 설명 필요한 경우
  - 블리드 광고
    - 인쇄물의 마무리 크기보다도 크게 인쇄한 후 마무리 크기로 잘라낸 것
    - 열독률이 높다.
- TV 광고
  - 매스 커버리지의 힘이 크다.
  - 광고의 탄력성이 크다.
  - 개인적인 몰입기 중시된다.
  - 반복효과
  - 속보성, 광고의 타이밍
  - 시간적 한계성
  - 기록성의 결여
  - 프로그램 광고
    - 프로그램과 합성된 광고
    - 프로그램과 합성되지 않은 광고
    - 히치 하이크
      - 카우캐처 — 프로그램을 제공하는 광고주가 프로그램 존의 광고에 삽입하는 광고
      - 트레일러 — 프로그램 종료 후의 CM이 끝난 직후의 광고에 삽입시키는 광고
  - 스파트 광고 — 프로그램과 프로그램 중간에 삽입되는 광고
    - 스테이션 브레이크 — 프로그램 중간의 시간
  - 블럭 광고 — 하루 방송시간 중 일정한 시간을 정하여 30초 CM 열 개를 계속 방송하는 형태
  - 로컬 광고
- 티저 광고
  - 광고 캠페인 전개
  - 신제품 홍보 시
- C.I.P (아이덴티티 디자인)
  - 기본시스템
    - 심벌마크, 로고타이프 색, 서체, 보더라인, 시그니처
    - 그래픽 요소(그래픽 모티브, 전용 패턴), 엠블럼, 캐릭터, 패턴, 슬로건
  - 응용시스템 — 서식류, 제품, 패키지 사인, 환경, 점포, 운송용 기기, 광고, 유니폼
  - 시그니처 시스템 — 심벌마크와 로고타이프, 주소, 전화번호를 일정한 포맷으로 조합하여 응용항목인 서식이나 사인 등에 적용할 때 일관성을 유지하도록 하는 시스템

- POP 디자인
  - 역할
    - 기업과 상품의 이미지를 높인다.
    - 다른 매장과의 차별화를 꾀한다.
    - 즐거운 쇼핑 분위기를 만든다.
    - 충실한 서비스를 제공한다.
    - 효율적인 매장을 구성한다.
    - 판매효율을 높인다.
  - 응용
    - 디스플레이에서 깃발, 현수막, 스탠드 배너, 모빌, 행어, 견본 진열대, 샘플 케이스 등의 형태로 응용된다.
  - 기능
    - 점원의 판매 행위 보조 / 신제품의 런칭이나 브랜드 홍보
    - 상품의 기능과 가격의 차별성 홍보 / 상품의 특징이나 소재 등을 알려주어 신뢰성 높임
    - 입증판매, 상품의 해설을 위한 판매 촉진 / 충동구매 유도

- 포스터 디자인 역사
  - 아르누보 양식
    - 곡선적, 유기적, 비기하학적인 모양, 화려한 채색이 특징이다.
    - 쥘 쉐레 / 로트렉
  - 아르데코 양식
    - 기하학적, 계단 모양의 형태, 선명한 색상, 날카로운 가장자리, 라운드로 처리된 모퉁이, 평면적이고 각진 형태가 특징이다.
    - 카상드르
  - 국제주의 양식
    - 절대적, 보편적인 그래픽적 표현 추구, 비주얼 스캔들 기법을 사용
    - 디자이너의 주관적 감정이나 선동적인 기교 제거
    - 대중과 의사소통하는 객관적인 표현방법을 추구했다.
    - 명료하고 효과적인 정보 전달을 위해 강하고 직설적인 사진과 역동적인 시각적 내용을 결합한 영화적 기법과 타이포그래피의 효과적인 전달과 표현이 특징이다.

- 포장 디자인
  - 기능 ─ 밀봉성, 보호성, 명시성, 편의성, 안전성, 위생성, 환경성
  - 패키지 디자인 요소
    - 네이밍 : 상품의 성격, 종류, 특징 표현
    - 브랜드 로고: 기업의 상징, 이념 표현, 시각적 효과 연출
    - 색채 : 제품의 특성 부각
    - 캐릭터 : 친밀도, 대중에게 접근할 수 있는 장점
    - 타이포그래피 : 미적 기능과 정보 전달의 역할
    - 레이아웃 : 입체적 요건, 타사 제품과 우월한 경쟁력 지니게 하는 기능
    - 일러스트레이션 : 형태, 성격을 쉽고 빠르게 전달하는 기능

- 애니메이션
  - 소재 — 컷 아웃, 오브제, 클레이, 핀 스크린, 퍼핏, 셀
  - 2D
    - 셀(풀 = 극장용 / 리미티드 = TV 용)
    - 페인트 온 글라스(페인트 온 필름)
    - 컷 아웃(절지 = 조명을 앞에서 / 실루엣 = 조명을 뒤에서)
    - 드로잉 온 페이퍼
    - 모래
    - 핀 스크린
    - 카메라 리스 애니메이션(스크래치 온 필름)
      = 카메라를 사용하지 않고 제작하는 방식(플립 북, 페나키스티스코프 등)
    - 로토스코핑
  - 3D
    - 인형(퍼핏 = 관절에 몰딩 / 클레이 = 특수 진흙 사용)
    - 픽실레이션
    - 오브제 애니메이션
    - 3D 컴퓨터 애니메이션
  - 제작방식
    - 스톱모션 — 퍼핏 애니메이션, 클레이 애니메이션, 오브제 애니메이션
    - 단일 프레임 — 프레임당 한 컷을 찍는 방식
    - 실시간 비디오 — 그려진 이미지가 아니라 컴퓨터에서 만들어진 이미지
    - 다이렉트 애니메이션 — 필름에 직접 그리는 방식
    - 타임 랩스 — 정상적인 시간의 진행을 압축하는 기법
    - 토털 라이제이션 — 한 화면에 잔상이 차례로 누적됨으로써 마치 만레이의 사진총에 의해 그려진 것 같은 효과를 낳게 되는 것
  - 제작순서 — 기획 - 시나리오 제작 - 스토리보드(콘티작성) - 제작 - 촬영 - 편집 - 녹음
  - 스토리 구성 — 스토리 구성 요소
    - 주제
    - 플롯(Plot) : 여러 개의 작은 이야기를 일정한 방향으로 정리, 안배함으로써 작가의 주장을 일관성 있게 전달하는 이야기를 만드는 것
  - 시나리오 작성
    - 시놉시스 작성 — 주제/ 제작 의도/ 줄거리 / 등장 인물
    - 트리트먼트 구성 — 줄거리를 담고 있는 형식
  - 3D 애니메이션 작업과정 — 애니메이션기획 및 시나리오 - 스토리 보드 작성하기 - 캐릭터 개발 및 디자인 - 아트워크 및 배경제작 - 이미지 보드와 콘티 - 애니메이팅 - 라이팅, 렌더링과 합성 - 더빙과 사운드 합성 - 편집 및 후반 작업
  - 영상 장치와 도구
    - 타우마트로프 — 원단이 회전하면서 양면에 그려진 두 그림
    - 페나키스티스코프 — 거울을 통해 원형의 종이에 그려진 연속동작
    - 스트로보스코프 — 페나키스티스코프와 동일
    - 조트로프 — 그림을 종이 띠에 그려 원통 안에 설치한 후 원통을 돌려가면서 본다.
    - 프락시노스코프 — 조트로프를 발전시켜 만든다. 실린더 사이의 틈으로 그림의 띠가 보인다.
    - 플립북 — 낱장에 그려진 움직이는 동작

- 제품 디자인
  - 디자인 개발과정 — 기획 → 조사 → 분석 → 아이디어스케치 → 렌더링 → 목 업 → 평가
  - 문제 해결 과정
    - 계획 - 조사 - 분석 - 종합 - 평가
    - 문제 - 문제의 정의(분석적 과정) - 콘셉트 개발(창조적 과정)
      - 프로토타입 제작(분석적 과정) - 디자인과 생산(창조적 과정) - 평가(분석적 과정)
  - 아이디어 발상
    - 마인드 맵핑
    - 브레인 스토밍
      - 1) 2가지 원칙 : ① 판단의 유보 원칙 ② '양은 곧 질'의 원칙
      - 2) 4가지 기본 규칙
        - 비판금지
        - 자유로운 발상
        - 많은 양 추구
        - 아이디어의 결합과 개선 추구, 아이디어 정리는 최후에 한다.
    - 브레인 라이팅 — 6 - 3 - 5 기법
    - 형태 분석법
      - 물건의 특성 파악
      - 변수의 가능성을 형태적으로 배열
      - 특징이나 기능을 가로세로 항목으로 설정함
    - 체크리스트법 (SCAMPER) — 대체(substitute), 결합(combine), 응용(adapt),
      변형-확대-축소(modify-magnify-minify),
      다른 용도(puttootheruse), 제거(eliminte),
      뒤집기-재배열(reverse-rearrage)
    - 강제 결부법
    - 육색사고모법 — 흰색(중립, 객관성), 검정색(부정), 노란색(긍정), 녹색(창의, 대안),
      파랑색(판단, 요약), 빨강색(감정, 직관)
    - 시네틱스 — 직접적 유추, 의인적 유추(개인적 유추), 상징적 유추, 환상적 유추
  - 아이디어 수렴
    - 하이라이팅 — 히트(아이디어 선정) - 핫 스팟(관련성 분류) - 진술하기 - 해결책 찾기
    - 역브레인스토밍 — 양적인 면 중시, 자유분방함, 비판을 생성함
    - 쌍비교 분석법
    - ALU 기법 — '강점, 제한, 독특한 특성'
    - PMI 기법 — '강점, 약점, 흥미로운 점'

마·인·드·맵

- 스케치 렌더링
  - 아이디어 탐색용
    - 스크래치 스케치 — 개념 전개, 메모의 성격, 아이디어 발상 초기
    - 섬네일 스케치 — 메모 스케치
  - 아이디어 전개용
    - 러프 스케치 — 개략적 표현, 간단한 음영, 재질감 색채 표현
    - 스타일 스케치 — 정밀한 스케치, 형태, 재질, 색채가 정확한 스케치
  - 아이디어 판단용
    - 콘셉트 스케치 — 디자이너가 자신의 이미지를 전거하고 발전시켜 다양한 디자인을 지상자에게 전달하여 이해를 얻거나, 각각의 디자인을 비교, 검토하기 위해 그리는 스케치
    - 렌더링 — 완성예상드

- 모델링
  - 모형의 종류
    - 연구 모형(study model) — 스터디, 스케치, 축적, 러프, 틀레이 모형
    - 제시 모형(presentation model) — 더미, 프레젠테이션 모형
    - 실험 모형(pilot model)
    - 시작 모형(prototype model) / 작동 모형(working model)

- 인터랙션 디자인
  - 대상 간의 상호작용 — 사용자와 제품 사이의 상호 작용이 원활하게 함

- 환경 친화적 디자인을 위한 접근
  - 1) 재활용을 위한 디자인
  - 2) 재사용을 위한 디자인
  - 3) 제품 수명 연장을 위한 디자인
  - 4) 다품종 소량 주문 생산에 의한 디자인
  - 5) 생산성 중심의 디자인
  - 6) 분해를 위한 디자인
  - 7) 소재의 순수성을 높이는 디자인

- 적정 기술 디자인
  - 개념
    - 주로 개발도상국에 적용되는 기술
    - 첨단 기술과 하위 기술의 중간 정도 기술, 대안 기술, 국경 없는 과학 기술
    - 에너지 사용이 적으며, 누구나 쉽게 배워 쓸 수 있고, 현지 원재료를 쓰며, 소규모 사람들이 모여 생산 가능한 기술
  - 5단계 프로세스 — 현지 조사 – 선행 기술 조사 – 기술 연구 개발 – 기술 적용 및 현지화 – 사업화

- 제품 수명 주기
  - 도입기 — 신제품이 처음 등장하여 잠재 고객의 관심과 구매를 자극해야 할 단계
    매출액이 완만하게 증가
  - 성장기 — 매출액이 완만하게 증가.
    새로운 고객의 구매와 기존 고객의 반복 구매가 나타난다.
  - 성숙기 — 매출액이 안정된 상태를 유지하는 단계
    수요의 포화 상태. 시장 경쟁 격화로 판매율이 둔화도는 시기.
    제품의 부분 개선, 기존 고객의 사용률 높이기, 구매 빈도를 높이는 마케팅 전략이 필요함.
  - 쇠퇴기 — 수요가 지속적으로 감소하는 시기.
    경쟁자의 월등한 마케팅 전략으로 인한 우위 차지. 성능이 우수하고 저렴한 대체품 등장 등

09. 디자인 분야

- 제품 성형법
  - 사출 성형 ― 고압으로 어떤 형태를 금형 안에서 성형, 냉각, 경화시킨 후 금형을 얻는 방법.
  - 블로 성형 ― 플라스틱병과 같은 용기를 제조하는 대표적인 기법. 금형 속에 가열된 튜브 형상을 수직으로 넣고 뜨거운 공기를 주입하면 금형에 압착되어 형태를 갖추게 된다.
  - 압출 성형 ― 주로 열가소성 플라스틱을 이용하여 파이프와 봉상의 동일 단면을 가진 제품을 연속적으로 성형하는 방법.
  - 진공 성형법 ― '열성형법'이라고도 한다. PVC와 PS의 시트 필름이 소재가 되는 2차 성형 가공법.

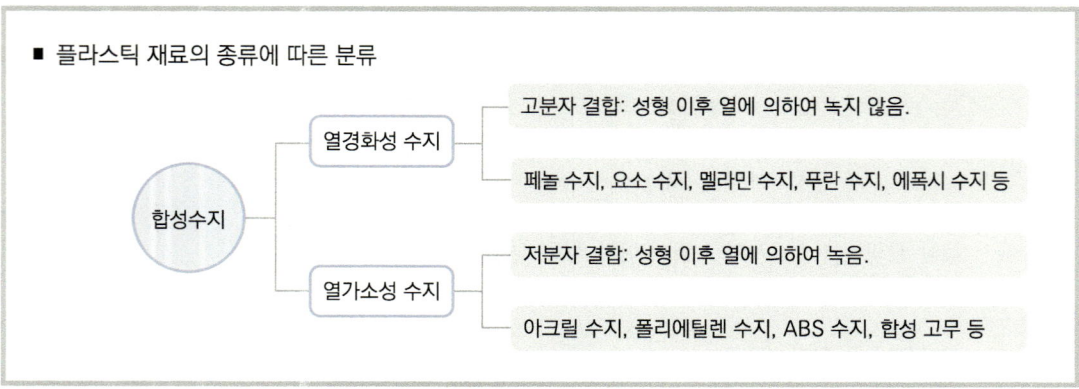

■ 플라스틱 재료의 종류에 따른 분류

합성수지
- 열경화성 수지
  - 고분자 결합: 성형 이후 열에 의하여 녹지 않음.
  - 페놀 수지, 요소 수지, 멜라민 수지, 푸란 수지, 에폭시 수지 등
- 열가소성 수지
  - 저분자 결합: 성형 이후 열에 의하여 녹음.
  - 아크릴 수지, 폴리에틸렌 수지, ABS 수지, 합성 고무 등

AIDMA 법칙(구매심리과정)

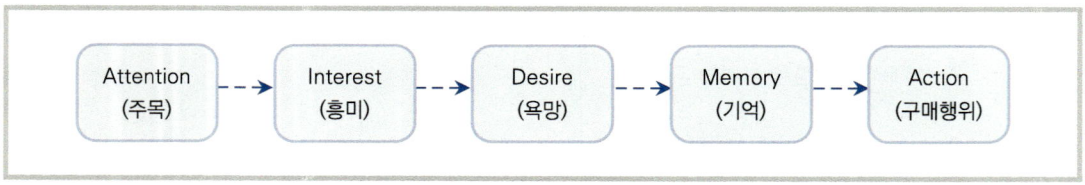

Attention(주목) → Interest(흥미) → Desire(욕망) ⇢ Memory(기억) ⇢ Action(구매행위)

10 공예

금속공예

- 금속판을 때려서 가공 — 스탬핑, 돋을 새김, 다이포밍, 프레스 가공
- 여러 가지 방법으로 표면 질감 만들기 — 롤 프린팅, 므래맞침, 리티큐레이션
- 다른 금속을 덧붙이는 방법 — 오버레이, 금보, 그래뉴레이션, 모쿠메가네
- 표면을 파거나 파낸 후 메우는 방법 — 새기기, 상감, 니엘로 부식, 사진부식
- 금속판을 끊어내는 방법 — 스탬핑, 프레스 가공, 블랭킹

- 평면가공
  - 조금 — 파기, 새기기, 조이질, 조각, 인그레이빙
  - 누금기법 — 금, 은 알갱이를 붙이면서 장식하는 기법
  - 필리그리 — 알갱이 대신 선을 사용하는 기법 = 세선기법
  - 모래맞침
  - 상감
    - 선상감 — 표면에 골을 파고 채우는 기법
    - 면상감 — 선재 대신 면재
    - 절상감 — 바탕 금속의 양면으로 상감이 표현되는 기법, 일부를 절단함
    - 입사 — 표면을 쳐서 규칙적인 질감을 만든 후 금, 은 등을 박아서 문양을 내는 기법 / 포목상감
  - 스템핑 — 도장을 찍듯이 평면의 금속판에 단순한 무늬나 장식적인 패턴 반복
  - 돋을새김
    - 타출기법, 체이싱, 르푸세
    - 금속판을 두드려 부조적인 무늬나 입체감 표현
  - 목금기법 — 색이 다른 여러 금속을 층층이 붙이고 얇게 판으로 밀어내어 금속 표면에 나뭇결과 같은 문양을 만들어내는 기법

- 입체가공
  - 단금
    - 단조 — 금속봉이나 각재 다루기
    - 벼림질 = 칼, 농기구, 무기, 주거용품
    - 판금 — 금속판 다루기, 오리기, 접기
  - 레이징 — 꺾어 올리기, 돋아 올리기, 감도 올리기
    - 금속판을 쳐올려 벽면을 만들면서 볼륨을 만들어 주는 기법
    - 한 장의 금속판으로 높은 벽을 가진 기물을 만들 수 있다.
  - 단조 — 망치와 모루를 사용
  - 각접기(scoring)
  - 판금 = 금속판 가공 / 왜곡-변형 / 늘이기 / 표면 고르기
  - 말아 붙이기

- 주조
  - 모래주조, 정밀주조(탈납주조, 인베스트먼트 주조), 로스트 왁스 캐스팅 등이 있다.
  - 정밀주조 — 모델링 - 매몰재 파우더를 물과 혼합 - 탈포 - 왁스 모델위에 매몰재 붓기 - 2차 탕포 - 소성, 왁스 탈납 - 금속 용해 - 주조기에 금속 붓기 - 냉각 - 매몰틀 분리
  - 탈납주조 — 1. 왁스모형 제작 - 2. 두께조정 - 3. 표면마감 - 4. 물줄기 붙이기(탕도 붙이기) - 5. 석고 매몰 - 6. 주형제작(매몰, 탈포, 소성) - 7. 주조(쇳물 넣기) - 8. 후처리(탕구절단, 표면 처리, 광내기)
  - 금동불 제작과정 — 1. 철심에 진흙을 붙여 대강의 형태(안틀)를 만들고, 그 위에 밀랍을 입혀 전체 형태를 조각한다. → 2. 표면에 진흙을 덧씌워 바깥 틀을 만든다. → 3. 열을 가하여 밀랍이 녹아 흘러나오게 한다. → 4. 놋쇠 물을 안틀과 바깥틀 사이에 부어 넣는다. → 5. 놋쇠물이 굳은 후 바깥 틀을 떼어내고 주입구를 잘라낸 다음 틀 고정쇠를 제거한다. → 6. 틀고정쇠의 틈을 다시 청동으로 메우고 다듬은 뒤 도금하여 완성

- 표면착색
  - 녹청기법 (Patination) ─ 녹색의 녹을 진행시키는 기법 / 화학적 착색법
    구리나 구리 합금의 표면에 화학 약품을 사용하여 녹색을 표현하는 기법.
    화학약품을 배합하여 용액에 담그기, 톱밥에 묻기, 붓으로 바르기, 바르고 열을 주어 착색하기,
    천으로 감싸기 등으로 작업한다.
  - 질산구리착색 ─ 적동 표면에 약간 붉은 기의 황토색 착색
    은에는 착색되지 않는다.
    질산에 암모니아수를 첨가하면 금속 표면이 부식이 되면서 작은 녹색 반점이 나타난다.
  - 양극산화법 (Anodizing) ─ 전기 작용을 가해 알루미늄의 표면에 미세한 구멍을 만들고 그 속에 염료를 넣어 봉합하는 착색.
    화려하고 다양한 색상을 얻을 수 있으며, 반 영구적이고, 표면을 강화시켜주는 역할, 방식효과.
  - 전기도금 (Electroplating) ─ 물리, 화학적인 이론을 기초로 한다.
    주로 전기분해 원리를 적용한 기술이다.
    전해액 또는 도금액에 직류 전류를 흐르게 하면 음전하와 양전하의 이동이 이루어지는데,
    음극에 피도금물을 침전시키며 용액 속의 금속 음이온이 제품 표면에 환원되며 증착되는 원리이다.

- 재료의 성질
  - 금 ─ 가장 안정된 금속, 비중이 높다. 전연성이 크다.
  - 은 ─ 독극물에 민감 / 황화수소에 반응, 검게 변함
  - 동 ─ 최초로 사용한 금속 / 전기 전도성 우수, 전연, 연성, 합금성이 좋다.
  - 알루미늄 ─ 비중이 낮고 가볍다. / 주조가 가능하나 유동성이 적고 수축률과 가스의 흡수 발산이 많다.
  - 타이타늄 ─ 가볍고 단단함 / 땜에 의한 접합은 어렵고, 에노다이징 착색 가능
  - 철 ─ 산화 작용 심함 / 주철 = 주조에 적합, 단조불가능
  - 백금 ─ 은보다 단단하고, 전성, 연성이 있다. 알칼리에 대한 내식성이 크다.

3 도자공예

- 분류
  - 토기 — 적갈색 태토 — 무 시유 — 700~1000℃ 이하 — 둔탁한 소리 — 기와, 토관, 화분
  - 도기 — 백색 태토 — 시유 — 1250℃ 이하 — 탁한 소리 — 식기류, 타일, 위생도기
  - 석기 — 청회색 또는 백색 태토 — 시유 또는 무 시유 — 1250℃ 내외 — 맑은 소리 — 외장 타일 식기류
  - 경질자기 — 백색 태토 — 시유 — 1350℃ 내외 — 금속성의 맑은 소리 — 고급 식기
  - 연질자기 — 백색 태토 — 시유 — 1300℃ 이하 — 금속성의 맑은 소리 — 내 외장 타일

- 제작공정 — 태토 제조 - 성형 - 건조 전 장식 - 건조 - 초벌구이 - 초벌 후 장식 - 유약 입히기 - 재벌 구이
  - 소지 제조 공정 — 원료의 조합과 분쇄 - 탈철과 탈수 - 토련 - 숙성
  - 〈점토의 수비 과정〉
    - 1) 건조 → 분쇄 → 체로 침 → 물을 부어 반죽함 → 저장
    - 2) 건조 → 분쇄 → 앙금 앉힘 → 탈수 → 잘 반죽함 → 저장
  - 원료 정제 — 수세 → 수비 → 소지의 토련 - 숙성과 반죽
  - 성형
    - 주물럭 성형 — 빚어 만들기(pinching)
    - 흙가래 성형 — 말아 쌓아서 만들기(coiling)
    - 점토판 성형 — 판으로 만들기(slab building)
    - 속파기 성형
    - 물레 성형
    - 옹기성형
      - 배기타렴법 — 흙가래를 쌓은 후에 도개와 수레로 기벽을 두드려서 형태를 만든다.
      - 체바퀴타렴법 — 흙타래 대신 긴 판장을 만들어 쌓은 후 배기타렴의 경우와 같이 수레질을 거친다.
      - 썰질법 — 수레질을 하기 불편할 정도로 작은 기물, 기벽을 위로 가지런히 끌어 올리는 기법
    - 형 성형
      - 석고 주입 : 주입 성형, 프레스 성형, 기계물레 성형, 롤러 머신 성형
        1) 주입 성형 : ① 배출 주입 성형
        ② 고형 주입 성형(비대칭 형태를 자유롭게 만들 수 있다. 대량 생산이 가능하다.)
        ③ 가압 성형(비교적 간단한 방법이지만, 대량 생산에 부적합함.)
      - 이장주입 성형
      - 습식프레스성형

이장(泥匠, slip)	점토에 물을 많이 넣어 겔 상태로 된 현탁액. 점토+물+해교제를 혼합한 것
슬러리(Slurry)	석고와 같은 불용해물에 물을 혼합한 현탁액. 석고+물
해교제(규산소다)	침전을 방지하며, 뻑뻑하고 유동성이 좋게 만드는 재료. 점토 입자를 항상 같은 농도로 유지하게 주입, 배출을 용이하게 하는 역할을 한다.

장식 기법	성형 후 장식	형태 변형, 질감 장식, 부조 장식, 연리문	
		1) 성형 시 또는 직후	형태 변형(수화문, 비대칭 형태) 질감 장식(자연물, 장식도구 이용법) 부조 장식(덧붙이기) 연리문(색태토의 혼용)
		2) 반건조 상태 성형	조각 장식, 화장토 장식
		3) 조각을 이용한 기법	음각, 양각, 선각, 투각, 면치기
		4) 화장토를 이용한 기법	상감, 인화, 조화, 박지, 귀얄, 덤벙
	초벌 후 장식	1) 유하채 장식	하회 그림 그리기 방법이 있다. 청화, 철사, 기타 채색 안료로 그려 장식하는 방법이다.
		2) 유약 입히기	유약 흘리기, 뿌리기, 겹치기, 담가 바르기, 부어 바르기, 붓질 바르기, 튕겨 바르기
		3) 전사지 방법	하회 그림 그리기와 원리가 같다.
	재벌 후 장식	1) 유상채 장식	상회 그림 그리기
		2) 전사지 방법	전사지 방법은 초벌과 재벌 모두 사용된다.

소성	산화 소성	가마 내에 산소를 충분히 공급하여 연료가 완전히 연소될 수 있게 하는 방법. 900℃ 정도에서 소성을 한다.
	환원 소성	가마 내에 산소 공급을 불충부내헤 하여 사용 연료가 불완전 연소하게 한다. 소지와 유약의 원료가 모두 환원되어 발색에 큰 영향을 준다. 1,100℃ 정도에서 본격적인 환원 소성을 한다.
	중성 소성	가마 내에 탄소와 산소의 비율이 고르게 분포되어 산화와 완원의 중간 단계의 소성을 말한다.

- 유약의 구분
  (장석+규석+석회석)
  - 투명유 — 유리질화 되어 투명하게 보이는 유약 / 백자, 청자, 분청사기
  - 유탁유 — 광택은 있으나 불투명한 유약 / 위생 도기 등에 사용
  - 무광택유 — 광택도 없고 불투명한 유약
  - 결정유 — 유약 중의 어떤 성분이 소성 후 식으면서 결정으로 나타나는 유약
  - 균열유 — 표면에 잔금들이 생기는 것으로, 기능에는 영향을 미치지 않은 유약
  - 식염유 — 소성 중 가마에 소금을 넣어 Na_2O를 융착시켜 유리질화한 유약
  - 색유 — 투명유나 유탁유에 금속 산화물과 안료 등을 혼합하여 날색시킨 유약, 흑유, 청자유, 진사유, 녹유 및 코발트유
  - 재유 — 나무나 짚 등을 태운 재를 혼합하여 만든 유약
  - 러스터유 — 프릿유에 철, 구리, 코발트, 아연, 타이타늄 등의 금속 산화물을 첨가한 유약
  - 매트 유 — 미세한 결정들의 표면에 조사된 빛을 분산, 산란시켜 광택이 없고, 불투명하게 보이며, 고령토와 납석을 다량 사용하여 제조한다. 윤을 지우는 것.
  - 브리스톨유 — 납유약을 대신해서 사용된 부드러운 촉감의 유약으로 주로 산화 소성을 하며, 연자기 또는 석기의 소지에 사용된다.

- 주요 도구 — 옹기 도구 — 홀테(근개), 수래, 조막(도개) 등이 있다.

- 장식 기법
  - 가소성 상태 장식 — 기본형 변형하기 = 모깎기, 면치기, 눌러뜨기, 연리문 장식
  - 성형 후 (반건조) — 형태변형 / 털날질감 / 덧대기 / 조각장식 / 화장토 장식 / 도장찍기 / 음각과 양각, 투각, 홈 내기 점토 부조 / 상감 기법 / 슬립 트레일링 / 패더링 / 형지 사용
  - 초벌 후 — 유하채 장식(청화, 진사 철화) / 유약 흘리기 / 발수
  - 재벌 후 — 유상채 장식 / 상회 그림 그리기 / 러스터유 장식 / 전사

- 가마의 종류 (구조 분류)
  - 불연속 가마
    - 소성과 냉각이 한 가마에서 이루어짐
    - 열손실이 많은 단점 / 소규모 제작
  - 반연속 가마 — 오름가마(등요)라고도 한다. 가마 전체의 온도를 일정하게 조절할 수 있다.
  - 연속 가마
    - 터널가마
    - 열효율이 가장 좋아 널리 사용된다. 생산성이 좋다.
    - 소성대에서 사용된 열을 예열과 냉각에 이용하기 때문에 경제성이 높다.
    - 연소실이 한 곳에 고정되어 있어 소성 온도를 유지시키기 위한 연료비가 절감된다.

- 가마 분류 (화염의 방향에 의한 분류)
  - 승염식가마 (화염 방향) — 불길이 위로 빠져나가는 방식 / 가마 온도차가 큼
  - 횡염식가마 (화염 방향) — 불길이 평행으로 흐른다. / 온도의 차이가 크다.
  - 도염식가마 (화염 방향) — 가마 내부 온도차가 적고 열효율이 높다.
  - 라꾸 가마

3 청자 제작 기법

| 청자토 성질 | ① 1,250℃의 고온 소성, 내구성이 높다.
② 붉은 색, 철분 함량은 3% 이하, 주요 성분은 점토이다. |

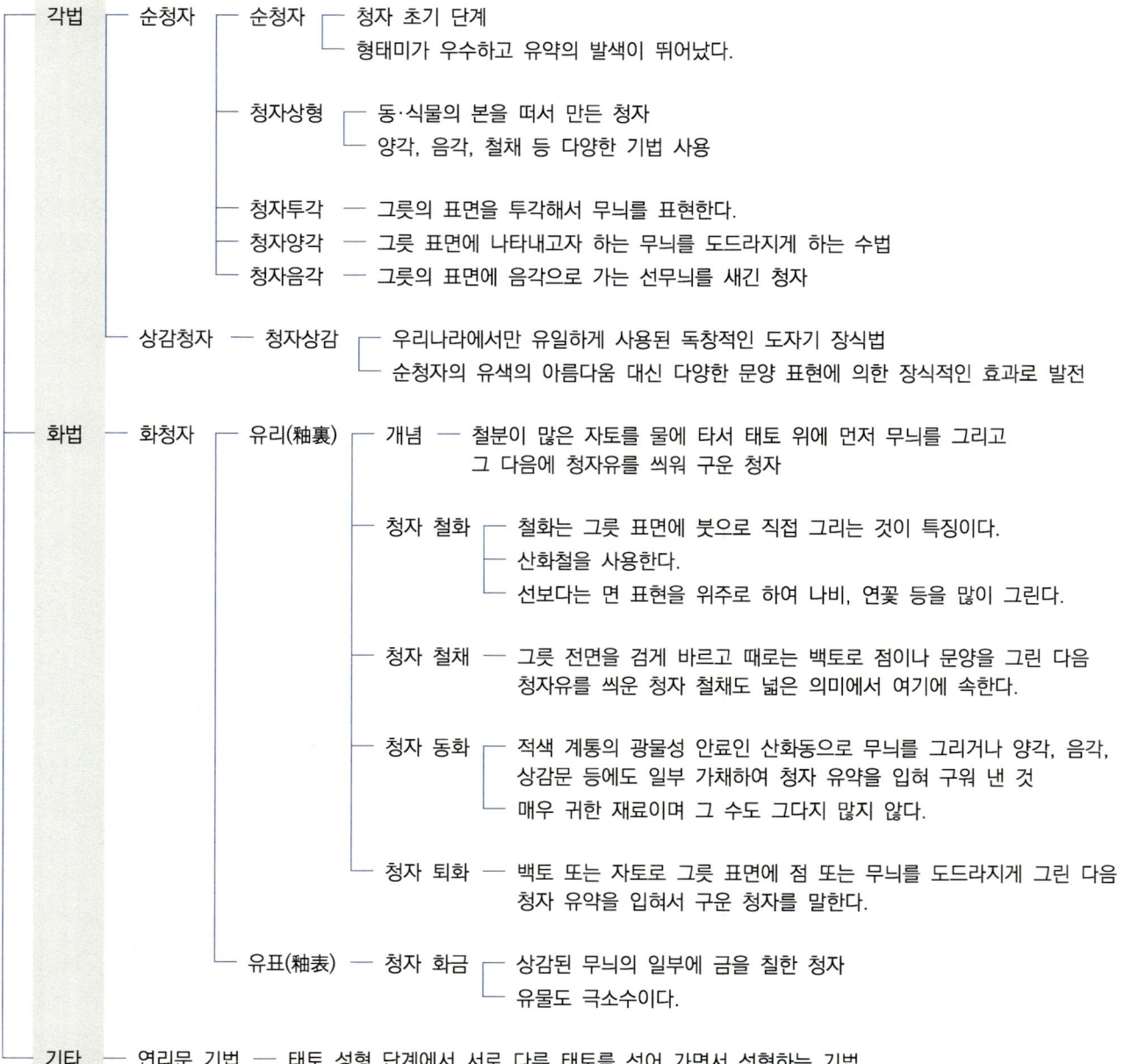

- 각법
  - 순청자
    - 순청자 — 청자 초기 단계
      - 형태미가 우수하고 유약의 발색이 뛰어났다.
    - 청자상형 — 동·식물의 본을 떠서 만든 청자
      - 양각, 음각, 철채 등 다양한 기법 사용
    - 청자투각 — 그릇의 표면을 투각해서 무늬를 표현한다.
    - 청자양각 — 그릇 표면에 나타내고자 하는 무늬를 도드라지게 하는 수법
    - 청자음각 — 그릇의 표면에 음각으로 가는 선무늬를 새긴 청자
  - 상감청자 — 청자상감 — 우리나라에서만 유일하게 사용된 독창적인 도자기 장식법
    - 순청자의 유색의 아름다움 대신 다양한 문양 표현에 의한 장식적인 효과로 발전
- 화법
  - 화청자
    - 유리(釉裏)
      - 개념 — 철분이 많은 자토를 물에 타서 태토 위에 먼저 무늬를 그리고 그 다음에 청자유를 씌워 구운 청자
      - 청자 철화 — 철화는 그릇 표면에 붓으로 직접 그리는 것이 특징이다.
        - 산화철을 사용한다.
        - 선보다는 면 표현을 위주로 하여 나비, 연꽃 등을 많이 그린다.
      - 청자 철채 — 그릇 전면을 검게 바르고 때로는 백토로 점이나 문양을 그린 다음 청자유를 씌운 청자 철채도 넓은 의미에서 여기에 속한다.
      - 청자 동화 — 적색 계통의 광물성 안료인 산화동으로 무늬를 그리거나 양각, 음각, 상감문 등에도 일부 가채하여 청자 유약을 입혀 구워 낸 것
        - 매우 귀한 재료이며 그 수도 그다지 많지 않다.
      - 청자 퇴화 — 백토 또는 자토로 그릇 표면에 점 또는 무늬를 도드라지게 그린 다음 청자 유약을 입혀서 구운 청자를 말한다.
    - 유표(釉表) — 청자 화금 — 상감된 무늬의 일부에 금을 칠한 청자
      - 유물도 극소수이다.
- 기타 — 연리문 기법 — 태토 성형 단계에서 서로 다른 태토를 섞어 가면서 성형하는 기법

4 분청사기 제작 기법

분청토의 성질	① 회색 또는 회흑색, 표면은 회청색 ② 철분 함량은 3%이상, 주요 성분은 사토이다.

- 상감분청
  - 상감청자 기법 전승
  - 선상감 ⇨ 면상감으로

- 인화분청
  - 상감기술을 규격화하기 위함
  - 문양 찍고 백토 감입

- 조화·박지분청
  - 분장된 백토면을 뾰족한 시문구로 긁어 내어 회색빛 태토색 드러냄
  - 조화 = 선 / 박지 = 면, 두 기법 혼용

- 철화분청
  - 분장된 백토면 위에 철분이 많이 함유된 철사 안료로 그림을 그려서 장식

- 귀얄분청
  - 풀비(귀얄)에 백토를 묻혀 그릇 표면에 빠르게 분장하는 기법, 율동적인 장식효과
  - 장식을 위한 분장 ⇨ 백자를 모방한 기술 과정

- 덤벙분청
  - 굽자리를 잡고 거꾸로 덤벙 담갔다가 꺼내는 분장기법
  - 붓 자국이 없다.

5 백자 제작 기법

백자토의 성질	① 태토색은 백색이다. ② 철분 함량은 0.55~2.23% 이하, 주요 성분은 도석

- 순백자
  - 아무 문양도 없는 순백의 백자
  - 경질백자는 조선시대에 발전하였다.

- 백자청화
  - 1차 소성 후 그릇 표면에 코발트계의 청색 안료로 그림을 그리고 장석계 유약을 씌워서 번조한 것
  - 안료를 회회청이라 불렀다.

- 백자철화
  - 백토 태토 위에 철분이 많이 함유된 자토로 문양을 그려 넣은 것
  - 백자철화는 부분적 문양, 백자철채는 그릇 표면 전체를 바른 것

- 백자동화
  - 기면 위에 산화동으로 시문하고 백자유로 시유해서 환원염으로 번조한 것

- 흑유
  - 태토는 백자태토이며 유약 내에 철분이 많이 함유되어 번조 후 표면의 색이 흑갈색 또는 암갈색이 된다

- 백자상감
  - 성형 후 반건조한 상태에서 태토의 기면에 문양을 새기고 거기에 자토를 메워 넣고 백자 유약을 씌워 번조한 것

6 목공예

- 인공 판재
  - 합판
    - 섬유 방향을 서로 직교시켜 홀수로 쌓아 접착제로 접착하고 재질을 균일화 시킨 판
    - 비틀림이나 균열과 같은 변형이 적다.
    - 무늬가 아름답다. 방향에 따른 강도차가 적다. 판재에 비하여 균질이며 넓은 판을 얻을 수 있다. 단판을 휘어서 곡면판을 만들 수 있다. 목재의 결점을 제고할 수 있다. 가공이 쉽다.
  - 구성특수합판 — 럼버 코어 합판, 허니 코어 합판, 파티클 보드 코어 합판, 베니어 코어 합판, 화이어 보드 합판
  - 파티클 보드
    - 목재를 잘게 부수어 열로 압축한 판재
    - 방향성이 없고, 습기에 강하며 수축 및 팽창에 따른 뒤틀림이 없다.
    - 가공이 쉽고, 단열, 흡음성, 난연성이 우수하여 주방용, 사무용 가구로 사용된다.
  - MDF
    - 성긴 톱밥에 접착제를 섞어 열로 압축한 판
    - 비교적 저렴하고, 가공이 용이하나 습기에 약하다.
    - DIY 가구 등에 쓰인다.
  - 집성재 — 일정한 크기의 판재나 각재로 평행하게 접착시켜 만든 가공재

- 목재 마감 과정 — 소지 및 연마 – 착색 – 눈 메움 – 하도 도장 – 중도 도장 – 상도 도장

- 목재의 종류와 성질
  - 침엽수 — 가볍고, 재질이 연하고, 탄력이 좋다.
  - 활엽수 — 가구 제작과 실내 장식 등 건축 내장용으로 많이 쓰인다.

- 금구장식
  - 경첩 — 장, 농, 문갑, 반닫이 등 문이 달린 가구의 몸체와 문판을 연결, 무의 여닫는 기능
  - 들쇠 — 가구의 좌우 옆널이나 위판에 부착하여 들어 옮기거나 잡아당기는 손잡이
  - 고리 — 문짝을 열고 닫는 부위의 장치
  - 자물쇠 — 목가구의 열고 닫는 부위에 부착되거나 채워져서 열쇠로 열도록 하는 것
  - 앞바탕 — 목가구의 몸판에 부착되어 나무가 상하는 것을 막고 장식 효과를 높이기 위한 것

- 가공
  - 마름질 — 만들고자 하는 치수를 고려하여 목재를 계획하여 나누고 재단하는 일
  - 짜임
    - 반턱짜임 — 두께가 같은 두 부재의 절반 정도를 파내 서로 조립
    - 장부짜임 — 장붓구멍에 끼워서 튼튼한 기계적 결합을 이루는 방법
    - 꽂음촉짜임 — 부재 양쪽의 뚫린 구멍에 접착제를 바른 꽂음촉을 끼워 넣어 보강하는 법
    - 비스킷짜임 — 비스킷을 끼워 넣어 구조를 보강한다.
    - 사개짜임 — 귀퉁이가 꼭 물리도록 가로, 세로 나무 끝을 들쭉날쭉하게 파낸 짜임
    - 연귀짜임 — 목재를 각기 45도로 잘라 두개의 목재가 L자 형태가 되도록 귀를 연이어 맞추는 법
    - 홈짜임 — 부재의 나뭇결을 가로질러 파낸 폭이 넓고 깊이가 얕은 홈을 이용한 짜임

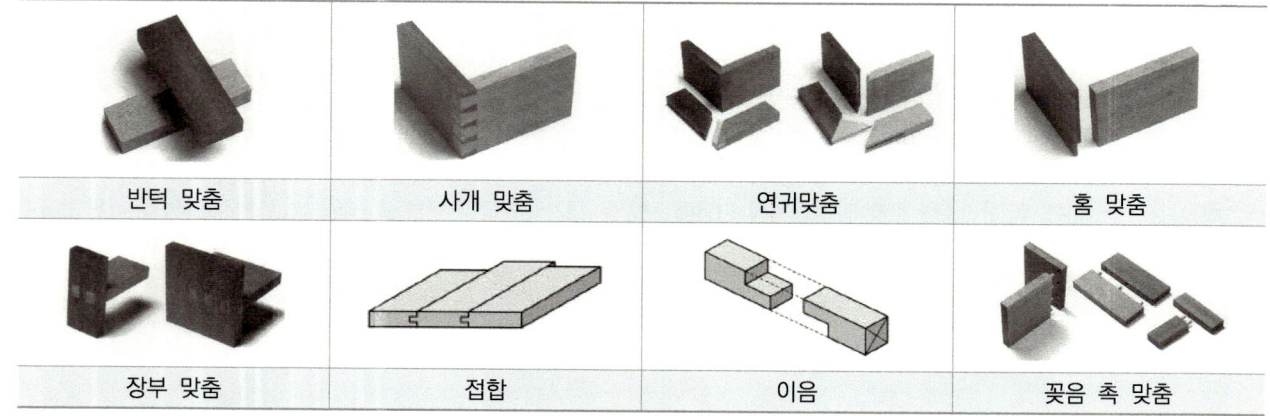

| 반턱 맞춤 | 사개 맞춤 | 연귀맞춤 | 홈 맞춤 |
| 장부 맞춤 | 접합 | 이음 | 꽂음 촉 맞춤 |

- 전통 가구
  - 사랑방 가구
    - 문갑 — 각종 문방구, 문서 치워두기
    - 경상 / 서안 — 책 읽거나 글씨는 용도의 평좌식 책상
    - 연상 — 벼르와 종이, 먹 등을 함께 비치할 수 있게 한 것
    - 가께수리 — 중요한 기물 넣어두는 일종의 금고
    - 고비 — 벽에 걸어두고 편지나 두루마리 등을 꽂아 두는 소형 가구
  - 안방가구
    - 반닫이 — 나무로 짜서 물건을 넣어두는 직사각형의 커다란 그릇, 궤의 일종
    - 경대 — 거울이 달린 수납장
  - 부엌가구 — 소반 — 음식을 먹기 위한 전래의 평좌식 식탁의 총칭 / 나주반 / 해주반 / 통영반 등
    1) 해주반 — 다리가 아니라 양쪽에 판각 사용, 판각에 화려한 투조 장식.
    2) 나주반 — 장식이 없고, 투명한 생칠, 단순한 운각에 다리를 끼웠다. 견고하고 튼튼한 짜임.
    3) 통영반 — 간조로운 탄면, 네 귀는 곡선처리. 조구법으로 길상문 조각을 한다.

- 화각 공예 — 재료: 쇠 뿔

- 대모복체 — 재료: 거북 등껍질

- 나전
  - 감입법(嵌入法) — 나전의 문양대로 목심을 도려내고 거기에 끼우는 법
  - 첩부법(貼附法) — 문양을 아교나 풀로 붙이는 법
  - 살부법(撒附法) — 나전을 잘게 썰어 뿌려 붙이는 법
  - 시회(蒔繪)기법 — 칠면과 문양위에 투명칠 혹은 회칠로 바르고 그려서 칠이 건조되기 전에 금, 은 등의 금속분을 뿌려 표현하는 것으로서 칠의 접착성과 유연성을 이용한 기법이다.

7 칠 공예 유형

나전(螺鈿)	나전이란 전복이나 진주패 소라 패를 가공한 자개로 주름질, 끊음질기법으로 문양을 오리거나 길게 썰어 칠면 및 소지위에 붙이거나 끼워 넣는 상감기법으로 우리는 예로부터 자개라는 말로 불러 왔으며 「자개박이」라고 일컬어 왔다.
평탈(平脫)	평탈(平脫)은 바탕재를 파내지 않고 그 위에 금, 은, 동 등의 얇은 판을 오려 붙이는 기법이다.
칠화(漆畵)	채칠, 채화, 칠화라고 한다. 투명칠, 투명납색칠, 주합칠에 흑(黑), 차(茶), 백(白) 주(朱), 녹(綠), 청(靑) 황(黃) 진사주(辰砂朱), 석황(石黃), 제2산화철, 송연(松烟), 유연 등 안료를 혼합하여 여러 가지 색상의 칠을 만들고 이 칠로 그림을 그려놓은 것을 말한다.
조칠(彫漆)	여러 색상의 채칠 각10회 정도 반복하여 바르고 문양을 조칠 조각도로 조각하는 것이다.
건칠(乾漆)	건칠이란 오래 전엔 협저 혹은 색이라 말하고 고대 불상과 고승의 상에 나타난 건칠을 색. 중국에서는 협저라고 부른다. 탈환기법은 점토로 원형을 만들고 그 위에 칠로서 천을 여러겹 붙여 바르고 건조 후 점토를 떼어내는 기법이다.
목심(木心)	목재를 소지로 한 백골에 도장한 것을 목심칠기, 백골에 천을 발라 도장한 것을 목심저피칠이라 한다.
남태(藍胎)	대나무를 얇게 쪼개서 얇은 편죽의 남태칠기와 죽간을 전개하여 작은 용기와 접시를 만드는 기법이다.
도태(陶胎), 와태	도자기를 소지로 옻칠이 발려지던 것으로 유약을 바르지 않은 것과 초벌구이를 한 상태에서 하지를 바르고 칠로 마감하는 기법이다.
한지, 지승, 지태(紙胎)	한지를 이용한 옻칠 기법. 목재, 닥종이, 석고 등 형틀을 만들어 그 위에 한지를 호칠로 겹쳐 바르는 것을 한지 지태 공예라 한다. 한지를 꼬아서 끈으로 만들어서 평면 입체 용기 등을 만들고 그 위에 칠로서 마감하는 것을 지승칠기라 한다.
금태(金胎)	금속에 칠을 바르는 것으로 금태소지는 목재와는 달리 변형이 거의 없고 안정성이 좋아 호평을 받으며, 금태의 소지는 철, 동, 신주, 주석, 금, 은, 알루미늄 등이 있다.
박회(箔繪)	금, 은, 동 등의 박판을 붙여서 문양을 나타내는 것으로 문양위에 박판을 붙이는 방법과 문양 둘레에 붙이는 두 가지 방법이 있다.
백단도(白檀塗)	문양 내 금은 박을 붙이는 것과 금, 은분을 뿌린 뒤에 투명칠을 발라서 색상을 내제하는 것을 백단도라고 한다.
시회(詩繪)	칠면과 문양위에 투명칠 혹은 회칠을 바르고 그려서 칠이 건조되기 전에 금, 은, 자개 등의 금속분을 뿌려 표현하는 것
난각(卵殼)	닭이나 오리 메추리 등의 알 껍질을 부셔서 부착시켜 장식하는 것으로 칠기의 전면 또는 부분적인 것을 붙이는 기법이다.
칠피(漆皮)	칠피란 가죽을 소지로서 제작한 칠 제품으로 가죽 특성을 그대로 살린 기법이다.
교칠(絞漆)	칠면에 여러 가지 재료 및 채칠을 바르고 연마하여 문양의 변화를 일으키는 장식기법이다.
침금(沈金)	침금은 중국의 침금기법을 말하는데 칠면에 침금도로 조각하여 조각한 곳을 접칠로 닦아낸 뒤 건조되기 전 조각면에 금 은 박을 붙이거나 소분 안료 색분을 넣는 기법이다.
퇴주(堆朱)	퇴주는 주칠을 수 십 회에서 수 백 회 이상 반복하여 두께를 준 후 문양을 조각하는 기법이다.

마·인·드·맵

- 작업과정
  - 주름질
    - 자개를 계획된 문양대로 오려내서 줄칼로 다듬어 칠면에 붙이는 방법
    - 섬세한 자유곡선형의 문양을 나타낼 수 있다.
  - 끊음질
    - 자개를 끊어 붙이면서 이어나가는 방법
    - 자개를 가늘고 길게 실처럼 썰거내어 기하문양을 연속적으로 구성하거나 산수화의 필선을 따라 회화적인 효과를 내는 기법
  - 타발법 — 단위 문양을 반복시키는 연속 문양의 경우에 가능
  - 할패법 — 자개를 처음부터 여러 조각으로 부수어 칠면에 이어붙이는 모자이크식 기법
  - 시패법 — 자개를 잘게 썰거나 부수어서 자개 가루를 만들어 칠면 위에 뿌리는 것
  - 굴입법
    - 투명칠로 마감하는 목공예품에 자개 문양을 장식하는 경우에 이용되는 기법
    - 소지에 계획된 자개 문양의 면적을 조각도로 파낸 후 자개를 끼워 고착시키는 상감방법
    - 소지 위에 두껍게 칠을 올려 굳힌 후에 자개 두께만큼 칠면을 파내고 끼운 다음 칠로 마감하여 건조되면 자개 위에 묻은 칠을 긁어내어 자개 문양을 나타낸다.
  - 암입법
    - 소지 위에 하도칠을 두껍게 바르고 건조되기 전에 자개 문양을 칠 표면 위에 눌러 고착시키는 기법
    - 칠이 건조되면 연마하여 칠과 자개가 평면이 되게 하는 상감방법
  - 매입법 — '부착법'이라고 하는데 소지 위에 자개를 붙이고 자개 두께만큼 칠을 올린 다음 자개 표면에 묻어있는 칠을 긁어내어 자개 문양을 노출시키는 것(마치 상감하는 것처럼 보이게 하는 것)
  - 후패법(厚貝法) — 조개껍데기의 후판(厚板)을 끌이나 실톱으로 자른 다음 줄칼로 형태를 다듬는다. 이것을 목심이나 칠면에 붙이는 방법은 감입법이나 첩부법을 사용한다. 붙이기 작업이 끝나면 닦아서 윤을 낸다.
  - 박패법(薄貝法) — 얇은 자개를 자르는 데는 손칼이나 바늘 끝 등을 사용하는 '도려내기법'과 무늬가 똑같은 끌을 만들어 찍어내는 '찍어내기법'이 있으며, 이렇게 만들어낸 무늬를 첩부법으로 목심에 붙이고 마무리작업을 한다.
  - 기타
    - 치패법(置貝法) — 세모꼴·네모꼴·마름모꼴 등으로 자개 조각을 잘게 잘라 칠면에 늘어놓는 방법이다.
    - 복채법(伏彩法) — 얇은 자개의 뒷면에 채색하거나 금박하는 방법으로 중국 명나라 때 성행하였다.
    - 모조법(毛彫法) — 자개에 머리털 같은 가는 선을 새기는 방법으로 꽃잎·나뭇잎·깃털 등을 나타내는 데 쓰인다.
    - 부조법(浮彫法) — 칼을 사용하여 자개에 무늬를 양각하는 방법으로 조패(彫貝)라고도 한다.
- 재료 및 용구
  - 대패 — 평 대패, 남경대패, 옆 대패, 둥근 대패

8 염직공예

- 염색 가공
  - 전처리
    - 모소 — 미세한 털 제거. 천을 부드럽게 만드는 과정
    - 호발 — 주름 방지용 풀을 제거
    - 정련 — 기름, 불순물 제거, 선명한 색상을 얻도록 한다.
    - 표백 — 천연 색소 제거(산화표백제, 환원표백제, 형광표백제)
  - 염색기법
    - 홀치기염 — 실이나 끈으로 천을 묶거나 접어서 하는 기법 = 교방염
      염료가 여리게 스며든 흔적으로 특별한 질감을 보여준다. 간편하고 초보자도 가능하다.
      용도가 광범위하다.
    - 납방염 — 방염제(파라핀 왁스, 밀랍) + 붓, 찬팅(tjanting) + 표면에 색상 도포
    - 구타염 — 액체 구타(gutta)를 용기에 담아 일정한 굵기의 선이나 문양을 그려서 방염
    - 설탕염, 소금염, 알코올염
    - 전사염 — 열을 가해 그림을 전사시킴
    - 묘염 — 염료와 호료로 만든 염색풀 사용, 사실적 묘사
    - 유염 — 마블링 기법, 호료에 염액 떨어트려 바늘로 문양 만듦
    - 분무염 — 분무기 망사
    - 형지염 — 종이에 문양, 스펀지, 붓으로 찍음
    - 판염 — 고무판, 목판으로 찍어냄
    - 날염 — 실크 프린트, 실크 스크린 형판을 사용
    - 침염 — 전체 또는 부분을 균일하게 염색
  - 후처리
    - 열처리 — 열풍기, 프레스기, 다리미 등으로 염착력 증진
    - 증열처리 — 찜통, 고압증열기로 염착
    - 고착처리 — 고착제를 이용하여 천에 다시 한 번 염착
- 주요 염색기법
  - 침염
    - 섬유에 염료 용액을 침적시켜 앞뒤 구분 없이 염색하는 법
    - 무지염색 — 한 가지 색으로 염색
    - 교힐염 — 부분이 염색되어지는 법(실, 고무줄, 끈 이용)
    - 판염
    - 분무염색 — 분무시킨 후 고착처리
    - 직접염 — 직접 물에 녹여 적당량의 조제를 넣고 그 염액 속에 염물을 넣어 염색
    - 매염침염법 — 염색 전에 염물에 매염제를 고착시킨 후 염색
    - 환원침염법 — 물에 잘 녹지 않는 염료를 환원제로 가용성 염액으로 변화시켜 염색
  - 채화염 (묘염) — 붓, 기구를 이용하여 섬유에 여러 가지 색상으로 채색한다.
  - 날염
    - 직접 날염법 — 무색섬유나 염색된 섬유에 문양을 직접 프린트 하는 법
    - 발염법 — 염료로 바탕색을 없애는 약재를 사용한 후 그 부분을 희게 탈색시켜 무늬를 표현하는 방법
      - 1) 백색 발염 — 색상을 제거함
      - 2) 착색 발염 — 색상을 제거한 후 다른 색상을 염착
    - 방염법 — 방염제를 프린팅하고, 염착되지 못하게 막는 법
      - 1) 백색 방염 — 백색으로 막는 방염법
      - 2) 착색 방염 — 착색되게 한다.

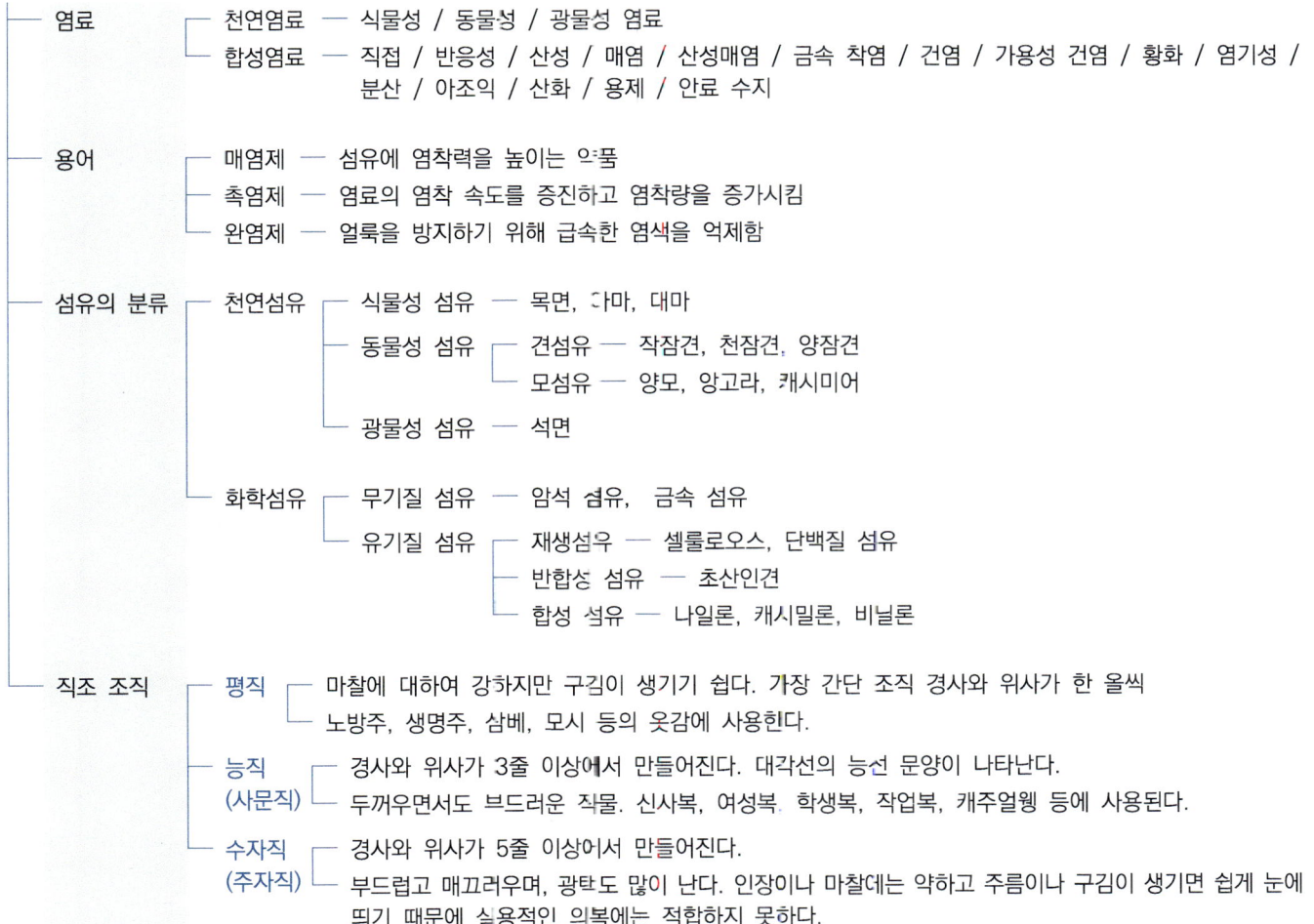

9 텍스타일 디자인

- 텍스타일 디자인 기법
  - 기법에 따른 분류
    - 빗살무늬 기법, 마블링, 드로핑, 번지기, 스크린톤, 페이싱, 필름에 물감 묻혀 찍기, Blowing, 붙이기, Shifitong(다른 재료를 조각으로 자른 다음 다시 구성하는 기법), Warp(경사 뒤틀림), Moire, 데칼코마니, 튀겨 뿌리기, 스프레이, 스템프, 점묘, 두드리기, 스텐실, 엠보싱, 판화, 프로타주, 드라이 브러시, Ombre(바림기법), Repellency(일종의 발수코팅) 등
    - 자연 무늬 패턴 애니멀 퍼턴, 마린 패턴, 기하 패턴, 스프라이트 패턴, 체크 패턴

- 텍스타일 디자인 패턴
  - 리피트 (repeat)
    - 문양이라고 하는 패턴을 상하좌우로 연결시켜 날염 또는 제직이 가능하도록 반복구조로 배열하는 것을 말한다.
    - 사각형 리피트, 하프 드롭 리피트, 육각형 리피트, 다이아몬드 리피트, 오지 리피트, 스케일 리피트 등

- 직물의 종류 (패턴)
  - 글렌(glen) — 작은 체크 무늬
  - 체크 패턴
  - 타탄 체크 — 능직으로 만든 스코트랜드 전통무늬
  - 하운드 투스 — 사냥개의 이빨 모양. 흑백 대조가 되는 능직

10. 공예

10 유리공예

- **재료의 특성**
  - 투명성이 높고 내열성이 좋다.
  - 투명도는 유리의 점도에 관계 없다.
  - 투명도의 가장 큰 요소는 일반적으로 많이 사용되는 규산질에 포함된 철분 함유량이다.
  - 유리는 화학적으로 안정된 재료라고 하지만 알칼리나 대기 중의 수분, 이산화탄소 등에 의하여 침식 작용을 받기도 한다.
  - 대표적인 취성 재료이므로 인장 강도는 중요하지 않고, 두께에 따른 휨 강도가 중요하다.

- **제작기법**
  - 콜드 워킹
    - 스테인드글라스 — 색유리와 납선, 동 테이프
    - 래미네이팅 — 판 유리를 에폭시나 접착제로 붙임
    - 샌드 블라스팅 — 에어 컴프레서에 의한 압축 공기의 압력과 금강사
    - 인그레이빙 — 다이아몬드 휠 또는 압축 실리콘 카보네이트 휠로 조각, 깎아내는 기법
    - 조각 — 전통 공구, 다이아몬드 패드로 조각, 깎아내는 기법
  - 가마성형기법
    - 슬럼핑 — 판유리를 가열하여 자체의 무게와 중력에 의해 내려앉는 물성 이용
    - 가마 캐스팅 — 거푸집에 유리 덩어리, 분말 넣고 800도로 가열 녹여서 제작
    - 퓨징
      - 원하는 형태와 문양으로 구성한 후 가마에서 가열 밀착 시킴
      - 자유롭고 복잡한 형태
  - 핫 글래스 워킹
    - 블로잉
      - 가장 전통적인 기법
      - 금속 파이프에 말아낸 후 공기 주입
      - 유리말기 – 성형하기 – 불기 – 옮기기 – 식히기
    - 램프 워킹 — 토치로 가열하여 휘거나 늘려 성형, 소형 작품
    - 핫 캐스팅 — 액화 상태의 유리를 쇠주걱으로 떠낸 후 틀에 직접 부어서 만드는 기법

11 지 공예

- 한지 제조 과정
  (닥종이)
  (전통회화의 바탕재
   부분에서도 사용함)
  - ① 주원료 만들기
    닥나무 거두기 - 지기
    껍질 벗기기(흑피 → 냇물에 불려서 겉껍질 벗기기(청피) → 다시 벗기기(백피)
    담그기
  - ② 삶기 - 잿물 사용
  - ③ 씻기와 일광표백
  - ④ 두그리기(고해) → 두들겨 찧기 → 지통에 넣고 저어주기 → 닥풀 넣고 저어주기
  - ⑤ 종이뜨기
  - ⑥ 물 빼기
  - ⑦ 말리기
  - ⑧ 다듬기

- 지공예 분류
  - 지장 공예 — 여러 겹의 한지를 덧발라 골격을 만들거나 미송 또는 오동나무 상자에 여러 문양을 오려 붙여 반짇고리, 보석함, 장, 함, 예물상자, 지통 등을 만든다.
    - ① 투각 기법
    - ② 음각 기법
    - ③ 후판지 기법 : 종이를 여러 겹 발라서 두터운 후지를 만들어 그 표면에 기름을 칠하거나 옻칠을 올리는 방법
    - ④ 목골 지장 기법 : 대나무, 오동나무, 미송으로 만든 상자 안팎에 한지를 두세 겹 발라서 만드는 방법. 오색 한지로 문양을 장식하면 '오색 전지 공예'라고 하고, 기름을 먹여 만든 것은 '지도 공예'라고 한다.
  - 지승 공예 — 종이를 좁은 폭으로 길게 잘라서 비벼 꼬아 종이끈을 만든 후에, 여러 종류의 물건을 만든 것으로 지노 또는 노역개라고도 한다. 지승 작품은 주로 소품으로 다양하게 만들어진다.
  - 지호 공예 — 폐지를 물에 담가 불린 뒤에 펴서 말리면 한지의 면이 요철처럼 단단해져 질긴 종이가 된다. 귀주머니, 지갑 등의 소품을 만든다. 기름칠도 많이 한다.

- 지공예의
  현대적 활용
  - 줌치 공예 — 닥 섬유로 된 종이를 들과 함께 공기가 들어가지 않도록 밀착시키고 손으로 두드리고 주물러서 종이를 강하게 만들어 주는 기법이다.

정샘 미술임용
마 인 드 맵

PART 04

정·샘·미·술·임·용·마·인·드·맵

감상 / 미술사 / 예술 비평 / 미학

01 동양미술사 – 화론, 중국 미술사

1 중국 화론

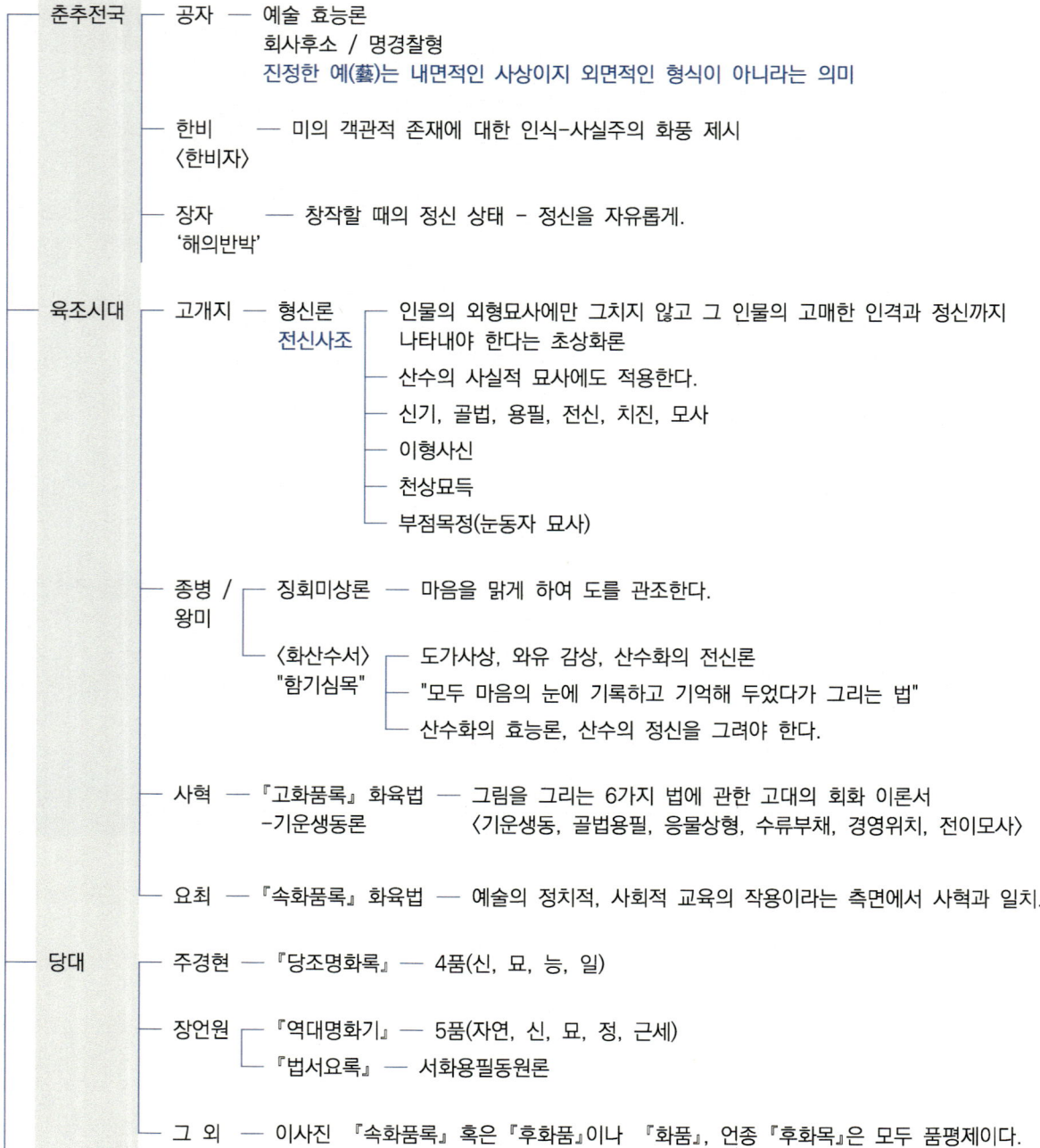

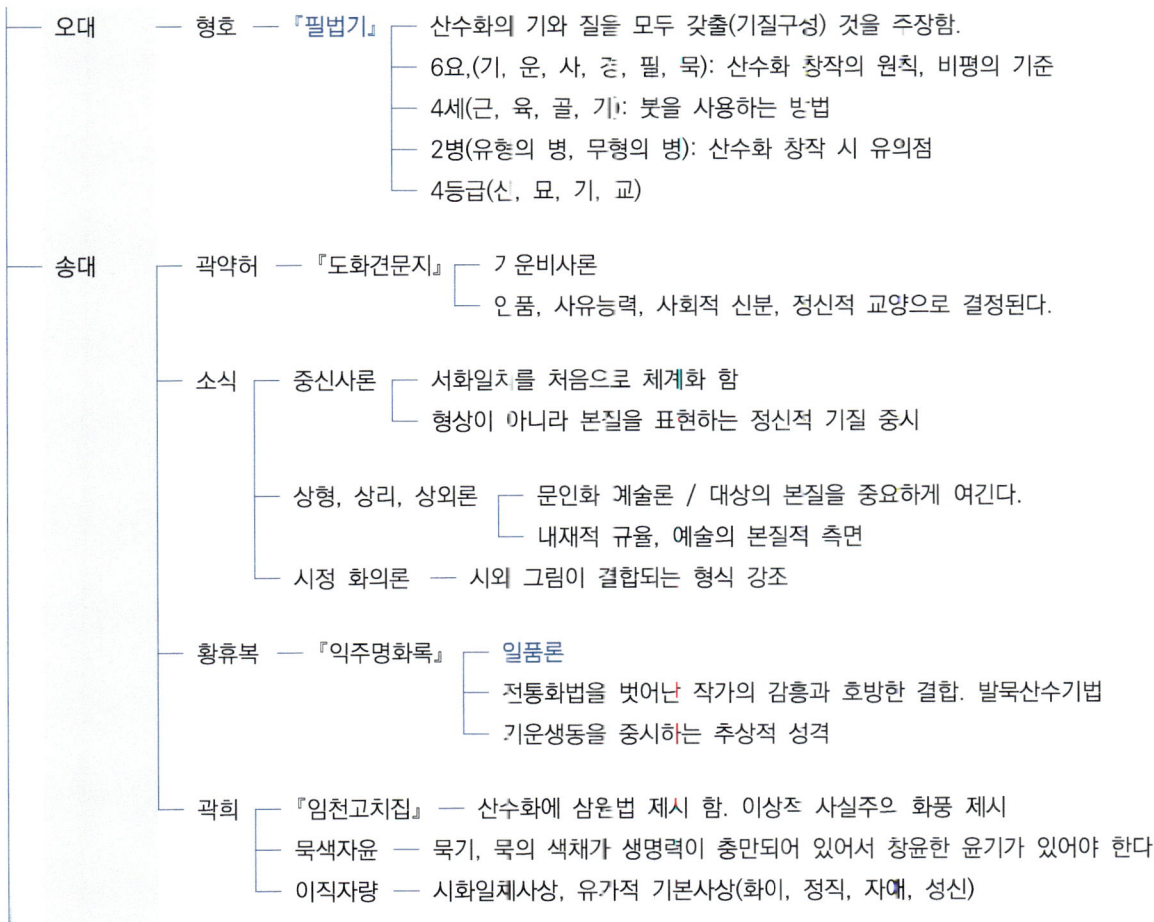

- 원대
  - 전선 ─ 사기론 ─ 조맹부의 '서화용필동원론'과 유사함
  - 조맹부 ─ 『조송설재문집』 ─ '고의론', '서화용필동론' 제시함
    - 복고적 미학사상 – 특히 이성과 동원을 추구함(남당과 송초도 중시)
    - 송대 원체화가 '형사'와 '격법'에만 지나치게 중시하는 것을 거부함
    - 서화용필동론 ─ 돌은 비백과 같고, 나무는 주서와 같되, 대나무는 필법에 충해야 한다.
  - 예찬 ─ 일기, 일필론 ─ 송대의 형사와 격법 위주 화풍의 영향과 속박 타파
  - 황공망 ─ 『사산수결』 ─ 〈부춘산거도권〉 그림 제작
    - '외사조화, 중득심원'
      - 동원과 거연을 통한 조화(자연)을 배운다.
      - 예술 창작의 관건은 이(理)에 있다.
      - "밖으로는 조화를 배우고 안으로는 마음의 근원에서 얻었다."

- 명대
  - 이개선 ─ 『중록화품』 ─ '6요론'으로 절파를 높게 평가 함.
    - 신묘한 필법, 맑은 필법, 노숙한 필법, 굳센 필법, 살아 있는 필법, 윤택한 필법
  - 서위 ─ 『서문장집』 / 『필원요지』 ─ 사물을 빌려 정을 표현함.
    - 기운을 중시하고 기왕의 화법에 구애받지 않는다.
  - 동기창 ─ 『화선실수필』 ─ 남북종론 = 상남폄북론
    진개유
    막시룡
    - 문인화의 위치를 높이고, 복고주의적인 미학 사상을 형성함.
  - 왕리 ─ 『화산도서』 ─ 자연을 배워야 한다는 전제 아래 분석적이고 비판적 고법 중시
    - 형사가 가장 기본적인 것이라고 강조함

- 청대
  - 석도 ─ 『고과화상화어록』 『화보』 『대척자제화시발』
    - 일획론
    - 자연과 자아가 필묵일체의 상태로 표현되는 천리적인 회화 이념
    - 방작 경멸, 개성화풍, 자유, 운율, 율동의 미 추구
  - 추소산 ─ 『소산화본』 ─ 감상과 비평의 입장과 제작자의 입장에서 순서가 다르다고 제시.
    - 제작의 경우 – 경영위치, 응물상형, 전이모사가 따르고, 골법용필과 수류부채가 계속된다.
    - 감상자의 경우 기운생동이 먼저라고 주장함.
  - 왕원기 ─ 의고론 ─ 옛 것을 중시하는 창작 태도
    - 방작 중시
  - 운격 ─ 섭정론(주정론) 『남전화발』
    - 그림을 보는 사람으로 하여금 정이 일게 하지 않으면 안된다.
    - 사물을 빌려 작가의 정을 표현함
    - 몰골법 사용, 상주화파 형성
  - 추일계 ─ 활탈론 『소산화보』 ─ 자연물의 형태와 색채의 아름다움을 그대로 표현할 것을 주장

2 중국미술사(회화사, 조각사)

회화사

- 선진시대 — 인물초상화 위주, 측면 입상 평칠과 선염 겸용, 청동기(도철문), 채도와 흑도

- 춘추전국시대 — 주조기술 = 모인법, 실랍주조법 유행
  - 투각, 금은 상감 기법 사용

- 진한시대 — 분묘미술과 채화 칠협, 봉니 출현
  - 예서체 출현 / 한대에 백화(비단에 그린 그림) = 마왕퇴 1호묘
  - 누금세공기법, 타출기법, 감입법 사용

- 육조시대 (위진남북조)
  - 고개지
    - 유교사상 = 여사잠도
    - 도가사상 = 낙신부도
    - 춘잠토사법, 죽림칠현 등장
    - 전신사조=전신톤(이형사신 / 천상묘득 / 부점목정)
  - 장승요 — 요철법=태서법 / 도석 인물화
  - 육탐미 — 불교 인물화

- 육조시대 인물화 표현 — 내면 심리와 수골청상, 갸름한 얼굴의 수려한 모습 형상으로 묘사하는 것이 이 시대의 특징

조각사

- 4c 초 불상 — 중국식으로 변함. 간다라 영향, 간다라 불상에 비해 양감이 약화, 옷 주름의 표현이 자연스럽지 못하다.
  - 선정인(손을 포개어 손바닥을 위로 향한 모습)

- 4c 중엽 — 중국화된 조형미 : 법의의 주름이 좌우대칭
  - 선정인(손바닥이 배를 덮고 있는 모습)
  - 고구려 원오리 불상(6세기 중엽) 조형에 영향을 미침

- 원강석굴과 용문석굴 조성 = 인도 아잔타 석굴 + 간다라 미술 영향
  ※ 용문 석굴 : 중국식 복장 착용, 탑묘굴이 없다. 상현좌 발달. 비로자나불 중심

회화사

- **당대**
  인물화의
  황금시대/
  산수화와
  화조화
  독점 분야로
  나아간 시대
  - 수대 전자건 〈유춘도〉 = 구륵전채법, 청록산수 시작
  - 염립본 인물화 / 장원 주방 등 궁녀화 / 한간의 말그림
  - 위지을승 = 철선묘, 훈염의 채색기법 활용 / 당삼채 / 평탈기법
  - **북종화 (동기창 구분)**
    - 남종화에 대비되는 화파
    - 산수에 이상 표현, 유불도 사상의 합일적 경지
    - 동기창 구분 / 화원이나 직업적인 화가 / 짙은 채색과 꼼꼼한 필치
    - 화원이나 직업 화가들이 짙은 채색과 꼼꼼한 필치를 사용하여 대상의 외형묘사에 주력하여 그린 그림. 기교적이고 형사적인 화풍.
    - 사물의 외형 묘사에 주력하여 그린 장식적인 그림
    - 청록산수 계열 / 전자건 / 이사훈, 이소도
    - 〈화풍상의 특징〉
      짙은 채색과 꼼꼼한 필치
    - 사물의 외형 묘사에 주력하여 그린 장식적이고 격조 없는 그림
    - 청록산수 계열 / 전자건 / 이사훈, 이소도
  - **남종화**
    - 남종 문인화, 남화, 인간의 내적 진리의 추구, 문인 사대부화
    - 남종선의 돈오(단번에 깨달음)의 개념, 화가의 영감, 인간의 내적 진리의 추구, 문인 사대부화
    - 수묵선염을 주로 하여 부드러운 느낌을 강조하였다.
    - 준법도 비교적 부드럽고 우아한 피마준, 미점을 자주 사용.
    - 발묵과 파묵을 애용하여 운치 있는 산수를 표현 함.
    - 왕유, 당말 장조, 오대의 곽충서·동원·거연·형호·관동(형호, 관동은 화북산수화파임)
      송대의 미불·미우인 부자 / 원대의 사대가 황공망·오진·예찬·왕몽
    - 동기창은 〈화안〉에서 이성·범관·이공린·왕선 등의 북송화가들과 명대의 오파 화가 심주와 문징명 추가
    - 〈화풍상의 특징〉
      수묵선염, 부드러운 느낌 강조, 준법도 비교적 부드럽고 우아한 피마준, 미점 사용, 발묵과 파묵을 애용하여 운치 있는 산수 표현
  - **남종화풍의 흐름**
    - ① 왕유, 당말 장조
    - ② 오대의 곽충서·동원·거연·형호·관동(형호와 관동은 화북산수 양식이다)
    - ③ 송대의 미불·미우인 부자
    - ④ 원대의 사대가 황공망·오진·예찬·왕몽
    - 동기창은 〈화안〉에서 이성·범관·이공린·왕선 등의 북송화가들과 명대의 오파 화가 심주와 문징명 추가
  - **오대당풍**
    - 중국당대의 인물화가 오도자의 화풍 - 조선 중기 이명욱에게 영향을 줌.
    - 도석인물화에 보이는 인물의 옷자락이 바람을 맞아 휘날리는 모습을 묘사한 말
- **당대 인물화 표현**
  - 명확한 선묘로 대상에 실재감을 부여하고, 다양한 표정으로 생동감이 넘치며, 역동적인 자세로 활기찬 장면을 연출하는 것이다.

조각, 공예

- **당대 공예**
  - ① 청자, 백자 기술의 이어짐
  - ② 화려한 당삼채(녹유, 갈유, 남유 등을 저화도 유약, 낮은 온도에서 소성)
  - ③ 평탈기법 사용한 동경

회화사

- 오대
  - 형관파 (화북산수, 북방산수)
    - 북방지역의 형호 – 관동
    - 전통적인 사실주의, 대상을 객관적인 입장에서 표현
      화북 지방의 높고 험준한 산수를 사실적으로 그리는 양식
    - 형호 — '도진'론 제시 / 필법기(6요, 4세, 2병론) / 기운사경필묵
      - 6요: 기, 운, 사, 경, 필, 묵
      - 4세: 근, 육, 골, 기
      - 2병: 유형의 병 무형의 병
      - 4등급: 신(神), 묘(妙), 기(奇), 교(巧)의 등급
    - 관동 — 관가산수 – 북승대 범관에게 영향 줌
  - 동거파 (강남산수, 남방산수)
    - 오대의 화가 동원, 거연
    - 피마준 사용, 평원의 질감 / 반두준
    - 평담고아한 방스으로 둥근 언덕과 부드러운 형태의 지형 표현
    - 강남지방의 지형과 분위기를 나타냄.
    - 긴 피마준, 비박서, 초서의 법을 활용한 묘사법, 호초점을 충분히 사용
    - 전선, 조맹부, 원4대가, 오파들이 즐겨 채택함
  - 정물화, 영모화
    - 황전
      - 구륵전처법
      - 세밀한 필선과 구륵법에 의한 채색, 덕의 윤곽선이 보이지 않는다.
    - 서희
      - 낙묵기법
      - 세밀한 묘사에 구애 받지 않고 붓 가는 대로 모사하며, 채색을 약간

- 송대 ─ 이상주의적 태도, 사실주의 입장, 사의적 수묵화 유행, 한림도화원 설치, 원체화풍 형성
  - 〈북송대〉
    북방산수화파 ─ 북송시대 초기 산수화 / 화북산수 / 북방의 이성, 관동, 범관,
      ─ 이성(이곽파) = 우점준, 해조묘, 평원산수, 운두준법 창시
        ※ 평원산수 : 근경에 배치한 고목(枯木)이나 수풀 너머로 바라본 누각, 배, 다리 등의 풍경
          황하 하류에 펼쳐진 황량한 황토 지대를 소재로 그리는 산수화.
      ─ 곽희 『임천고치집』 = 묵색자윤의 미학=용묵은 정신수양
  - 이곽 화풍 ─ 1. 침식된 거대한 토산을 중심으로 거비적 표현
    2. 화면 전면에 빛이 흐르는 듯한 조광 효과
    3. 근경, 중경, 원경의 점차적 상승으로 유기적 연결
    4. 공기원근법, 해조묘, 운두준으로 표현
    ─ 스산한 분위기, 안개 낀 숲의 광활한 모습, 필치의 거칠음 묵법의 정미함
  - 미가산수 ─ 북송의 미불이 창시한 화파, 안개가 자욱하고 습윤한 풍경을 발묵과 미점을 구사하여 표현한 산수화
  - 이공린 ─ =백묘 인물화

- 〈북송대〉
  - 거비산수 ─ 비교적 짙은 수묵을 많이 써 직사각형 꼴의 대산대수를 장엄한 느낌이 나도록 그렸다.
    자연의 사실적 표현 추구,
    스산한 분위기, 안개 낀 숲의 광활한 모습, 필치의 거칠음 묵법의 정미함
    오대의 형호, 관동, 북송의 동원, 거연, 이성, 범관, 허도녕, 곽희, 이당 등
  - 범관 ─ 중국 북송 초기의 산수화가. 이성의 평원산수와 현저한 대조를 이루었다.
    중앙에 중량감이 있는 주산(主山)을 크게 배치하고, 보는 자와의 사이에 거대한 공간을 설정한
    고원형식(高遠形式)의 산수화
  - 호주죽파 ─ 문동과 소식에 의한 묵죽화- 문인화의 기상을 표현함

- 〈남송대〉
  - 마하파 ┬ 남송 원체풍의 형성 = 이당(소부벽준 사용) / 조선 초 이상좌가 답습
    └ 남송의 화원 마원, 하규가 형성한 화파
    근경에 역점, 일각구도, 원경은 안개 속 시사적으로 표현 / 부벽준 처리
  - 표현적 특징 ┬ 공간표현 ┬ 근경에 역점, 일각구도, 원경은 안개 속에 잠긴 정적, 시적으로 표현
    │   └ 잔산잉수식 구도, 변각구도, 소경산수, 서정성, 평원위주
    ├ 소재 ─ 강남 지방의 특유한 자연 환경과 이를 향유하는 인물
    ├ 산수 처리는 부벽준
    └ 명나라의 절파에게 영향 줌, 조선초 이상좌가 답습
  - 그 외 화풍 ─ 청록산수 부활 = 조백숙, 조백구
  - 선종화 ┬ 직관, 무의식적, 감필법, 발묵법 / 양해, 목계, 옥간
    └ 행, 초서 발달, 형식보다 필의 존중
  - 월주요의 청자 생산 / 복소법으로 대량 생산 / 서피기법(황색 칠 + 기하학적 문양 + 흑칠이나 투명칠로 마감)

- 원대
  - 한림도화원 폐지 / 남종문인화 발달 / 복고주의 유행 / 초기 유민 정신, 유민화가 출현
  - 화풍 : 원대 이곽파, 원대 마하파, 원대 미법산수, 청록산수, 원대 동거파 등이 활동 함

  - 유민화가 ― 정사초, 공개, 전선

  - 복고주의
    - 전선
      - 복고풍, 청록산수풍, 오대 동거파 화법, 북송대 해조묘법
      - 치졸한 묘사를 통한 고졸함 표현, 질박과 문질론제시
    - 조맹부
      - 은일정신 계승, 오대 – 송대 기법과 서예기법
      - 이곽파 화풍으로 산수화 묘사
      - 해조묘, 하엽준
      - 단순한 원대문인산수의 구도 사용
      - 원대 등거파에게 영향 줌
      - 왕희지 서체를 발전시켜 송설체 완성

  - 원대 이곽파 ― 당체 주덕윤, 조지백 등 – 송대와는 다르게 더 이상 사실주의를 추구하지 않음

  - 원대 동거파 (원말4대가)
    - 황공망, 오진, 예찬, 왕몽
    - 관념적, 주관적 문인산수화 확립
    - 황공망
      피마준 사용 원말 4대가의 대표적 작가
    - 예찬
      - 일기론, 일품 등 명제 제기, 고상함과 탈속의 상징
      - 절대준 구사, 갈필(渴筆)
      - 근경, 중경, 원경이 뚜렷한 삼단식(三段式) 구도, 근경과 원경을 똑같은 농담(濃淡)으로 그림.
      - 청초 황산파 화풍의 기원
    - 왕몽
      - 화려하고 화면을 가득 채우는 기법
      - 여백과 고상함을 기본으로 하는 문인산수에 충격
      - 명대 문징명, 동기창이 따름

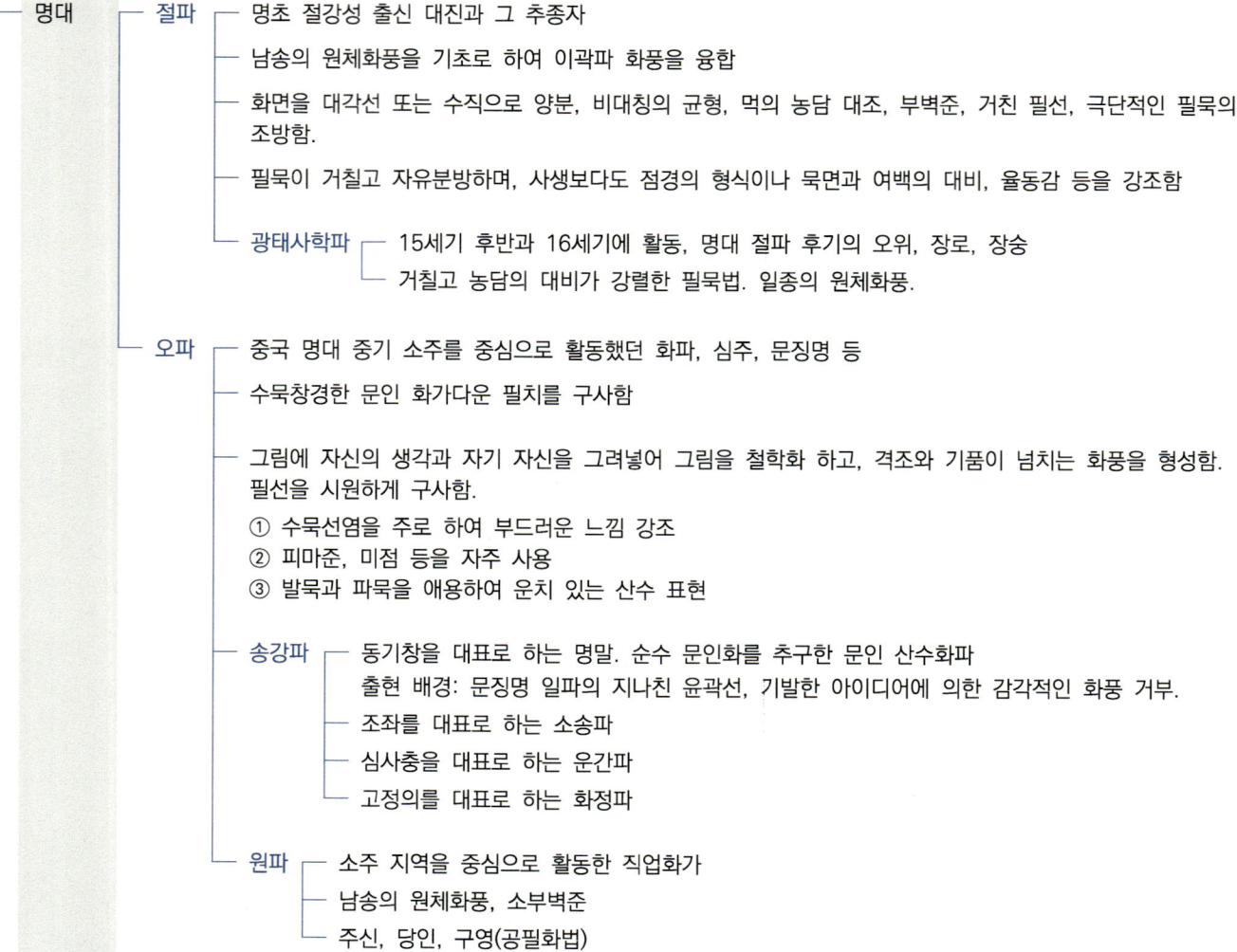

- 청대
  - 황산파 (안휘파)
    - 황산의 실경을 그림
    - 윤곽선 사용, 각이 진 형태로 표현
    - 홍인, 소운종, 석도
  - 개성화풍 (유민화풍) (사승파)
    - 팔대산인
      - 승려화가
      - 명말청초 형식의 거부와 기운찬 필치
    - 석도
      - 승려화가
      - 선종 계통의 감필법, 자유로운 발상, 실경산수를 주로 그림
      - 창신중시 계열
      - 스스로의 법 중시
      - 일획론제시
      - 양주화파의 뿌리가 됨
      - 부감법과 고원법, 자연에 대한 도덕적 숭고미 표현
  - 양주팔괴 (양주화파)
    - 청나라 중기에 양주지방에서 활약한 화가들, 광기와 자유 추구
    - 천재적인 개성, 순수한 예술정신, 세태를 비판, 예술창작에서 개성을 중시
    - '괴(怪)'한 풍격을 숭상, 괴이한 서체와 독창적인 화풍 중시
    - 나빙·정섭·금농·이방응·황신·왕사신·이선·민정·고상·변수민·고봉한·화암·진찬
  - 궁궐화풍 — 낭세녕 중심의 서양화법, 선교사 화가를 중심으로 하는 사실적인 묘사
  - 정통파 (4왕오운)
    - 왕시민, 왕감, 왕원기, 왕휘, 운수평, 오운,
    - 창작은 전통에서 나오는 것, 동기창의 복고주의를 맹신함
    - 괴체를 잘게 부수어 보는 구체 분할을 시도함, 문징명의 정신과 상통
  - 누동파
    - 18세기의 중앙화단. 정통파의 한 지류, 왕원기, 왕욱, 왕신, 황정, 당대, 동방달
    - 중국 청초의 문인화파로, 왕원기 중심 / 명대 동기창의 전형을 추종
    - 방작 중시, 복고주의 맹신
    - 19세기 후반 – 해상화파/ 금석화파 등이 활동함.
  - 해상화파
    - 19세기 아편 전쟁기에 등장한 화파
    - 금석화파(문인적 성격 – 조지겸, 오창석 등)
    - 사임파(직업적이고 대중적인 성격 – 임웅, 임훈, 임예, 임이 등)
  - 영남화파
    - 광동 출신 화가 집단, 일본 유학생 중심 화파
    - 전경을 애매하게 처리함.
    - 정치적 연관성을 포함하여 표현함.
    - 작가는 고검부 등이 대표적이다.

1. 17세기 – 궁정 화파 계열
2. 17세기 – 개성화파 계열 – 명대 서위의 영향
   〈황산화파 → 신안화파 → 고숙파, 금릉팔가〉
3. 17세기 – 창신주의(개성화파) 계열
   〈팔대산인-석도-사승파〉
4. 17세기 – 의고주의 계열
   〈정통파 → 누동파 → 우산파 → 상주파〉
5. 18세기 – 직업주의 계열
   〈양주팔괴〉-〈금석서화가〉
6. 18세기 ~ 20세기 – 직업주의 계열
   〈해상화파-금석화파/사임파/전통파〉-〈영남화파〉

사승파	팔대산인, 석도, 곤잔, 홍인
우산 화파	왕휘, 왕감, 왕시민 양진, 고방,
신안 화파	홍인, 왕지서, 사사표, 손일
고숙파	소운종

중국 도자 공예사 요약

진·한 B.C221~A.D 220	위진 남북조 220~581	수·당 581~906	오대·송·요·금 907~1279
- 채회도 유행 - 연유 도기, 갈유, 녹유 보급V	1) 월주요(越州窯) - '고월자(古越磁)', 화도 유약, 고온소성 - 유색이 맑고 영롱해서 '유빙(類冰)' '유옥(類玉)'이라 불렸다.	1) 당삼채 2) 청자-월주요. 3) 백자	*중국 전역에 도자기 생산 1) 청자 : 월주요, 요주요, 관요, 용천요, 가요, 자주요, 건요, 길주요, 균요 등 2) 백자 : 경덕진요, 자주요
 채회도	 고월자	  월주요 당삼채, 첩화	  청자 백유도

원대 1260~1368	명대 1368~1644	청대 1644~1911	
1) 청화백자, 철화 2) 유리홍백자	1) 청화백자 2) 오채도자기	명대 계승 분채도자기	
유리홍백자	오채도자기	분채	

02 한국미술사

1 선사시대 / 삼국시대

- 도자공예
  - 신석기 — 덧띠무늬 토기, 빗살무늬 토기(음각), 아가리무늬 토기(노천에서 소성)
  - 청동기 — 민무늬 토기 / 마연토기(홍도), 채문토기
  - 삼국시대 전기 ─ 물레 성형기법 + 밀폐식 등요 도입
    (원삼국)   ├ 타날문 토기(등요 동반, 고온, 환원염), 와질 토기(태토가 곱고 환원염 소성)
    : 중국의 영향 ├ 환원염 토기, 회청색의 경질토기
                  └ 토기 제작술 — 수날법, 권상법, 윤적법
  - 고구려 — 연질, 경질도기 / 황갈색 저화도 연유도기 생산
    └ 기종이 평저로서 실용기가 대부분이다.
      태토는 대체로 고운 니질, 항아리 종류가 많다. 물레를 사용하여 기형이 세련되었다.
  - 백제 ┬ 타날문토기를 기반으로 성립 / 웅진시대 = 경질토기 등장 / 사비시대 = 녹유도기 출현
         ├ 연질의 검은 간토기는 초기 백제의 표지적 토기이며 4세기 중엽경에 회청색 경질토기로 발전한다.
         │   검은 간토기는 회색 연질토기와 회청색 경질토기로 발전한다.
         └ 산수문전 — 점토를 틀에서 찍어낸 다음 고온에서 구운 것
  - 신라 ┬ 물레를 이용한 윤적법
         └ 선각, 투각, 드리개를 붙이는 장식 시도 / 굽 달린 토기(고배=부장품)
  - 가야 토기 — 이형토기 / 회청색 경질 토기

- 금속 및 기타 공예
  - 청동기 — 주조기법으로 제작(기원전 10세기)
  - 요령식 동검 / 한국식 동검 / 농경문 청동기 / 쌍두령, 간두령, 팔주령 / 사선 무늬 음각장식기법
  - 옥공예 / 유리공예 시작
  - 제작 기법 — 철기 = 단조기법(3~4세기) + 주조, 단조, 투각, 선조, 누금세공기법, 타출기법
  - 고구려 — 투각 인동문, 투각용봉문 금동장식판
  - 백제 ┬ 비대칭의 팔메트 문양
         └ 금동 대향로 — 불교와 도교의 융합, 중국의 음양설

- 회화
  - 선사시대 — 암각화 = 패킹, 그라인딩 기법 / 면각과 선각의 중첩
  - 청동기 — 조류 숭배사상, 생활풍속

02. 한국미술사 131

2 고구려

- **불상 조각 일반**
  - 석불 / 목조불 / 금불 / 금동불 / 철불 / 소조불 / 건칠불 / 판불
  - 금동불 — 밀랍주조법(실랍주조법, 탈랍주조법)
    철심에 내구성이 강한 점토나 석고로 원형틀 제작 ⇨ 밀랍을 입힌다 ⇨ 점토나 석고로 바깥틀 제작 ⇨ 열을 가하여 밀랍 녹임 ⇨ 놋쇠물 부어 불상 제작
  - 소조불
    - 골격이 되는 심목 세움 ⇨ 손가락 등은 철사로 따로 심지를 만든다 ⇨ 그 위에 삼베와 천, 짚이 섞인 진흙을 2, 3중으로 붙여서 형태 만듦 ⇨ 회칠 후 도금
    - 내구성이 약하여 쉽게 파손될 수 있다.
    - 형태를 자유롭게 만들고 수정할 수 있다.
    - 사실적인 조각이 가능하다.
  - 철불
    - 쉽게 산화된다. 굳으면 질감이 거칠다.
    - 내구성이 떨어진다. 정교한 세부 표현이 어렵다.
    - 가격이 싼 편이다. 짧은 시간에 제작할 수 있다.
    - 흙으로 조각하여 원형으로 삼는다. ⇨ 이 원형 위에 다시 점토를 발라 여러 조각으로 나누어 틀을 떠낸 다음, 바깥틀로 삼는다. ⇨ 주조하고자 하는 불상의 두께만큼 기본틀의 표면을 깍아내어 안틀로 삼고 ⇨ 떠낸 바깥틀을 씌워 ⇨ 안틀과 바깥틀 사이의 틈새로 쇳물 부어 넣기.
  - 건칠불
    - 탈건칠법과 목심건칠법
    - 가볍고 유연한 재료를 사용하여 정교하고 복잡한 세부 표현을 할 수 있다.

- **불상조각**
  - 공통 : 중국 북조 양식
  - 뚝섬출토 금동여래좌상 — 사자 두 마리가 배치된 대좌(사자좌) 위에 선정인, 통주식, 주물기법, 5세기 전반
  - 연가7년명 금동 불입상 — 중국 북조 양식 / 왼손 여원인, 오른손 시무외인= 통인
    긴 얼굴, 날씬한 몸매, 두꺼운 법의, 날카로운 옷자락, 통견, 좌우 대칭
  - 원오리 소조불상 : 대좌는 연꽃 대좌. 연화화생관.
    중국 남북조 절충 양식.
  - 금동계미명 삼존불 — 당초문, 어자문, 훼룡문 / 광배와 본존, 대좌를 따로 주물한 뒤 결합 / 일본 아스카시대 삼존불좌상(623)과 관계

- **금속공예**
  - 금동관, 관형장식 — 투조(맞새김) + 초화문 장식 = 맞새김 용봉문 금동관형
  - 청동그릇 — 호우총 출토 / 예서체(고례체) 글씨 양각
  - 담징의 호류지 금당벽화 = 일본 아스카 시대(7세기 후반)

- **토기 및 도기**
  - 4~5세기 연질토기, 흑색 경질 토기, 황갈색 연유도기 제작
  - 연유도기 — 유약에 납 섞음, 500~800℃ / 부장용품

- 1탑 3금당식 가람배치 / 팔각목탑

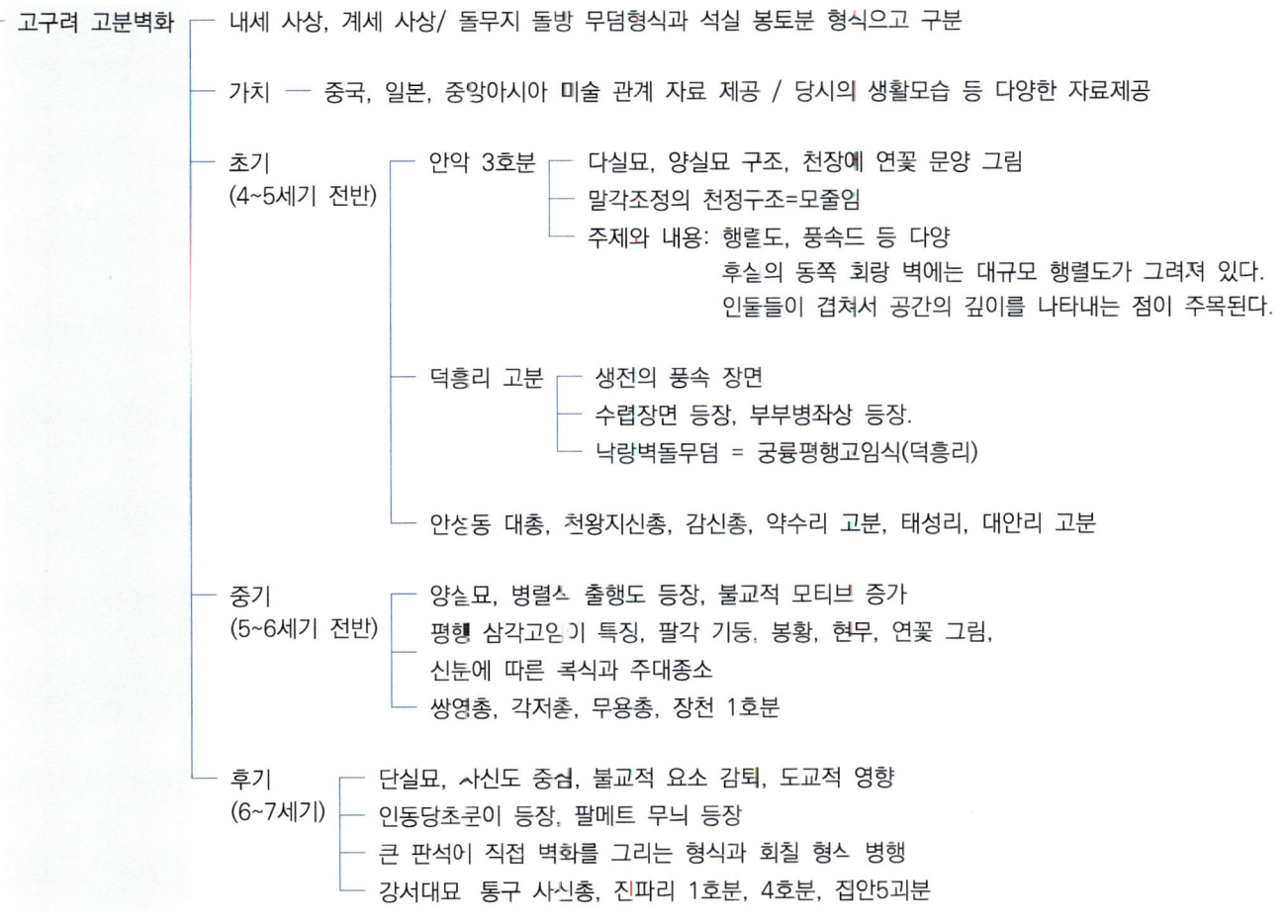

화장지법
(化粧地法)
	습지법	회가 마르기 전에 그 위에 그림을 그리는 벽화법[프레스코법]
		제1기와 제2기로 분류되는 고구려의 고분 벽화는 대부분 이 습지 벽화법으로 그려졌다.
		제작과정: 1) 볏짚이나 갈대 따위를 잘게 썰어 넣어 반죽한 진흙을 바른다.
		           2) 그 위에 다시 생석회와 모래를 짓이겨 만든 회반죽을 1~3cm 두께로 칠한다.
		           3) 그 다음 모본(模本)에 따라 묵이나 목탄, 먹 바늘 등으로 밑그림을 그린 후 채색을 한다.
		재료: 녹청석·군청석·진사(辰砂)·자토(紫土)·황토(黃土), 금과 같은 광물질 가루를 투명이 높고
		     점액성이 낮은 특수 아교에 개어 썼다.

	건지법	회가 마른 후 그 위에 그림을 그리는 벽화법[세코법] 안료의 산화(酸化)와 퇴색이 상대적으로 덜하여 오랜 시일이 흘러도 처음의 명도(明度)와 채도(彩度)가 잘 유지되는 편이다.
조벽지법 (粗壁地法)	직접법	벽이나 천장 면에 직접 그리는 방법. 매우 선명도(鮮明度)가 높다. 그러나 외부 공기에 노출되거나 습기의 침투에 약하다. 제3기로 분류되는 고구려 고분 벽화는 석면 위에 직접 그림을 그리는 조벽지법으로 그려져 일부 고분 벽화의 경우에는 아직도 그림 속의 사신이 살아 꿈틀거리는 듯 생생하다.

3 백제

	한성 시대	웅진, 사비 시대	사비 시대
	연질 검은 간토기 (표지적 토기) ⇨ 회색 연질 토기, 회색 경질 토기	연질토기 감소, 적갈색 토기 감소 회청색 경질 토기 중심. 밑이 편평, 어깨가 넓다.	남조 청자의 영향 세발 토기, 평저사이호. 시유 토기, 녹유도기 출현

- 1탑 1금당식 가람배치 = 삼금당 병립식 가람배치
  〈동남리 금동 공예탑 파편〉-백제의 목조 건축 기법을 알 수 있는 유일한 자료. 하앙구조가 나타난다.

- 회화
  - 송산리 6호분 = 터널형 전축분 = 토벽 위에 먹과 채색, 사신도
  - 부여 능산리 동하총 벽화 = 연화문, 비운문 = 석면에 직접그림
  - 군수리 출토 문양전 = 산수문전

- 공예
  - 금속공예
    - 금동관, 나주관 — 동판을 오려서 만듦 = 판금
    - 무령왕릉 금제관식 ┬ 순금제 맞새김무늬
                        └ 삼엽 인동문=팔메트 무늬
    - 무령왕릉 비녀 — 누금세공 + 압날 + 타출법
    - 무령왕릉 팔찌 — 돋을새김
    - 칠지도 — 금상감
    - 금동대향로 — 불교 + 도교 + 음양사상, 연화화생관
  - 토기 ┬ 원통형 기대, 세발토기, 승석문(짚 등으로 짠 삿무늬)
         └ 중국청자 발견, 무령왕릉에 백자등잔 등
  - 〈산수문전〉 ┬ 점토를 틀에서 찍어낸 다음 고온으로 구운 것
                └ 고대의 신선사상/ 균형 잡힌 구도/ 부조풍의 입체적인 조각
  - 은제 손잡이 유리공 / 상아 바둑알

- 불상조각
  - 삼존불형식 / 원만한 형태미 + 묵직한 양감 + 부드러운 선묘 /
    7세기 이후 수, 당대의 영향으로 삼곡(삼굴)자세 양식 등장, 마애불 등장 / 반가사유상 유행
  - 군수리 납석제여래좌상 — 좌우대칭 주름, 상현좌 = 북위 용문석굴 양식 /
                              일본의 호류지 금동석가삼존상과 약사여래상의 시원양식
  - 금동여래입상 — 일광삼존불 형식 / 6세기
  - 금동보살입상 — 온화하고 정적인 분위기 / 반 두리새김 양식
  - 금동관음보살입상 — 돋을새김에서 두리새김으로 변화 / 삼곡자세(규암면출토)
  - 태안마애삼존불 — 본존보살상 좌우에 여래상 배치
  - 서산마애삼존불 — 석가불, 미륵보살, 관음보살로 구성 / 돋을새김

- 석탑의 구조
  - 상륜부 — 찰주 – 보주 – 용차 – 수연 – 보개 – 보륜 – 앙화 – 복발
  - 탑신부 — 노반 – 낙수면 – 옥개석 – 층급받침 – 옥신석
  - 기단부 — 갑석 – 면석

- 대표 석탑
  - 미륵사지 — 결구식, 화강암, 목탑 건축 방식, 엔타시스 기둥
  - 정림사지 ┬ 안쏠림과 민흘림이 가미된 기둥 세움 / 배흘림 / 낮은 기단 / 결구식
    오층석탑 └ 목조 건축의 두공의 효과 냄

- 무덤
  - 횡혈식 석실 봉토분(고구려와 같음) + 옹관장 성행
  - 무령왕릉은 전축봉토분

4 신라

- 토기 및 도기
  - 신라토기
    - 1000℃ 이상 소성 = 도기와 자기의 중간인 석기
    - 물레성형, 승문식 (繩文式)토기 시대(주로 나선문(螺旋文) 활용)
    - 신라토기의 특징 — 굽다리 접시 = 고배, 무덤 부장품
  - 경질토기 — 물레를 이용한 윤적법, 선각 투각, 드리개 장식
  - 토우 장식 / 기마인물형 토기 / 용형 토기

- 석조 (석탑)
  - 분황사 모전석탑 – 돌을 벽돌처럼 다듬어 쌓은 조적식 / 안산암
  - 의성 탑리 오층석탑
    - 목탑, 석탑, 전탑의 양식 드루 갖춤
    - 신라 석탑의 결구식 기단부 형식이 성립됨
    - 이후에 감은사 탑, 석가탑으로 양식이 이어진다.

- 공예
  - 금속공예
    - 금관, 금동관, 귀고리
    - 신발 = 식리 / 나막신
    - 판금, 누금세공, 맞새김
    - 무기
  - 무기
    - 감옥금장단검
    - 금알갱이[金粒(금립)]를 금속바탕에 붙여 섬세한 무늬를 표현하는 금속세공기법, 금립누금, 감입법
  - 곡옥 — 청동기 시대의 조형에서 출발
    - 5~6세기 적석목곽분의 소멸과 함께 6세기 후반부터 쇠퇴
  - 유리 — 황남대총 출토 유리 = 로마계 / 황남대총 북분 출토 잔 = 사산계 / 봉수병=오이노코에

- 불상조각
  - 6세기 동위불 양식 반영,
  - 6세기 말 7세기 초 = 반가사유상제작
  - 7세기 북제, 북주 또는 수, 당 불상 양식의 영향 = 불신의 입체감 강조하는 양식
  - 7세기 중엽 이후 신라양식 형성
  - 8세기 석굴암 본존불(이상적 사실주의)
  - 고구려, 백제의 영향 + 중국 북주, 수대의 불상양식 영향
  - 금동일월식삼산관반가사유상(6세기 말)
  - 금동여래입상(횡성출토, 7세기 초)
  - 금동삼산관반가사유상(7세기 초)
  - 불전도 — 석가모니의 탄생에서부터 열반할 때까지의 여러 사건 묘사한 그림이나 조각
  - 본생도 — 석가의 전생 이야기를 다룬 그림이나 조각

- 석불
  - 삼화령석조 삼존불상 – 본존불 = 의좌상, 시무외인, 항마인
  - 배리석조 삼존불입상 – 7세기, 어린아이 비례 = 수대 불상 영향

- 회화
  - 회화 기구 신라 = 채전 / 통소 = 전채서
  - 천마총
    - 다래(장니, 재료 = 자작나무 껍질)에 채색
    - [다래는 기수(騎手)가 말 위에 앉아 안정을 유지하기 위한 장구(裝具)인 안장의 부속구로, 안장의 아래, 즉 말의 배 아래로 늘어뜨려 진흙이 튀는 것을 막아주는 기능을 한다.]

시무외인 – 부처가 중생의 모든 두려움을 없애고 위안을 준다는 의미의 수인
여원인 – 부처가 중생이 원하는 것은 무엇이든 다 들어준다는 의미의 수인

5 통일신라

- 통일신라 불상양식의 특징
  - ① 신라 **사방불** 형식의 수용과 전개
    - 백제 유민들에 의한 비상 형식의 사면불상
      〈계유명 아미타삼존 천불비상〉
  - ② **약사불상(무병장수 염원) 유행**
    - 전법륜인 또는 시무외인, 편단우견, 또는 통견법의, 약그릇, 약항아리 지물 표현
  - ③ 밀교계의 변화관음상(자비의 극치)
    - 대승불교 신앙의 대상
      〈십일면 관음보살상〉, 〈천수관음보살상〉
  - ④ 국제 불상 양식의 등장과 유행
    - 이상화된 조형성, 사실적인 조각기법
    - ㉠ 8세기 경 남북국 시대에 등장하는 새로운 요소.
    - ㉡ 인도, 서역, 중국과의 불교조각 교류로 인한 국제적 불상 양식 등장
    - ㉢ 경주 안압지 불상, 경주 남산 칠불암 불상군, 석굴암 불상군 등으로 양식이 전개 됨
    - 〈황복사지 금제 불입상, 불좌상〉,
      사실적인 조형미, 법의가 대좌를 덮는 형식,
      오른손은 시무외인, 왼손은 무릎 위
    - 〈경주 감산사 석조 아미타불입상과 미륵보살입상〉
      균형과 조화를 이루었으며, 위엄 있는 얼굴과 넓은 어깨,
      당당한 가슴, 몸에 밀착된 얇은 법의 등 사실적인 조형미 보여줌.
      인도 우전왕이 조성했다는 U자형의 법의.
  - ⑤ 비로자나불상 유행
    (부처의 진신이자 법신불)
    - ㉠ 8세기 중엽 남북국 시대에 출현 함.
    - ㉡ 지권인 수인 형식
    - 〈석남암사 비로자나불상〉
      가장 이른 시기에 조성된 비로자나불좌상
      '비로자나불'이라고 기록되어 있는 유일한 상.
      766년 조성 됨. 납석제 사리 항아리 발견.

- 불상 조각
  - 백제형식의 사면석불비상
  - 초기 (7세기 후반)
    - 육조시대 말기에서 수, 초당의 여러 중국 조각 양식이 서로 겹쳐지고 백제양식도 섞이는 과정
    - ① 사천왕동상 — 음틀 사용한 주상 / 사리함 바깥쪽 벽에 접착제로 붙임
    - ② 군위삼존불 — 자연 석굴 / 본존상, 우측 관음보살입상, 좌측 대세지보살입상 / 용문석굴 양식 영향
    - ③ 경주 안압지 판불 — 금동삼존불 / 삼굴자세 / 광배는 맞새김 당초문
    - ④ 계유명전씨 아미타삼존석불 비상 — 충남 연기 / 공양석상 / 백제 조각의 전통
  - 중기(8세기)
    - 당나라 양식 영향, 중국 조각으로부터 이탈이 본격화 된 시기, 석굴암을 정점으로 통일신라 절정기
    - 황복사지 금제 아미타불좌상(706) – 감산사지 아미타여래입상(719) – 굴불사지, 사면석불 – 석굴암
    - ⑤ 황복사탑 금불 — 금제 아미타여래좌상, 석가 입상 / 순금제 / 사실적이면서 도식화된 옷 주름
    - ⑥ 감산사지 석불
      - 석조아미타여래입상, 석조미륵보살입상
      - 자연주의 경향 / 삼곡자세, 인도영향 / 석굴암 조각 조형 형성 / 안면, 체구, 표현에 편화, 도식화 추구 = 정신적인 면 표현
    - ⑦ 석굴암 본존상 — 항마인 / 볼륨감, 자연주의적, 옷 주름과 부분의 간략, 근육의 생략 / 숭고한 정신의 미 / 자연주의와 이상주의적 경향, 신묘한 조화
  - 후기(9세기)
    - 아미타불 대신 약사여래 많아짐, 비로자나불 등장 / 석불 = 평면적인 마애불
    - 불국사 금동불 — 금동비로자나불 / 체구의 양감 줄고 정신미 감퇴
  - 마애불 — 방어산 마애불 / 선각, 평면불
  - 9세기 중엽 — 보림사 비로자나불좌상 / 도피안사 철조비로자나불좌상
  - 철조여래좌상 — 9세기말 복고풍 양식
- 사찰
  - 일금당 쌍탑 배치
  - 석굴암
    - 전방후원의 기본 형식, 원형의 주실과 방형의 전실 + 간드
    - 전실 = 팔작지붕 목조로 마감(1963)
    - 주실은 아치형 천장 + 봉토
    - 전실 좌우 팔부신중, 양각
    - 인왕상 / 사천왕상 / 주실 중앙 본존불
    - 10개의 감실 = 두리새김 보살상

석탑

- 통일신라 석탑의 특징 ─ 결구 방식의 변화, 비례의 변화, 조각상의 등장
  - 정형 양식 = 이중기단의 삼층(오층) 석탑
- 의성 탑리 오층석탑 ─ 목탑, 전탑, 석탑 모두 형성 / 엔타시스 / 창방, 평방, 옥개받침
  - 고선사지 삼층석탑, 나원리 오층석탑, 감은사지 삼층쌍탑, 탑정리 칠층석탑 등으로 이어지는 형식
- 감은사지 쌍탑 ─ 안정적인 상하층의 이중기단 / 탑 전유면적의 2배를 전체 높이로 설정
  = 상승감 + 안정감 구현 / 삼층석탑의 시원
- 불국사 석가탑 ─ 정형탑
- 불국사다보탑 ─ 이형탑 ─ 다보탑 – 화엄사 4사자 삼층석탑 – 실상사 백장암 삼층석탑
  – 정혜사지 십삼층석탑

비석
― 귀부와 등 위에 놓은 비대석, 비신 / 비의 머리에 용틀임 조각 = 이수라고 함

전탑
― 안동 신세동 칠층전탑 / 송림사 오층전탑

부도
- 기본형식 ─ 팔각 원당식 ─ 염거화상탑, 적인선사 조륜청정탑, 쌍봉사 철감선사 부도
- 종형 부도 ─ 울산시 태화리 태화사지

석등
- 형식
  1. 북모양의 고복석
  2. 쌍사자
  3. 팔각간주석
- 개선사지 = 고복석 / 부석사 무량수전 = 팔각주 간석 형식

회화
- 대방광불화엄경 변상도 ─ 자색 종이 / 금, 은, 철선묘 선화, 보상화문 배경
- 솔거의 노송도 ─ 청록산수 계통의 사실적 그림

서예
- 왕희지체가 기본적 양식 – 당의 구양순체가 유행
- 쌍계사 진감선사탑비 = 최치원 = 구양순체
- 태자사 전래의 낭공대사백월서운탑비 = 김생의 왕희지체 행서 집자

도자
- 전형적인 통일기 토기
  1. 굽다리, 장경호와 고배의 소멸
  2. 삼각형, 사각형 투공의 퇴화
  3. 인화문에 의한 표면 장식법 사용(인화문 토기)
  4. 시유토기(연유/회유) 등장
- 전기 ─ 인화문 사용 – 후기에 점차 사라짐 / 당대의 첩화문 장식효과 응용함
- 후기 ─ 술병모양의 긴 목 또는 짧은 목의 병 모양 그릇이 주류를 이룸 / 저장용 용기로 사용
- 회청색 경질토기 ─ 표면 = 음각무늬, 인화무늬, 묵서 장식
  (기대나 이형토기 사라짐)
- 표면 = 음각무늬, 인화무늬, 묵서 장식
- 시유토기
  - 연유 ─ 삼채 기법 연유 도기 / 낮은 온도 / 연질 녹유사이호 / 황록색
  - 회유 ─ 회유도기 / 1200℃ 이상 소성 / 청록색

공예
- 불교공예
  - 범종 ─ 상원사종, 성덕대왕 신종 ─ 원추형 / 상대 중대 하대 /
    당좌와 천인상 / 대칭적 배치
    용뉴, 용통
  - 사리구 ─ 감은사지 서삼층석탑사리구
    └ 익산 왕궁리 석탑 사리장치 ─ 금박판 / 순금 금동입상 / 유리병
  - 금구 ─ 사찰의 정고(징) = 금구

6 고려

- 미의식
  - 화려, 고상한 궁정취향, 웅대, 장대한 아름다움
  - 단정 우아한 형태미
  - 추상화시킨 장식미, 자연미, 친숙미

- 불상 조각
  - 1. 통일신라 전형 조각 양식 계승
  - 2. 오, 송대 영향 양식
  - 3. 기념비적, 도식적 양식
  - 4. 지방양식
    - 전기 ― 통일신라 양식 계승, 신선한 자연주의(중부지역)
    - 후기 ― 자연주의 후퇴, 송, 원대 영향, 금동불 유행, 라마계통 양식의 수용
  - 〈불상양식 상세 구분〉
    - 공통
      - 1. 초기에 철즈불상의 유행
      - 2. 왕즉불 사상에 따른 거불 조성
      - 3. 괴량감 있고 토속적인 석조 보살입상
    - 시기와 지역별 구분
      - 1. 개성지방의 거대 철불양식 〈철조석가여래좌상〉
      - 2. 경주 지역 자연주의적 경향과 사실주의 양식 〈부석사 소조아미타여래좌상〉
      - 3. 고려 전기의 충청도, 강원도 명주지방 중심의 지방 양식 조성 〈관촉사 은진미륵〉, 〈신복사 보살상〉
      - 4. 고려 후기 궁정 취향의 라마계 금동 불상 〈금동관음좌상〉
      - 5. 선禪풍의 조형감을 보여주는 양식
  - 〈철조석가여래좌상〉
    - 편단우견, 거상 등 석굴암 본존불 계승, 복고적 경향
    - 추상적 경향에의 이행
  - 〈부석사 소조아미타여래좌상〉
    - 토심에 옻칠 칠금, 광배 = 목판 + 흙
    - 부드러운 모델링
  - 〈관촉사 은진미륵〉
    - 거대불상
    - 비례 맞지 않는 신체
  - 〈신복사 보살상〉
    - 자연주의 경향
    - 한송사, 월정사 석조보살좌상
    - 강원도 지방양식
  - 〈금동관음좌상〉 ― 라마계 불상 양식

- 건축
  - 목조건축 ― 주심포 다포집계
  - 주심포 ― 기둥 위에만 공포를 배치. 간결, 단아, 정돈된 외관. 건물 전체의 구조적 아름다움
    - 부석사 무량수전 ― 정면 5칸, 측면 3칸 팔작지붕
    - 부석사 조사당 ― 정면 3칸, 측면 1칸 맞배지붕
    - 봉정사 극락전 ― 정면 3칸, 측면 4칸 맞배지붕
    - 수덕사 대웅전 ― 정면 3칸, 측면 4칸 맞배지붕 / 우미량
  - 다포 ― 공포가 기둥과 기둥 사이에도 배치, 창방 위에 평방, 우물천장
    - 심원사 보광전 ― 정, 측면 각 3칸의 팔작다포집
    - 석왕사 응진전 ― 정면 5칸, 측면 2칸 맞배지붕 다포집
  - 기둥 ― 배흘림 / 민흘림 / 원통형 / 도랑주 / 귀솟음 / 안쏠림 / 지붕은 안허리곡

- 탑
  - 고구려식 - 다각다층 — 월정사 팔각구층석탑
  - 백제식 - 결구식 — 장하리 삼층석탑, 월남사지 삼층석탑
  - 신라식 - 2층기단3층 — 개심사지 오층석탑
  - 고려식 - 다층 — 남계원지 칠층석탑
  - 라마식 - 복발형, 장식 — 경천사지 십층석탑, 마곡사 오층석탑

- 부도
  - 신라식 팔각당 형식, 기타 특수형(석종형, 석등형, 골호형, 석탑형, 사각당형)
  - 연곡사 동부도(팔각당 형식)
  - 정토사 흥법국사실상탑 — 대리석 지붕은 팔각당식, 탑신부는 편구형
  - 법천사 지광국사 현모탑

- 도자공예
  - 청자 ─ 장석유, 환원염, 해무리굽(월주요 영향)
    - 1기 — 초기청자 - 순청자시대
    - 2기 — 상감청자시대
    - 3기 — 남북요혼합기
    - 4기 — 쇠퇴기
  - 청자의 종류 — 순청자 / 상감청자 / 화청자(유리, 유표) / 철채청자(태토 + 철사칠 + 청자유) / 연리문
  - 〈순화 4년 명 항아리〉 — 당말 오대양식, 초기 청자 시기 / 자기 직전 그릇
  - 〈참외모양의 병〉 — 유색이 깨끗, 균열이 없다.
  - 〈상감청자〉 — 12세기 중엽 /
    반건조-문양 음각-백토, 자토 메움-초벌구이-청자유-재벌
  - 〈청자철화양류문병〉 — 화문청자계
  - 〈백자상감유로모란 문매병〉 — 청자태토, 능화형 상감, 12세기 중엽
  - 흑유= 흑색 — 철분이 많은 회유를 발라 산화염으로 구워 황갈색 기조의 발색 + 황색유를 두텁게 바름

- 금속공예
  - 범종 — 〈정풍 2년 명종〉 — 12세기 명문, 상대와 천판 사이 연판대 돌출,
    '범'자 배치, 비천 대신 여래좌상 등 고려 종의 특색 갖춤
  - 금고 — 금구, 반자, 판자 등으로 불리는 정고 = 징
  - 〈금동불감〉 — 고려 14세기 / 금동판 / 타출조각법
  - 동경 — 중국 모방양식, 송대 복고경 양식 따름
  - 정병 — 균형 잡힌 기형, 선화, 은상감, 강변추경 묘사

- 칠공예
  - 나전칠기 = 당대 평탈 장식법에서 출발
  - 대모 — 복채법
  - 〈나전칠기입국문경함〉 — 장방형 목심저피 칠기

- 회화
  - 실용적인 목적과 순수 감상 목적 제작
  - 영역 확산 / 문인 취향 소재로까지 확대
  - 이광필의 〈소상팔경도〉 = 12세기 후반 시화일률의 풍조 형성
  - 중국 문동과 소식의 호주죽파 묵죽화 유행
  - 북송대 이곽파, 남송대 원체화풍, 원대 고극공계 미법산수화풍 수용, 한국적 화풍의 형성, 고려 나름의 실경산수화 발전시킴
  - 이녕 〈예성강도〉
  - 〈어제비장전〉 ― 산수화 범주 중 가장 오래됨 / 서사적인 내용의 자연스런 전개 / 고원, 평원, 심원기 갖추어진 구도, 공간의 효율적인 활용 / 북송대 거비파적 풍조
  - 〈지장보살도〉 노영 ― 지장보살과 담무갈 보살의 모습, 고려 태조의 모습 / 금강산 실경산수를 압축표현 / 이곽파의 영향 / 행운유수묘, 정두서미묘
  - 〈기마도강도〉 이제현 ― 가늘고 여린 필선, 애매한 언덕묘사 / 여기화가의 표현법 / 굴절된 소나무 = 남송대 산수화 / 의복 등 원대 회화 영향
  - 〈수렵도〉 공민왕 ― 북종화 전통 / 중경에 공간적 여유, 대각선 넓은 공간성
  - 〈하경산수도〉 고연휘 ― 미법 산수화, 원대 고극공계 화풍 / 수묵 중심, 강한 필벽과 진한 묵법, 과장된 형태가 특징
  - 〈안향초상〉 ― 평정건, 홍포, 우안구분면, 반신상 / 전신사조 기운생동 / 철선묘와 고고유사묘
  - 〈수락암동 십이지신상〉 ― 이공린계 백묘화법

- 불화
  - 주제 ― 아미타상, 수월관음상, 지장보살상 외에 관경변상도, 미륵하생도
  - 〈아미타여래입상〉(1286) ― 삼곡 자세, 옷자락의 도식화
  - 〈수월관음반가상〉 서구방(1323) ― 화려하면서 품위 있는 색채, 섬세하고 정교한 의습 문양, 균형 잡힌 구성, 배경과 조화, 정병 / 복채법
  - 고려불화의 특징
    - 섬세하고 화려한 필치, 배채법
    - 상하 2단의 위계적 구도
    - 수월관음도, 아미타여래도, 지장보살도 중심
    - 아담한 소폭 크기, 14세기 원간섭기에 주로 제작 됨, 개인 구복신앙
    - 고려 탱화가 권문세족들의 개인 원당에 봉안된 것이다.
    - 내용은 구복 신앙적이며 형식은 호화롭고 권위적이다.

- 서예 ― 전기 서예 = 구양순 법 / 고려 말기 = 조맹부체, 인쇄 판각 = 구법 사용

7 조선 회화와 서예

- **초기 회화 경향**
  - 고려시대 축적된 중국 화풍 전승 / 회화관: 말기 사상, 공리적 가치관, 수기적 가치관 등 영향
  - 1. 북송의 이성, 곽희 화풍
  - 2. 남송의 마원하규 화풍과 원체화풍
  - 3. 명대의 원체화풍
  - 4. 대진 중심의 명초 절파풍
  - 5. 북송 미불, 미우인 - 원대 고극공 등의 미법 산수풍 / 일본 무로마치 시대 수묵화에 영향 미침

- **작가/작품**
  - 안견
    - 곽희파 화풍 토대로 마하파 화풍 종합 - 독자적 화파 형성
    - 일본 슈분파에 영향 미침
    - 양팽손, 정세광, 신사임당, 김시, 이정근, 이징, 김명국 등
    - 〈몽유도원도〉
      - 시서화 삼절의 종합예술, 유교사상 + 도가 사상 반영
      - 도연명의 〈도화원기〉와 관련 = 도가사상 반영
      - 유교사상과 대조를 이루는 개인적 자유 희구 = 노장사상
      - 고원과 평원의 강한 대조, 넓은 공간, 산들의 기이한 형태
    - 〈사시팔경도〉
      - 편파구도, 넓은 공간, 편파3단구도
      - 붓자국이 드러나지 않는 필묵법, 해조묘, 변화가 다양한 구륵법
  - 양팽손 〈사시팔경도〉 — 편파3단구도, 단선점준
  - 강희안 〈고사관수도〉
    - 명대의 원체화풍, 절파화풍 수용
    - 인물의 생동하는 표정, 거침없는 필묵법
    - 문인적 취향, 소경산수인물화
  - 이상좌 〈송하보월도〉
    - 남송 원체화풍, 마하파 영향
    - 부벽준 보이지 않는 특색
  - 이장손, 서문보, 최숙창
    - 고극공계 미법산수화풍 구사
    - 나지막한 언덕과 산, 짙은 연운, 적극적인 미법 구사, 가벼운 청록 설채법, 두드러진 대각선 구도, 활엽수, 침엽수 대조
  - 화원들의 실경산수화 전통
  - 인물화 — 최경, 안귀생, 배련
  - 영모화
    - 이암 — 단선점준 / 일본 소다쯔와 고린 등의 화가에게 영향 미침
    - 신사임당 — 단순한 주제, 간결한 구도, 섬세한 표현, 색채
  - 소상팔경도 형식
    - ① 편파구성
    - ② 점경의 사용
    - ③ 두 폭이 쌍을 이룬다.
    - ④ 전경, 중경, 원경의 명확한 구분

마·인·드·맵

- 중기 회화 경향
  - 의궤도, 계회도 제작
  - 4대전란 = 정치적 불안 = 은둔사상(어초문답, 어부, 조어, 탁족, 관폭, 완월 등 은둔생활 / 물소, 숙조도)
  - 1. 초기안견파 추종 — 김시, 기정근, O 흥효, 이징, 김명국
  - 2. 절파계 화풍 — 김시, 이경윤, 김명국
  - 3. 남종문인화 전래됨.
  - 4. 서정적 한국 영모화 — 김식, 조속
  - 5. 사군자 — 이정, 어몽룡, 황집중

- 작가/작품
  - 김시 〈동자견려도〉 — 절파풍, 인물 중심의 주제, 기울어진 주산의 형쾌, 흑백의 대조, 굴곡이 심한 소나무, 강한 필묵법
  - 함윤덕 〈기려도〉 — 소경산수인물화, 절파계 산수인물화
  - 이정근 〈설경산수도〉 — 안견화풍, X자형 구도, 특이한 주산형태, 거리감, 태세의 변화가 심한 구륵, 녹두색 위주의 설채법, 변화 있는 수지법
  - 이정근 〈미법산수도〉 — 대각선 구도, 근농원담의 묵법, 횡장한 미법, 남종화 옥우법
  - 이정 〈한강조주도〉, 〈산수도〉 — 안견파, 편파삼단구도, 절파풍 가미, 예찬의 간결한 구도
  - 이경윤 〈시주도〉 — 절파풍, 최립의 찬문, 최소화된 산수 배경, 소경산수 인물화
  - 이징 〈니금산수도〉
    - 안견파 + 절파 토대로 자신의 화풍 형성 /
    - 〈연사모종도〉 절파풍 사시팔경
    - 이금 : 채색에 쓰이는 금가루. 불화나 불경을 사경할 때 주로 사용하는 재료.
  - 김명국
    - 안견파 + 절파풍구사
    - 〈설중귀로도〉 대각선구도, 힘찬 수지법, 필묵법 = 광태사학파
    - 〈달마도〉 감필법
  - 이명욱 〈어초문답도〉 — 은둔자 생활, 오대당풍 의습선, 절로묘
  - 조속 〈노수서작도〉
    - 채색배제, 수묵 중심, 겨백활용, 먹선과 자연스런 농담변화, 생생한 표현
    - 서정적이고 회화성 강함
    - 세련된 구성미
  - 이정 〈묵죽도〉
    - 절파풍
    - 균형잡힌 포치
    - 농묵과 담묵의 조화, 힘에 넘치는 필력
  - 어몽룡 〈월매도〉 — 비백법, 몰골법, 농묵의 점법
  - 황집중 〈묵포도도〉 — 몰골법, 농담의 변화, 대각선 포치, 포도알의 입체감, 거침없는 필법
  - 절파 화풍
    - 특징 — 필묵기 거칠고 자유분방하며, 사생보다는 점경의 형식이나 묵면과 여백의 대비, 율동감 등을 강조한다.
    - 구도 — 남송 마하파의 영향으로 그림의 중심이 한쪽으로 치우치는 경향. 인물의 비중이 커진 점이 특징이다.

02. 한국미술사

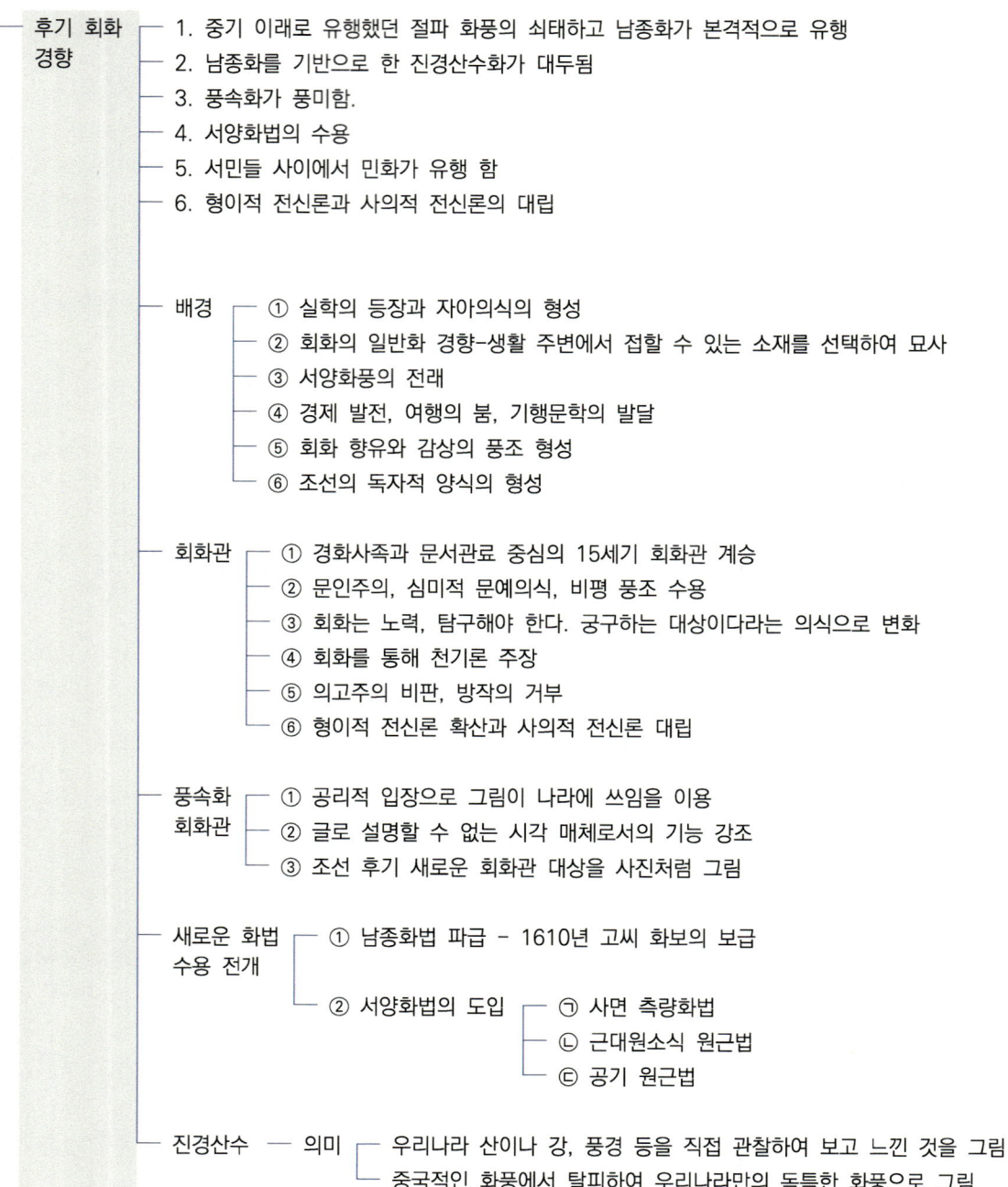

- 말기 회화 경향
  - 1) 중인 계층의 활동이 두드러졌으며, 서화를 즐기는 문화가 확대되었다.
  - 2) 중국 청대 정통파, 양주팔괴 등의 화풍과 화론을 수용하였다.
  - 3) 북학파 영향과 청조 문화를 적극 수용하였으며, 중국 송, 원, 명의 남종화가 계승되었다.
  - 4) 민화의 폭 넓은 보급이 이루어졌다.
  - 5) 이색적인 서구 감각의 화풍이 전개되었다.
  - 특징
    - ① 고증학과 금석학의 발달과 모화사상에 의한 회화
    - ② 중인 계층의 문화적 활동
    - ③ 청조 남종 화풍의 유행과 진경산수화풍의 쇠퇴
    - ④ 화원화가들의 활동
    - ⑤ 이색적인 화풍의 등장

- 작가/작품
  - 김정희
    - ① 왕희지체 학습, 금석학적 성과와 비학, 철학의 절충론으로 제시
    - ② 영역간의 조화, 정통 예술사에 대한 학습과 창신 노력을 통한 깨달음의 이상적인 서예론
    - ③ 청대 태창화파의 남종문인화론, 정섭의 묵란에 대한 이론을 통해 문자향 서권기로 대표되는 학문적 기반의 사의적인 회화론
    - ④ 전통에 대한 학습과 자연에 대한 체험 등을 아우르는 격물치지적 문인화론 제시
    - ⑤ 시서화 일치 사상에 입각한 철저한 이념미 추구(서화용필동론)
  - 김정희 〈불이선란〉
    - 형사를 거부한 문자향과 서권기
    - 수련과 연찬을 거듭하면서 삼전법(三轉法) 제시
    - 삼전법: 붓을 쓸 때 역입평출하여 세 번 굴리는 운필법, 난초 잎이 세 번 꺾인 듯한 리듬감.
    - "초서와 예서에서 기자(奇字) 쓰는 법"으로 묘사 함.
  - 〈세한도〉
    - 심의를 드러내는 간결한 필법과 고담한 묵법 중시
    - 청고고아한 그림
    - 원나라 문인화풍의 간일한 필치와 동기창이 즐겨 쓴 수지법을 구사함.
    - 갈필의 마른 붓질과 까슬까슬한 초묵에서 강조한 문기
  - 허련
    - 황공망(黃公望)과 예찬(倪瓚)의 화풍을 토대로 한 독자적인 남중화풍을 구사함.
    - 붓끝이 갈라진 거친 독필(禿筆)의 자유분방한 필치와 담채(淡彩: 엷은 채색)의 색감에서 독특하고 개성이 두드러진 화풍을 구사 함.
  - 조희룡
    - 글씨는 추사체(秋史體)를 본받았고, 그림은 난초와 매화를 특히 많이 그렸다.
    - 매화그림 중 그의 새로운 구도적 특징을 잘 나타내는 것은 길고 좁은 축화(軸畫: 두루마리 그림) 형식의 그림이다.
    - 비백법(飛白法)을 사용한 수간에는 역시 대조되는 윤묵의 짙은 점을 찍어 요소요소를 강조하였다. 매화꽃은 몰골법(沒骨法: 그림을 그릴 때 윤곽을 그리지 않는 화법)으로 그렸다.

- 개화기 미술 경향
  - 추사 일파의 문인화풍의 풍기
  - 신감각파 화풍의 등장
  - 도화서 화원들의 계속되는 활동.
  - 지방화단이 서서히 형성되어갔다.
  - 미술의 사회적 수요가 일어나 각 지방에서 갖가지 형태의 민화가 등장함.

- 조선 일반
  - 불교조각
    - 불법의 정신적 측면보다 형태의 형식적 측면 구현에 치중 / 대중 친화적 분위기
    - 흑석사 목조 아미타불좌상(1458) = 고려시대 불상의 형식
    - 상원사 목조 문수동자상(1466) 세조의 설화와 관련, 어린 동자의 모습
    - 경주 기림사 소조 삼신불좌상(16세기)
  - 칠공예 — 복채나 금속선 사용하지 않음
  - 화각공예 — 쇠뿔, 복채, 채화대모기술에서 발전
  - 건축 — 다포집, 주심포집 - 후기에 익공 / 후기 : 다포집, 익공집
  - 무위사 극락전 — 주심포, 맞배지붕
  - 주심포, 맞배지붕 — 우진각지붕 -초익공 양식
  - 화암사 극락전 — 다포식 맞배지붕, 하앙구조
  - 금산사 미륵전 — 다포식, 팔작지붕 -유일한 3층, 통층
  - 법주사 팔상전
    - 오층목탑, 팔상도, 통층식구조
    - 사천주와 귀틀구조
  - 수원화성 — 치성, 공심돈, 현안과 총안, 옹성
  - 석탑 — 만복사탑 / 원각사탑 / 여주 신륵사탑
  - 미의식 — 유교적 미의식
    - 과장과 허세 피함, 진솔하고 소박한 성격의 문화
    - 자연주의적 성향
    - 도가사상과 불교사상의 역할 - 산수화, 도자기 문양
    - 기예를 경시, 천시하는 풍조
    - 인쇄문화 발전
    - 중국의 영향 수용, 소화, 독자적 특성 발전 + 일본의 미술 발전에 영향 미침
  - 도자공예
    - 실용성과 견실성 중시, 든든한 기벽, 안정된 굽, 장식적 기교 없음
    - 청자
    - 분청사기
      - 인화문 / 박지, 조화문 / 철화분청 / 백토 분청(귀얄, 덤벙)
      - 감화문분청 — 무늬를 새기고 백토를 메우는 방식
    - 백자
      - 1250~1300℃, 고령토
      - 청화백자 — 코발트 안료(15세기 중엽)
      - 철화백자 — 산화철(석간주) 안료(일반화는 17세기 이후)
      - 순백자 — 조선 후기에 제작된 달항아리, 18세기에 제작된 백자 항아리의 전형

8 근대 미술

- **1910년**
  - 서화협회 : 1918, 안중식, 조석진
  - 식민미술사관 형성
  - 오세창의 「근역서화징」 : 서화 수집 및 분류, 연구
  - 서양화 ― 일본 유학생 ― 김관호, 고희동, 나혜석, 윤영기, 이종우, 이한복
  - 한국화 ― 채용신 ― 위정척사 사상과 사실주의, 근대적 전신사조
    훈염법, 육리문, 운염법, 태서법과 서양의 면 처리법을 병행

- **1920년**
  - 조선미술전람회(1922) / 동연사 결성(1923) / 녹향회 결성(1928)
  - 프롤레타리아 예술동맹 결성(1925)
  - 서양화 ― 양화계(洋畫界) 형성기
  - 한국화
    1. 전통 기법의 관념 산수 계승 ― 허백련
    2. 현실에 바탕을 둔 실경산수의 시도 ― 노수현, 이상범, 변관식, 이용우
    3. 색채 중심의 신감각 출현 ― 김은호, 김기창
    4. 동연사 중심의 수묵담채 고집 ― 이상범의 사경 산수
  - 조각 (근대 조각의 특징)
    1. 서구의 사실적인 조각 영향
    2. 일본 근대 조각과의 연계 속에서 전개된 새로운 조각 양식 전개
    3. 주제 면에서 인물의 흉상과 인체 표현치중
    4. 사실주의적 경향과 프롤레타리아 동맹 결성

- **1930년**
  - 사실주의 미학과 이념에 대한 화단의 배타성과 은밀하고 부드러운 사실주의 흐름으로 양분됨.
  - 민족주의 사상 확산
  - 조선 향토색 논쟁
  - 1932. 백우회(동경 유학 미술학도 모임) / 1934. 목일회 / 1936. 후스회 / 1939. 연진회
  - 서양화
    ① 해외에 나갔던 서양화가들의 귀국 : 장발, 이종우, 나혜석,
    ② 새로운 미술 단체 등장, 동경 유학생 급증
    ③ 아카데믹한 사실주의 화풍
    ④ 모더니즘의 화풍
      ㉠ 동경화에서 인상주의와 후기 인상주의 경향
      ㉡ 전위적 회화 - 야수주의 경향 ⇨ 구본웅
      ㉢ 추상미술의 선구적 화가 형성
  - 한국화
    ① 김은호 중심의 채색화 - 후소회(1936)
    ② 이상범과 청전화숙(1933) - 서양화풍의 도입
    ③ 허백련 중심의 연진회(1939) - 근대적 남종 화풍

- **조선 향토색 논쟁**
  - 일제시대 조선미술전람회의 아카데미즘이였으며, 조선의 특성은 반도라는 것을 말한다. 일본은 우리나라의 정체성을 반도적으로 규정하면서 단지 중국의 문화를 일본에 전해주는 통로로 여겼다. 이것은 일제가 우리나라의 정체성과 문화적 역량을 무시하려고 한 식민지주의적 발상이다.

  - 조선향토색 작품의 특징은 조선의 민속적인 소재들을 사용하거나, 문명발달 이전의 동양의 목가적인 산천과 그 속에서의 삶을 자연주의적인 형식으로 표현해낸 것이다.

  - 이는 명백한 위선으로서, 일본인 화가들의 향토성에 대한 요구는 농본주의를 권장하는 일제의 식민지 정책의 토대 위에서 전개된 것이었고 대부분의 작가들이 이로 인해 당시 피폐한 농촌의 현실을 외면하게 되는 등 심각한 문제를 낳게 되었다.

- **1940~50년/60년** — 앵포르멜과 기하학적 추상 계열이 유행하던 시기.
  해방, 전쟁을 겪은 세대의 정신 표현과 시대상을 다양한 표현주의적 경향으로 전개해 나갔다.

  - **서양화**
    - ① 국전 개막과 목우회
    - ② 이중섭과 박수근 등 이채로운 작가의 등장
    - ③ '모던아트협회', '신조형파', '창작미술협회'의 활동
    - 이들은 유럽의 입체주의나 야수주의의 절충적 양식을 선택

  - **한국화**
    - ① 백양회 : 1957년 결성된 중견 동양화가들의 모임으로 당시 국전 중심의 기성 화단에 반대하여 새로운 미술을 주장하였다.
      김기창, 김영기, 조중현, 박래현, 김정현, 천경자, 장운봉, 이남호, 이유태
    - ② 묵림회 : 1960년 동양화가들이 창립한 단체이다. 동양화의 순수한 전통정신을 견지하며 새로운 현대의 형식을 추구한다는 것을 목표로 함.
      서세옥을 주축으로 민경갑·정탁영·전영화 등

- **1970년** — 모노크롬 회화(단색 회화 – 한국적 미니멀리즘) 미술의 지방화 시대가 시작
  - ① 민전시대의 개막
  - ② 미술 개념의 확대
  - ③ 모노크롬 회화의 부상

- **모노크롬 회화 특징**
  1) 한국 모노크롬 회화의 특징은 바로 미적인 자율성, 순수화의 의지, 평면성의 확대
  2) 평면성, 탈이미지, 단색조라는 모노크롬 회화의 일반적 특성 이면에 앵포르멜이 가졌던 물적 체험, 기하학적 또는 개념적 작업에서 얻은 미술을 사유의 대상으로 바라보는 태도, 정신화된 공간으로서의 내재적 의미를 지닌 점.
  3) 한국 모노크롬 회화 특성은 '비물질성'이다.
  4) 우리 삶의 모습을 제대로 반영하지 못하고 미술과 현상 간의 올바른 연관 관계를 보다 구체적으로 현실에 반영한 것이 미흡했다.

- **1980년 민중미술 또는 민족미술**
  - **장점**
    - ⓐ 미술의 소통 기능 회복과 현실 인식 이념을 추구
    - ⓑ 민족미술의 재건 추구
    - ⓒ 전통의 새로운 해석과 함께 민중이 주체가 된 미술을 생산하고자 노력
    - ⓓ 모노크롬 미술과 형식주의 미술에 대한 비판
    - ⓔ 독재정치와 자본주의의 비판
  - **단점**
    - ⓐ 지나친 정치색 추구로 인해 미술의 기능을 축소
    - ⓑ 일반 대중과 소통이 부족했다.
    - ⓒ 목판화 중심으로 '장르의 단일화' 고집을 옹호하면서 현대미술의 생명이라 할 수 있는 미술의 실험적 확산을 저해했다.
    - ⓓ 민중이라는 대중의 계층으로부터 인정을 확보하지 못했다.

03 서양미술사

서양미술사 고대

- 구석기 미술
  - 생존을 위한 현세적 경향 / 주술적 의미의 용도 / 생활과 관련된 실용적 미술
  - (프) 라스코 동굴벽화 / (스) 알타미라 동굴벽화
  - 〈로셀의 비너스〉 : 부조 / 〈빌렌도르프 비너스〉 / 〈레스퓌그 비너스〉
  - 실물의 절반 정도의 크기, 흑색, 다산, 황갈색 색조가 단순히 순수한 고유색으로 채용됨
  - 동물의 형태를 조소적으로 보이도록 바위면의 요철을 이용하여 묘사함
  - 바위 표면에 선각, 채색 또는 조각

- 신석기 미술
  - 거석기념물 — 지배자의 권력 상징, 정착생활
  - 내세관, 추상적인 형태
  - 스톤헨지
  - 돌멘(고인돌)
  - 크롬렉(환상열석)
  - 인문도기 / 선문 도기 / 줄무늬 도기

- 이집트 미술
  - 사후 세계 중시 / 영혼불멸 사상 / 태양신 숭배
  - 회화
    - 관념적, 개념적, 규칙적 양식 — 눈에 보이지 않더라도 개념적으로 알고 있는 모든 모습 즉 인간 형상의 부분들을 가장 잘 표현해 내기 위한 방식
    - 중앙원근법적 표현
      - 주대 종소법칙(상대적인 신분의 차이를 표시함)
      - 정면성 법칙
      - 제작자 중심 비례
      - 병렬식 구도
      - 해석원근법 = 입체주의가 이용함
      - 〈네부문의 정원〉
  - 조각
    - 표면에 부조와 함께 문자를 병행하여 새김
    - 사실주의적 표현
    - 움직이는 동세 포착 = 정지된 화면
    - 정면성, 부동성
    - 회화적 부조로서 심조 / 인체를 육면체로 인식
    - 이크나톤 양식 (아마르나 양식)
      - 완전한 표현의 자유 허용
      - 지극히 사실적인 묘사, 관능적인 사실주의
  - 건축
    - 마스타바 - 피라미드 / 오벨리스크 = 상형문자(히에로글리프)
    - 신왕국시기 = 암굴
    - 신전 = 예배 장소 + 숭배 장소
    - 사치스럽고 정교한 미술

- 메소포타미아
  - 현실중시
  - 전쟁, 수렵 위주의 조형, 부조, 전투 장면
  - 순간 동세 포착, 사실적 드현
  - 유약벽돌 사용(초기 모자이크 양식) / 지구라트
  - 돌로 만든 조각상 〈아부신전의 조각상〉 = 기하학적이고 표현적인 특징

- 에게 미술
  - 크레타 / 키클라테스 / 미케네 문명
  - 크노소스 궁전 벽화 프레스코 = 사실적 벽화
  - 타출법에 의한 황금 가면
  - 상인방 위에 설치된 사자의 문

- 그리스 미술
  (신과 영웅, 인간의 이상적 아름다움 재현)

- 시기별 표현 특징
  - 기하학적 양식기
    - 도자기에 기하학적 무늬 새겨 넣음
    - 디필론 도기 / 동방 양식기
  - 아르카익기 (고졸기) B.C 8C~ B.C 480
    - 이집트 영향 / 소박미 / '아르카익의 미소'(표정 기입)
    - 엄격 / 정면성과 부동성 / 대칭적 균형 / 경직된 자세 / 소박함
    - 정면성이 강해 조각적인 깊이감은 다소 부족하지만, 단순 직립형에서 유기적인 인체 표현으로, 직선적이고 투박한 옷 주름에서 인체를 우아하게 드러내는 부드러운 표현 등으로 이행하는 과정
    - 흑화양식(프시악스) / 적화양식 / 단축법 사용
    - 쿠로스(남자 조각상), 코레(여자 조각상) = 완전한 입상
  - 클래식 전기 (숭고양식)
    - 위대함, 정확함, 규칙성, 이상적인 절대규범 / 캐논 등장
    - 형식과 조화 / 조화미, 이상미, 절제적, 함축성 있는 이상적 사실주의
    - 콘트라포스토 / 비애감의 표현
    - 〈크리티오스의 소년〉, 〈창을 든 남자〉
    - 대표 작가 : 미론 / 피디아스 / 폴리클레이토스
  - 클래식 후기 (우미양식)
    - 자연미, 유연미, 온화함, 다양을 통한 통일성
    - 아테네와 스파르타의 펠레폰네소스 전쟁기
    - 개인적 성향의 휴머니즘 성향
    - 〈크니도스의 아프로디테〉, 〈아폴론〉, 〈헤르메스〉
    - 대표 작가 : 프락시텔레스 / 리시포스 / 스코파스
  - 헬레니즘 (B.C 323~ B.C 31) (모방자 양식)
    - 알렉산드로스부터 로마의 이집트 정복기까지
    - 자연주의적, 현실주의적인 장식미 / 세속적, 감성적, 격동적, 극적인 표현, 화려미
      볼륨감 있는 조형에 의한 이상화 / 빛과 그림자의 강한 대조, 역동적인 힘
      사실주의에 입각한 표현성. 의상과 자세에서 적극적인 실험 정신. 인간적인 속성
    - 역동적인 자세, 극적이고 격렬한 움직임, 감정표현
    - 회화 — 극적인 주제, 격한 움직임, 명암의 효과,
              원근법에 의한 거리의 표현. 프레스코화 기법 사용
    - 조각
      - 초상 조각의 발달 / 숭고한 비장미
      - 밀로의 비너스 / 니케의 여신 / 라오콘 군상 / 〈크리시포스 두상〉
      - 리시포스의 영향 / 에우티크라테스, 다이포스, 보에다스 / 에우티키데스
  - 건축
    - 도리아식(파르테논) / 이오니아식(니케) / 코린트식(올림피아) / 박공(pediment), 엔타블라처
    - 트리글리프, 메토프, 프리즈, 아키트레이브
  - 히드리아 / 레키토스 / 크라테르 / 암포라 / 카일릭스 / 오이노코에

- 로마 미술
  - 그리스 미술 계승 / 대규모 실용적 건축 발달 = 아트리움(정원양식)
  - 공화국 시기 — 사실적 초상조각 / 프레스코 벽화 = 트롱프뢰유, 납화법 사용, 모자이크 장식, 사실적 풍경
    환상적인 이미지를 재현함. → 르네상스 시대 그로데스크 장식의 기원이 됨
  - 초기 제국시대 — 이상적 사실주의 / 인물의 개성적 표현 / 아우구스티누스, 아우렐리우스 / 개선문 /
    판테온 신전 / 콜로세움 / 수로교
  - 후기 제국시대 — 바실리카 양식 완성 / 콘스탄티누스(거대 조각) / 현세 중심의 초월적 세계로 지향 /
    폼페이 벽화(납화법)

2 중세

- 초기 기독교
  - 기독교 관념의 상징과 도상학의 발달, 단순화, 양식화의 경향
  - 카타콤 미술 ― 프레스코 기법
  - 건축 ― 바실리카 양식(로마 양식 계승, 장방형) / 신랑(nave), 앱스(apse, 제단이 놓이는 공간)

- 비잔틴 330~1453
  - 동로마 미술, 고대 로마 미술 및 헬레니즘 미술의 전통 + 고대 아시아, 사산조 페르시아의 영향
  - 동서 양식의 절충, 오리엔트의 사실주의와 서양 헬레니즘의 혼합
  - 중앙집중식 돔 형식으로 변화 / 거대한 돔, 모자이크 벽화, 이콘, 강한 종교적 색채, 화려한 색채 / 장식성
  - 신학자들의 사상, 종교회의의 결정 사항들을 신자들에게 미술의 언어로써 가르치고 유포할 목적
  - 익명적인 동시에 전통적인 성격을 지님

  - 대표성당 ― 성 소피아 성당 / 성 비탈렌 성당 / 성 마르코 성당 / 산 아폴리나레 교회

  - 건축 ― 펜덴티브 양식
    - 4~6세기 : 거대한 바실리카 양식
    - 6세기 이후 벽돌과 둥근 천장, 돔을 사용하였으며, 천장은 궁륭 양식 선호

  - 회화 ― 랭스화파 ― 사실적 경향의 수사본 채색화
    - 강한 종교적 색채(현세를 초월하는 비물질적인 영적 세계를 가시화하기 위한 수단)
    - 익명적인 동시에 전통적인 성격을 지님. 교훈보다는 예배적인 기능이 더 강했다.
    - 소재로는 색유리를 사용한 모자이크와 프레스코화가 주류

- 로마네스크 (650~1200)
  - 수도원 중심 문화, 조각의 종교적 효고를 살린 조각 중심
  - 형태표현은 자연법칙에 구애 받지 않고 재질의 이해
  - 표현주의적 왜곡과 양식화(데포르마시옹), 격렬하고 역동적인 법칙 적용
  - 팀파눔에 영광의 예수 = 생 트로핌 대성당

  - 회화 ― 프레스코 및 템페라 중심. 모자이크는 마룻바닥을 제외하고는 쓰이지 않았다.
    - 전반적으로 사실에 구애되지 않고 강한 색채와 힘 있는 도선을 구사하여 형태에 있어서 강렬한 표현력을 주고 있다.
    - 조각과 회화에서의 형태표현은 자연법칙에 구애 받지 않고 재질의 이해, 기능성의 존중, 강한 표현력 혹은 깊은 종교성을 그 특색으로 한다.

  - 조각 ― 일반적으로 사실미를 잃고 아르카익의 엄격성과 때로는 경직성을 보여주고 있다.
    - 후기에 풍부한 조각 장식이 시도됨
    - 도금과 착색 등으로 화려하게 채색함

  - 건축 ― 바실리카식 설계로 된 신랑은 천장을 석조 궁륭으로 바꿈
    - 단순 소박, 내부는 열주나 아케이드 등의 건축적 효과가 어두운 공간에 신비로운 분위기를 자아낸다.
    - 석조 양식, 반원형 둥근 아치, 원통교차 궁륭(valute, 배럴 볼트) 구조

  - 대표 성당 ― 세르넹 성당 ― 순례 양식
    - 외퉁 성당 ― 박공 심각(tympanum)에 '옥좌의 그리스도'가 주제로 등장
    - 더럼 성당 ― 교차 궁륭을 체계적으로 시공
    - 피사의 성당 ― 세례당은 비잔틴 양식과 로마네스크 양식
      - 내부 천장은 팀버루프(timber roof) 구조
      - 프레스코와 채색 사본, 타피스트리(tapestry)
      - 미니어처 ― 성서, 종교서의 필사본 삽화
    - 생피에르 수도원 ― 프랑스 남부 무아삭 지역. 수도원의 중정을 둘러싼 클로이스터 공간 조성.

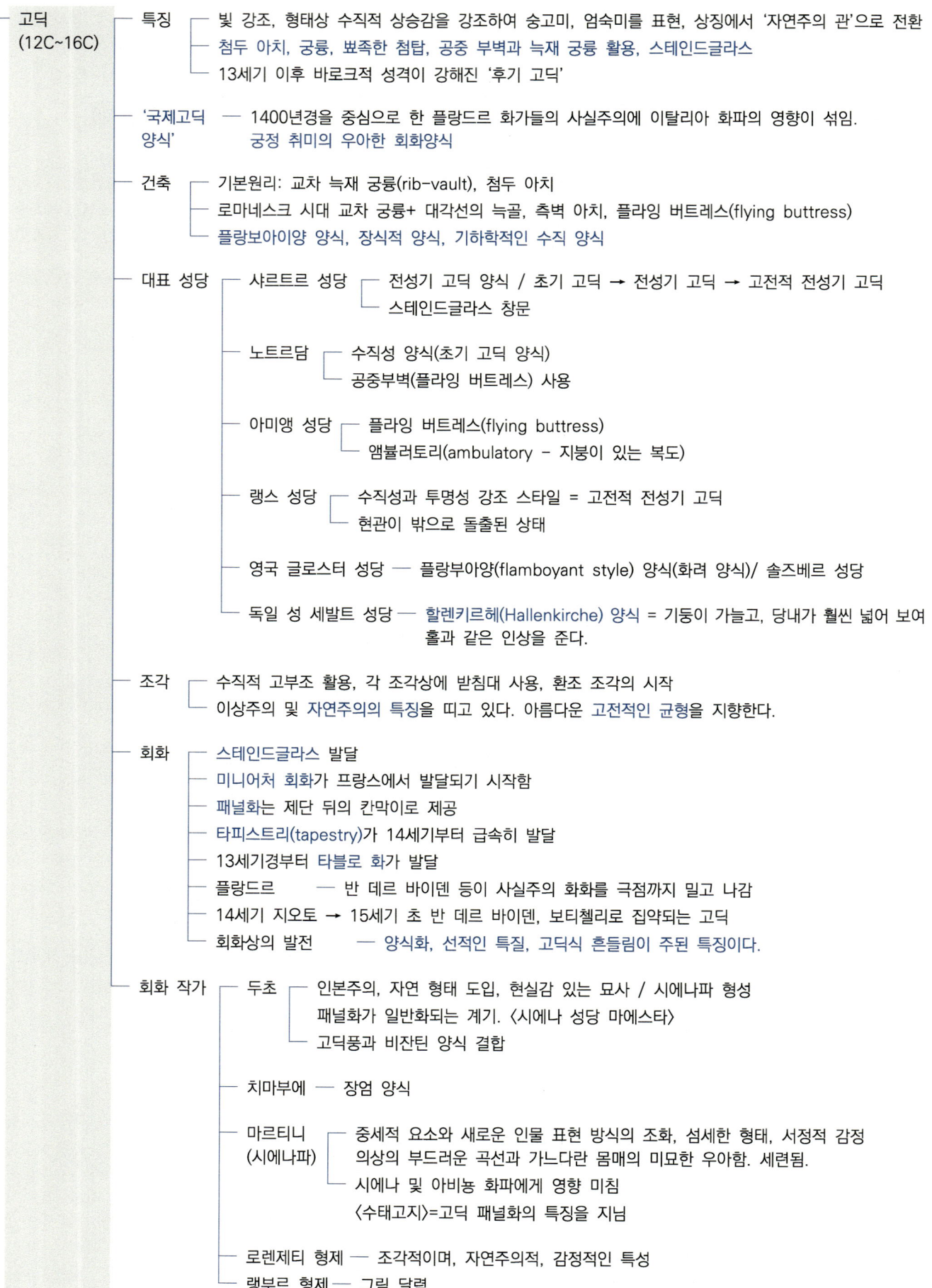

3 르네상스

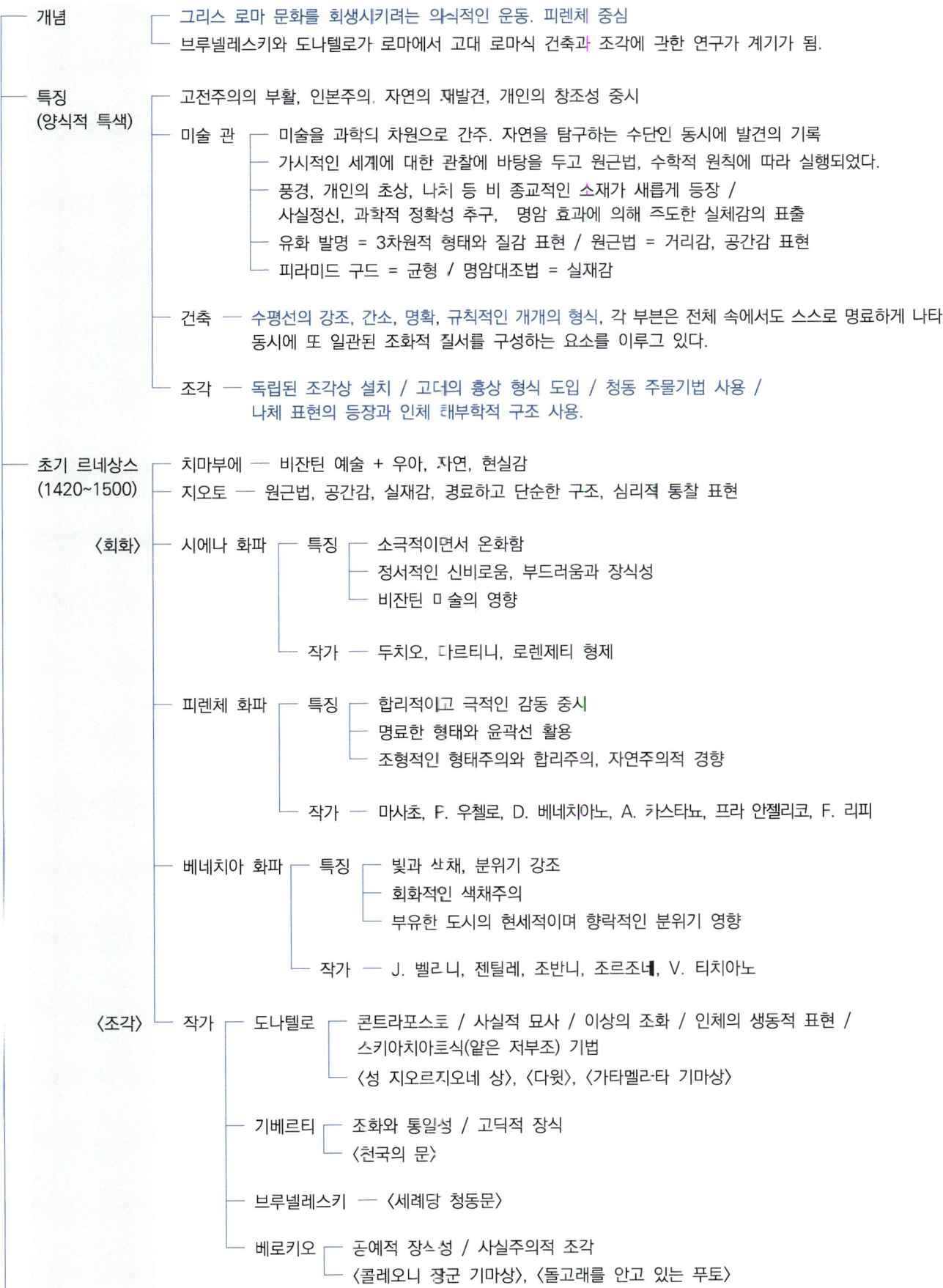

- 중기 르네상스
  - 마사치오
    - 기하학적 원리, 인체 해부학, 선원근 적용
    - 그리자유 기법과 연극적 요소 도입
  - 보티첼리
    - 신플라톤 주의, 고대 신화 부활 / 알레고리 적용
    - 〈봄〉 ― 원근법, 명암법 제거 / 실제감 없음 / 선과 색으로 이상적 아름다움 표현
  - 베네치아노 ― 색채 중심, 원근법, 자연 광선
  - 안젤리코 ― 원근법과 음영법
  - 프란체스카 ― 원근법과 해부학
  - 우첼로 ― 원근법, 투시도법, 균형
  - 만테냐 ― 파도바파 / 단축법 / 지렁이 시점
  - 기를란다이요 ― 플랑드르 사실주의적 경향

- 전성기 르네상스 (1500~1540)
  - 다빈치, 미켈란젤로, 라파엘로, 티치아노, 코레조, 조르지오네, 뒤러, 홀바인 등
  - 다빈치 ― 명암법, 투시원근법, 스푸마토, 색채 원근법
  - 미켈란젤로
    - 고전 조각의 조형기법, 정신성 강조, 이상과 사실의 조화 / 균형, 도덕적인 이상상
    - 〈시스티나 성당 프레스코〉 =대규모 천장 프레스코, 그리자유 기법
  - 라파엘로
    - 고전주의, 온화, 자연스러움, 균형미, 이상주의
    - 〈아테네 학당〉
  - 브라만테 ― 성베드로 대성당의 쿠폴라(건축)

표현 기법의 특징

- 전성기 베네치아파
  - 회화적인 색채주의를 채택 / 북방의 고딕 양식의 영향 받음 / 만년에 들어서면서 매너리즘의 화풍 보임
  - 작가
    - 조반니 벨리니
    - 지오르지오네 ― 빛과 색채, 분위기 상승 효과
    - 티치아노 ― 초상화, 색채구성, 근대 회화의 중심적 사고방식
    - 틴토레토 ― 극적인 단축법, 강렬한 에너지, 혼란스럽고 극적인 동세, 불안한 심리적 동요 표현
    - 베로네제, 구아르디, 카날레토, 안토니오 알레그리(코레조), 페테리코 추카리

- 북유럽 르네상스
  - 인쇄술 발달, 종교개혁 / 현실적, 시민, 농부 중심 묘사 / 정교한 사실묘사, 나무판에 유화
  - 플랑드르지역 (벨기에, 네덜란드)
    - 플레말레 대가(로베르 캉팽)
    - 반 아이크 형제 ― 대기원근법 / 빛과 색채 효과
    - 브뤼겔 ― 농민의 생활
    - 로제르 반 데르 바이덴 ― 사실주의
    - 봇슈 ― 환상의 풍경, 교훈화
  - 독일 르네상스
    - 그뤼네 발트 ― 〈이젠하임 제단화〉
    - 뒤러 ― 세밀화
    - 홀바인 ― 영국 초상화, 세부 묘사
    - 알브레히트 알트도르퍼 ― 풍속화
    - 크라나하 ― 신비주의

- 이탈리아 르네상스
  - 특징
    - 이상적 아름다움의 추구, 균형과 완결성 강조
    - 과학적·이론적 법칙 강조
  - 주제
    - 구교 중심의 종교화, 신화
    - 신플라톤주의적 영웅 묘사
  - 매체 ― 프레스코, 템페라, 유화

마·인·드·맵

- 북유럽 미술
  - 특징 — 주변 생활에 대한 현실적인 묘사 중시
    정밀한 관찰에 의한 사실적 묘사, 세밀 묘사 중시
  - 주제 — 일상의 장면, 종교적 장면
    정치인, 부유한 시민, 농부, 사냥꾼 등 현세적 인물 묘사
  - 매체 — 나무판 위 유채, 동판

- 매너리즘
  - 주지주의적, 주관주의 양식
  - 폰토르모, 브론치노, 바사리, 첼리니, 단마나티, 잠 볼로냐, 파르미자니노
    잠 볼로냐의 〈사비니 여인의 납치〉는 '피구라 세르펜티나타' 방식의 표현을 한다.
    = 한 시점에 머무르지 않고 조각상을 돌아가며 관람하도록 이끈다.
  - 특징 — 불안감, 신비감, 몽상적인 분위기, 기괴한 배경, 과장된 인체 비례 = 파르미자니노, 틴토레토,
    코렛지오, 엘 그레코

4 바로크(1580~1730)

- 특징
  - 고전주의를 벗어남. 남성적. '불규칙한', '변덕스러운', '현란한' 의미
  - 풍요함과 활기에 넘쳐 흐르는 것, 힘찬 동세, 격렬히 불타오르는 감정, 장중함, 철저한 현실주의
- 양식적 특징
  - 양감, 광채, 역동성에 호소하며, 과격한 운동감과 과장, 극적인 효과를 특징으로 한다.
  - 대각선 구도와 원근법, 격렬한 명암대비, 단축법, 눈속임 기법의 사용
  - 장대한 공간감 / 색채와 음영의 강한 대비 / 자유롭고 대담한 붓질
  - 세속적, 현실적 주제
- 비교
  - 르네상스
    - 정온, 간소, 억제
    - 완결과 원만
    - 다원성과 명료성
    - 종교화, 이상주의
  - 바로크
    - 풍요, 활기, 힘찬 동세, 격렬한 감정
    - 운동과 생성
    - 통일성과 불명료성
    - 풍속화, 풍경화, 초상화, 현실주의
    - 바로크 건축 : 거대한 양식, 곡선의 활용, 자유롭고 유연한 접합 부분이 부각됨
- 종교개혁과 반종교개혁의 대립
- ① 이탈리아 바로크
  - 구교 중심 / 고전주의적 + 사실주의적 공존
  - 작가
    - 카라밧지오 — 강한 명암대비(테너브리즘) / 사실주의, 자연주의 / 자연 관찰 강조
    - 피에트로 다 코르토나 — 궁전의 천정화
    - 지오반니 바티스타 가울리(바시치오) — 대담한 일루져니즘
    - 루도비코 카라치 — 아카데미 계승
    - 젠틸레스키 — 페미니스트
    - 베르니니
      - 자연 채광 활용 / 격렬하고 과장된 포즈 / 인물의 동세로 표현 / 대상의 순간 포착
      - 주변 공간과 배경의 활용 / 감각주의적 / 기념비적, 장식적 경향
- ② 네덜란드 바로크
  - 사실감, 소박함, 일상생활, 소망, 인간의 정을 주로 묘사
  - 작가
    - 할스 — 알라 프리마 / 동세 / 붓터치 / 순간적 포착, 생동감 있는 표현
    - 렘브란트
      - 자화상과 장식적 정물화
      - 인간 내면의 표현 / 정신적 가치 표현 추구
      - 대담하고 두꺼운 붓질 / 물감 층에 의한 임파스토
      - 강한 명암 대조법 / 브러시 스트록, 언더페인팅, 그리자유, 플라트르 기법
    - 페르메어
      - 서민 중심의 실내 풍경, 일상적, 평범한 주제
      - 공간의 깊이 / 시각적 일루젼에 의한 극도의 사실주의
      - 임파스토 + 글레이징 / 카메라 옵스큐라
    - 호베마 — 풍경화 독립 장르로 표현
    - 로이스달 — 우울한 풍경 / 영국 자연주의와 낭만적 풍경화에 영향 줌

마·인·드·맵

- ③ 플랑드르
  (벨기에,
  남부 네덜란드)
  - 에스파냐의 궁정취향, 가톨릭적 심미관 / 추리게레스코 양식과 결합 / 사실주의 경향 / 현실적인 의식 / 사치스런 미감
  - 작가
    - 루벤스 — 풍부한 색채, 화려한 색, 생동하는 필력 / 역동적인 화면, 고전적인 화풍
    - 반 다이크 — 우아한 초상화

- ④ 스페인 바로크
  - 로마 교황청 예술 + 일반 서민을 위한 현실주의 공존 / 사실적, 존엄성 중시
  - 작가
    - 엘 그레코
    - 리베라
    - 벨라스케스 — 대상의 가시적 재현에 비중 / 사실주의적 관조 / 세속적 / 현실적 소재 포착 / 색과 빛에 의한 묘사 중시 / 윤곽선 묘사와 공기 원근법
    - 수르바란 — 경건주의 / 강한 명암 대비
    - 에스테반 무리요

- ⑤ 프랑스 바로크
  - 웅장, 장엄, 푸생 중심의 고전주의 전개 - 후에 경박한 로코코로 이어짐
  - 루이 왕정의 미술, 질서, 안정, 증식, 신화적 요소 추구
  - 작가
    - 푸생
      - 철저한 소묘, 지적이고 절제된 색채와 구도 / 형태와 색채, 이상과 현실의 조화 추구 / 수학적 비례, 이성 중심
      - 〈아르카디아에도 나는 있다〉는 메멘토 모리(Memento Mori, 죽음을 기억하라. 주제는 누구나 꿈꾸고 열망하는 이상적인 곳도 죽음은 항상 존재한다.
      - 푸생의 조형 이념은 프랑스 아카데미 화풍에 영향을 미쳤다.
    - 조르주 드 라 투르 — 단순하고 강력한 화면 구성 / 광원 도입

- ⑥ 바로크 조각
  - 루이 14세 양식
  - 지라르동, 퓌제, 코와즈보, 튜비

03. 서양미술사

5 로코코 / 계몽

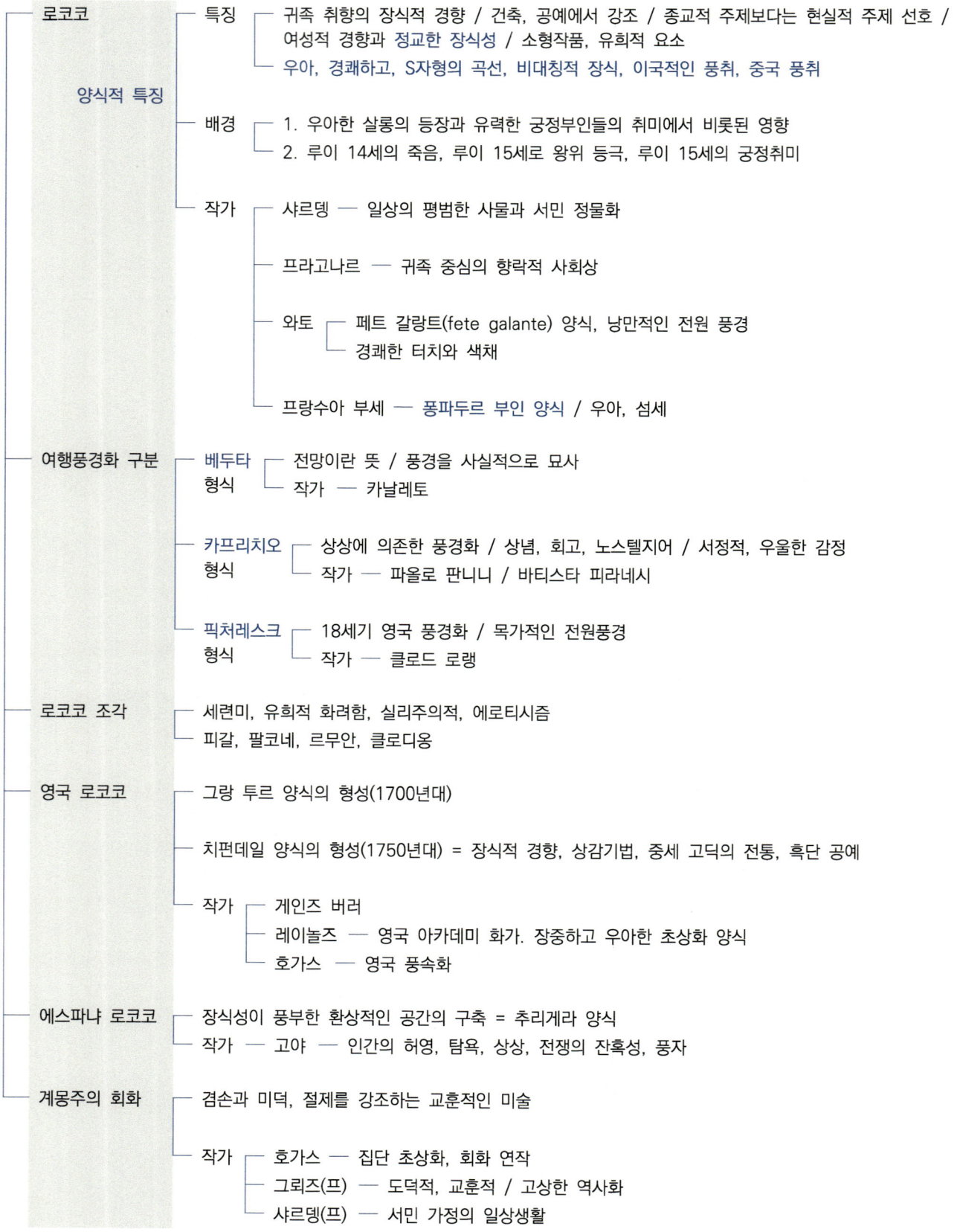

6 신고전주의 / 낭만 / 사실

- 신고전주의
  - 배경 ─ 로마의 유적이 발굴 / 그리스 문화의 재발견 / 로코코 양식의 번잡스러움에 반발 / 프랑스 혁명
    루이 14세 그랜드 매너에 대한 향수, 푸생의 고전주의에 대한 회귀 /
    '고대 로마적' 덕성을 세우고자 하는 욕구
  - 특징 ─ 명확하고 단정한 윤곽선, 입체적인 형태의 완성, 명확한 형태미 추구
    - 정연한 통일과 조화, 표현의 명확성, 형식과 내용의 균형 엄격하고 균형 잡힌 구도
    - 정확성 중시. 합리주의적 미학에 바탕을 둠.
    - 역사적, 종교적, 교훈적, 영웅적 주제
  - 작가 ─ 다비드 ─ 프랑스 혁명, 나폴레옹 등과 관련이 깊다.
    엄정한 고전적 사실로서 역사화, 전쟁화, 초상화를 그림. 고대 조각의 조화와 질서 중시.
    - 앵그르 ─ 해부학적인 구조를 무시한 관능적인 누드화. 마니에르스모(manierismo) 양식이 뚜렷함.
    - 반델린, 멩스, 장 그로
  - 신고전주의 ─ 지나치게 사실적이고 잘 다듬어진 표현 / 정적이고 보편적이며 이상화된 양식
    조각   └ 작가 ─ 으동 / 카노바 / 단 덱커, 토르발센

- 낭만주의
  - 배경 ─ 고전주의의 차가움, 형식 존중에 반동 / 프랑스 혁명과 산업혁명에 대한 불안감
  - 특징 ─ 개성 존중, 자아의 해방 주장, 상상, 무한한 것 동경, 주관적, 감정적 태도
    - 자유 분방한 색채, 유동적인 필치, 동감에 찬 구성을 갖춘 영웅적 작품 추구
    - 개인적 감성과 색채를 강조 / 극적인 주제, 파격적인 역동적 구도, 인간의 감정
  - 작가 ─ 제리코
    - 들라크루와 ─ 장엄양식(Grand manner)의 마지막 대변자. 문학적 상상력. 어둡고 풍부한 색채
    - 고야, 터너, 도미에
  - 낭만주의 ─ 개성, 유형보다는 성격을 존중 /
    조각   자아의 감흥, 상상력, 자연의 숭고함, 자유와 사랑 등 끊임없는 감정 표현을 숭배
              └ 작가 ─ 뤼드
                      └ 카르포

- 오리엔탈리즘(orientalism) = 동방취미

- 옥시덴탈리즘(Occident) = 동양의 관점에서 서양을 적대시

- 독일 낭만주의 ─ 명상적이고 신비적인 낭만주의, 상징적, 반고전주의적, 자연계에 대한 주관적 감정에 대한 응답으로서의 풍경
  - 프리드리히 ─ 숭고미의 표현
  - 풍경화가 종교 계시의 전달 수단이 될 수 있음을 보여주었다.

- 라파엘 전파 ─ 아카데믹한 예술에 반항한 혁신 운동
  (이상주의) ─ 라파엘로 이전 시대로 돌아가고자 하는 의도. 진실과 자연의 영감을 중시함.
  (중세주의) ─ 면밀하고 사실적인 수법 사용. 자연주의적인 세부 묘사에 중점. 장식적인 요소의 필요성 주장
              ─ 중세적, 도덕적, 문학적인 소재를 생생한 색채로 묘사, 인위적인 상징주의 추구
              ─ 윌리엄 홀먼 헌트, 존 에버릿 밀레이, 윌리엄 모리스, 단테 가브리엘 로제티
              ─ 존 윌리엄 워터 하우스, 에드워드 반-존스

03. 서양미술사 159

- 자연주의 — 보는 그대로를 충실히 재현하려는 예술 제작 태도, 자연미의 탐구와 존중, 이상주의에 대한 반발
  자연 대상의 아름다움 추구

- 영국 자연주의
  - 픽처레스크 양식
  - 대기와 빛을 주된 소재로 야외 사생
  - 작가
    - 컨스터블 – 자연의 세밀한 묘사, 자연스러운 화면 처리는 신고전주의 방법론에 영향받음
      아마인유 + 송진 + 강렬하고 표현력 강한 색조.
      바르비종파와 프랑스 인상주의에 영향을 주었다.
    - 터너 – 고전주의적 풍경화 → 자연주의적 풍경화 → 낭만주의적 풍경화로 변화함
      독창적인 구도와 원근법이 기존의 화풍과 다른 모습을 보여준다.
    - 토머스 존스 / 톤 로버트 커즌스

- 프랑스 자연주의 (바르비종파)
  - 퐁텐블로 숲 외곽의 바르비종
  - 고전적이고 낭만적인 자연관을 거부 /
    사실주의와 인상주의로 넘어가는 가교
    서정적이고 사실적인 전원 묘사 / 야외 사생
  - 작가 — 밀레 / 코로 / 루소 / 도비니 / 뒤프레 / 디아즈

- 유미주의
  - '예술을 위한 예술', 조화, 암시, 관조적인 감정을 강조 / '무관심' 혹은 거리감을 유지할 것을 요구
  - 번 존스, 앨버트 무어, 귀스타브 모로, 르동, 제임스 에벗 맥닐 휘슬러

- 사실주의
  - 현실의 사실을 있는 그대로 묘사 / 일상적 소재와 풍속 / 사회 비판적
  - 쿠르베, 도미에, 밀레
    *쿠르베의 전통 수용 – 사실주의, 환영주의, 원근법 주의, 집단 초상 형식, 사회 의식, 전통적인 종교적 주제
       전통 부정 – 역사화에서 주로 사용하는 삼각형 구도 거부, 화면 속의 중요 인물과 주제 파악이 모호한 묘사
       켄버르를 구성하는 새로운 방법, 진부한 현실을 사실 그대로 제시 함.
       깊이감 없는 촘촘한 구성, 평형한 캔버스 처리

- 유물주의
  - 이상주의와 낭만주의를 배격 / 미술과 개인의 정체성이 경제적, 사회적 요인들에 의해서 결정되는 방식을 비판
  - 쿠르베, 도미에, 드가, 앙리 팡탱 라투르, 밀레, 제임스 티소

7 현대 미술 Ⅰ 【모더니즘 미술 (19세기~20세기 초)】

- 미술
  - 낭만주의와 리얼리즘에 대한 반작용
  - 실험적이고 전위적이며 새로운 자체를 절대적 가치로 여긴다.
  - 이전 미술에 대한 의도적 파괴를 추구한다.
  - 예술을 위한 예술을 추구하며 형식주의 미학을 추구한다.
  - 각 예술간 경계를 설정하고, 개별 예술의 자율성에 주목한다.
  - 매체 사용의 증가와 표현 형식의 다양성을 추구한다.
  - 일상성과 무관한 '자기 지시적' 관점을 추구한다.

- 사상적 토대 — 니체의 허무주의 / 마르크스 유물사관 / 프로이트의 정신분석학 / 그린버그의 형식주의

- 인상주의
  - 시대적 배경
    - 자포니즘의 관연
    - 사진기의 발달로 인한 미술의 초상화적 기능의 쇠토
    - 현대 시민사회의 형성과 광학의 발달
    - 고전주의 역사화에 대한 반발
  - 사회·경제적 배경
    - 시민 혁명이후 자유주의 사상, 당시 전위예술의 활등에 적합한 풍토 형성
    - 산업혁명 이후 경제 구조의 근대화, 경험론 옹호 = 현세와 찰나 중시
  - 과학적 배경
    - 사진기 발명 = 빛을 그림 / 광학, 색채학 발달 = 스부릴, 보색 잔상
    - 튜브물감의 발명 = 야외 제작
  - 미술사적 배경
    - 낭만주의 영향 = 아카데미에 대한 자율성 도입, 낭만주의 기본 이념에는 반대(사실주의적 태도 취함)
    - 낭만적 풍경화 = 야외 빛, 대기 표현
    - 일본 우끼요에 = 평면적 화면, 원색의 색, 예술과 생활의 융합
    - 사실주의 = 이상과 신화보다 자신의 시대 중시
    - 고전주의 역사화에 대한 반발 / 마네의 낙선전
  - 특징
    - 미술 이외의 다른 가치기준들의 예술에 관여하는 것 금지
    - 비례, 균제, 규칙성 등의 기하학적 법칙들을 거부한다. / 전통적 방식의 윤곽선 거부
    - 음영은 회색이나 검정색이 아니라 대상의 보색으로 칠해지고 윤곽선 배제.
    - 대상의 입체감 상실 / 고유색 부정, 순간의 색차 변화 /
    - 색조 분리 법칙(자연의 빛을 붓자국으로 성실하게 캔버스에 옮기는 것)
    - 자연 객관적이며 과학적인 정신에 의해 기록하는 사실주의 태도에 동조함.
    - 망막의 실제 이미지를 재생하고 밝은 광선에 비친 생생한 장면의 등가물로 표현
      따라서 빛과 대기의 회화, 지시색과 반대색의 회화가 됨
    - 형태 구성을 피하고, 마치 카메라가 우연히 한 장면을 찍은 것처럼 즉각적인 시각적 인상의 효과를 전달하려고 함
  - 작가
    - 마네
      - 비판철학과 관련된 미술제시, 원근법 파괴, 평면성 시작, 사회적 병리현상 언급
      - 평면 회화와 빛과 색의 가치에 대한 리얼리티 추구
    - 마네의 전통 수용 – 역사화, 낭만주의 방식, 맥락 인용
      리얼리스트 시각의 수용(감정 이입 배제, 냉정한 관찰자 시각으로 묘사함)
      전통 부정 – 현대성(공들이지 않은 화면 마무리), 사회, 문화의 지배적 가치에 대한 비판
    - 르누아르
      - 낙천적인 즐거움, 색채 분할 기법
      - 검은 음영과 윤곽선을 배제하고 '색채 분할 기법', '점묘법' 도입
    - 드가 — 움직이는 대상을 순간 포착, 파스텔 사용, 고립된 노동, 무익한 위안,
      도시인의 소외, 근대인의 외로움, 공허 표현
    - 모네
      - 연작그림 = 추상미술의 모티브 / 알라 프리마 기법, 공기 원근법
      - 팔레트 위에서 물감을 섞지 않는 대신 색채를 분할하여 공간을 해체하는 인상주의 기법의 전형을 마련함.
    - 시슬레 — 순수 풍경화
    - 피사로 — 농촌의 산업화, 현대화
    - 베르트 모리조, 마리 커셋 등 여성화가

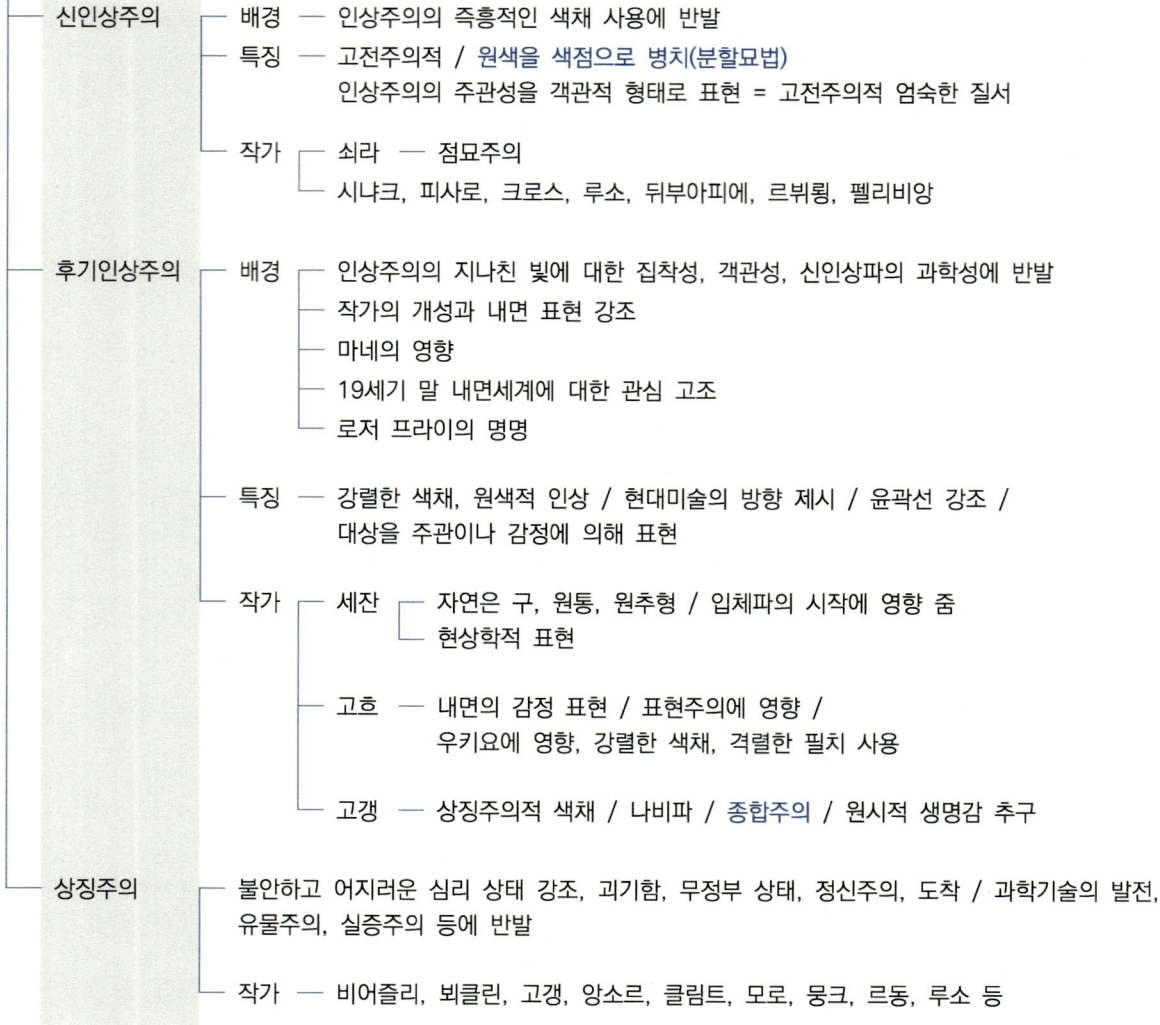

8 19세기와 20세기 조각

- 초기 모더니즘 조각
  - 배경
    - 경험론적 사실주의로 인해 이상적 표현에서 벗어나 작가의 정서와 사상을 반영한 생동감 있는 인체 표현
    - 산업의 발달과 기능적 건축 양식의 등장
  - 특징과 경향
    - 로댕 중심의 생생한 조각과 생기론(앙리 베르그송)적 입장의 조각
    - 화가들이 조각을 표현 형식의 확장으로 보고 독특한 조형 세계를 구축
    - 인간 정신과 내면적 표현
    - 렘브르크, 바를라흐 — 독일 표현주의의 대표적인 조각가. 암울한 시대의 우울과 분노를 표현
  - 작가
    - 로댕
      - 사실주의 / 현실 자체의 인간들을 조각
      - 기계적, 외형적 사실에서 벗어나 부분적 강조와 생략을 활용
      - 인간 내면의 정신성과 생명력을 강조한 표현
      - 미완성적 표현, 부분의 강조와 생략
      - 작가 정신과 감성 중시
    - 부르델
      - 조각으로서 '구조의 본질'을 탐구
      - 고대 아르카익적 미에 관심
      - 구조적 공간감과 웅장함, 엄격한 형식미, 고전주의적 질서와 견고함
      - 남성적인 표현, 강한 운동감
    - 마이욜
      - 여체를 통한 자연성, 생명력 표현
      - 그리스 아르카익 조각의 영향
      - 견고한 윤곽, 매끄러운 표면, 부드러운 곡선과 덩어리, 풍부한 양감
  - 독일 표현주의
    - 특징
      - 다리파와 청기사 그룹이 주축이 되어 기틀을 마련함.
      - 고갱, 뭉크, 고흐 등의 영향, 고딕적인 목조와 흑인 조각 영향
      - 19세기 말 비스마르크의 급진적 공업 정책으로 인한 산업화와 도시화
      - 불안, 빈곤, 퇴폐라는 비참한 사회 현상을 도함함.
      - 전쟁으로 인한 충격적인 환경에 놓인 인간의 내면 의식과 심리 상태.
    - 렘부르크
      - 조각의 조형 원리 중 가장 중요한 것은 비례라고 주장.
      - 견고한 표면과 단순한 윤곽 / 고딕적인 신체
      - 제1차 세계 대전에 놓인 유럽 젊은이의 운명을 상징함.
      - 전쟁으로 인한 정신적 고통과 고뇌에 찬 현실에서 벗어나고자 하는 욕망 표현
    - 콜비츠
      - 가난한 노동자들과 함께 생활하면서 비극적·사회주의적 테마의 연작을 발표
      - 억압속에서 착취당하는 민중을 표현하였다.
      - 20세기 독일의 대표적 판화가
    - 바를라흐
      - 인간의 순박함과 그 순박함 속에 녹아 있는 삶에 대한 인내
      - 완전한 정신성을 표현하기 위해 누드 보다는 의상을 걸친 농부, 도시사람.
      - 고딕적 형태나 중세의 이미지 선호함.

9 20세기 초 미술 1

- **야수파**
  - 배경 — 인상주의의 진취적 정신 + 후기인상주의의 주관적 감성표현 + 독일 표현주의의 직접적 감정 표현 + 원시미술에 영향 받음
  - 특징 (조형적특징)
    - 대담한 변형과 단순화 / 강렬한 원색과 자유로운 필치, 선의 사용
    - 색 : 평평한 색조, 강렬한 원색, 빨강과 녹색의 지배적인 사용
    - 선 : 자유로운 필치, 윤곽선
    - 형 : 윤곽선에 의한 형태의 단순화, 변형된 형
    - 공간 : 색채만으로 이루어진 공간구성, 명암이 제거된 평면적 공간
  - 작가
    - 마티스
      - 단순화, 변형, 강렬한 원색, 장식적, 이국적(엑조티시즘)
      - 주제 — 생의 기쁨과 환희, 낙관성
      - 데쿠파주, 데포르마시옹
      - 기하학적 추상, 쉬포르 쉬르파스의 패턴 페인팅에 영향. 추상표현주의, 색면 추상에 영향 줌
    - 드랭 — 원색점, 점묘
    - 루오
      - 굵고 검은 윤곽선, 마티에르, 종교적 주제
      - 중후한 마티에르와 자유롭고 힘찬 선의 울림
      - 사회의 밑바닥에서 생활하는 사람들 표현
    - 블라맹크 — 직관이 예술의 기초를 이룬다.
    - 뒤피 — 장식적 양식

- **표현주의**
  - 독일 / 헤르바르트 발덴이 창간한 잡지 〈폭풍〉에서 명명 / 빌헬름 보링거가 1911년 《슈투름》지에서 처음 사용함.
  - 1. 르네상스 이래의 전통적 사실주의, 아카데미즘, 인상주의에 대한 반동으로 일어남
  - 2. 넓은 의미로 형태나 색채의 데포르마시옹, 왜곡을 통한 내적 정서나 감정을 자유롭게 표현하는 미술-바로크, 낭만주의, 야수주의 신표현주의
  - 특징
    - 내면의 감정을 주관적으로 표현, 시대정신 표현 / 색채와 형태의 과장, 왜곡
    - 외계의 시각적 현상이나 객관적 질서에 대한 재현적 묘사 거부, 작가 자신의 정신적 체험, 주관적 판단에 의거한 대상의 본질을 직접적으로 표현.
    - 단순한 형태와 강렬한 색채 강조
  - 작가
    - 뭉크
      - 생과 사, 사랑과 관능, 공포와 우수
      - 강렬한 색채, 역동적인 선
    - 키르히너
      - 아프리카 조각 형태 수용, 형태의 변형, 과장
      - 다리파 창설
    - 놀데 — 종교적 주제, 원시적 육감성 / 수채화, 목판화, 에칭
    - 클레 — 현대추상회화 시작, 초현실주의
    - 샤갈 — 데페이즈망 기법, 데콩포제, 데포르마시옹
  - 맥락
    - 다리파(1902) 키르히너, 놀데 - 청기사파(1911) 칸딘스키, 마르크
    - 1937년 나치의 〈퇴폐미술〉전 개최로 종말
    - 제2차 대전 이후 유럽의 타시즘, 미국의 추상표현주의 등에서 거친 표현적 마티에르, 자유로운 형태 및 색채에서 계승
    - 1970년, 80년대 신표현주의, 트랑사반구아르디아, 배드 페인팅 등에서 추구됨

- **신즉물주의**
  - 1923년 독일에서 일어난 반(反)표현주의적인 전위예술운동. 독일 전후 혼란상, 사회적 고발 / 사실주의적 경향, 환상적, 현실묘사
  - 신현실주의 또는 독일어로 노이에 자흐리히 카이트 라고 함
  - 작가
    - 그로츠 — 과장된 캐리커쳐, 인간의 추악을 풍자
    - 딕스 — 철저한 세밀 묘사, 마술적 리얼리즘
    - 샤드 / 베크만
    - 잔더 — 사진작가. 사회구조 속 인간상 포착한 초상 사진 = 발터 벤야민이 옹호 함

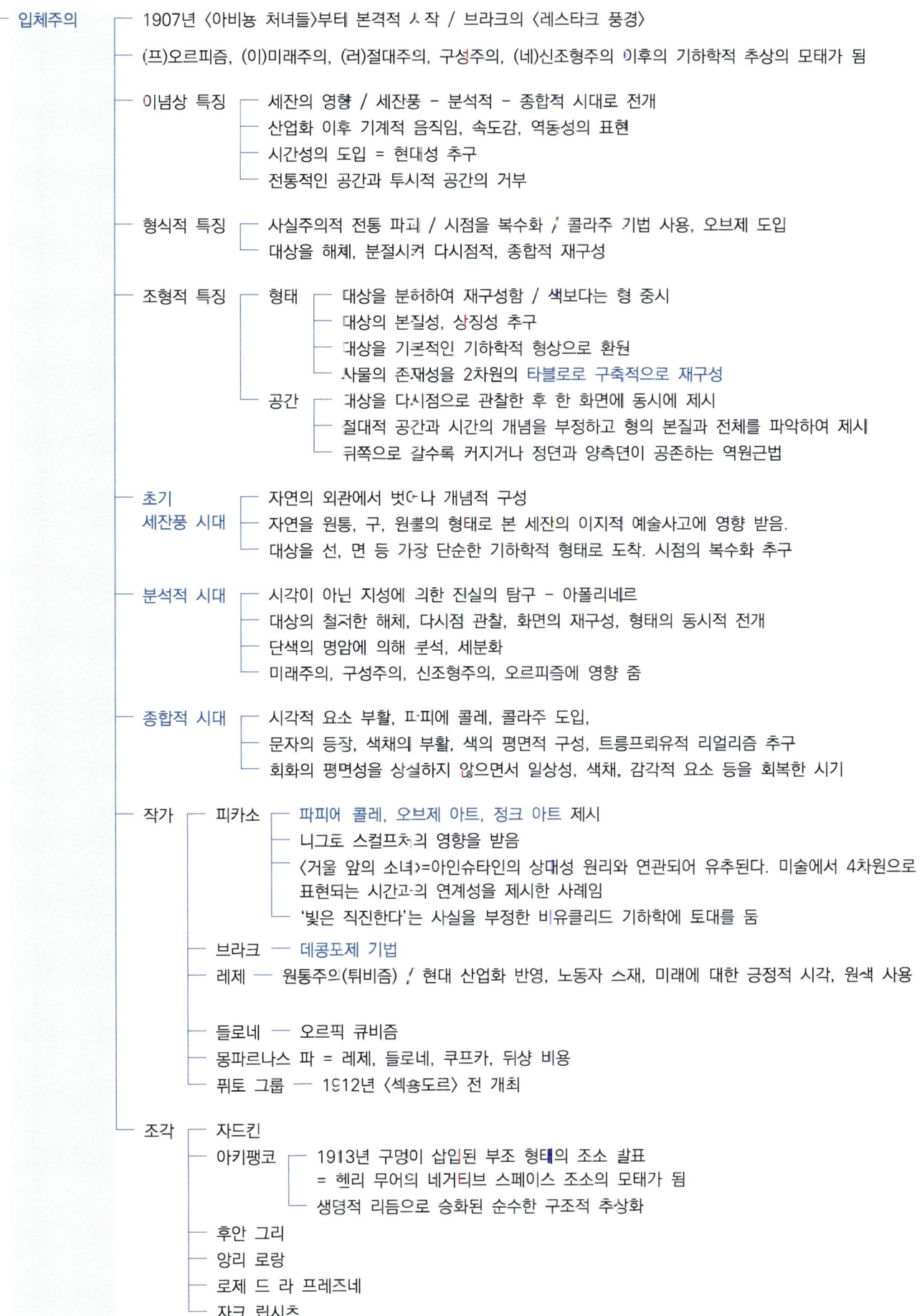

- **오르피즘**
  - 들로네
  - 쿠프카 = 동시성과 4차원성 주장
  - 음악적 리듬에 바탕을 둔 다채로운 색

- **미래주의**
  - 기계문명과 함께 도래한 새 시대의 다이내믹한 특성 찬사 / 추상 예술의 등장에 중요한 역할
  - 기계 시대의 활기찬 역동적 분위기를 반영한 미를 창조할 것 주장함
  - 퍼포먼스, 다다, 광선주의 등에게 영향을 미침.
  - 1920년대 이탈리아에서 일어난 아에로피투라 운동에 직접 영향 미침
  - 특징
    - 기계가 지닌 속도감, 기하학적 미, 리듬감을 예술적 미로 승격시킴.
    - 입체주의의 동시성 기법을 도입하여 시간성 운동 표현
    - 세계의 역동성 그 자체 표현
    - 구상회화에 움직임 도입, 연속성과 동시성 실현
  - 작가
    - 보치오니 — 공간 속에 연속되는 형태, 움직임의 연속 제시
    - 발라 — 다이너미즘 구현 / 시간을 가시적으로 표현, 속도, 동세, 시간의 동시성
    - 세베리니 / 산텔리아 / 루솔로 / 카라

- ***아에로피투라**
  - 1920년대 이탈리아에서 성행한 전위예술. '비행'이라는 뜻. 미래주의의 후기 양식
  테크놀로지 시대의 개막과 더불어 나타난 다이내믹한 속도감과 강력한 동력에서 유발되는 첨예하고 폭발적인 감각을 신인상주의 기법으로 묘사함.

- **소박파**
  - 앙리 루소
  - 당시의 산업화, 기계화가 가져오는 황폐한 정서 반영

- **에콜 드 파리**
  - 파리에서 활동한 화가들 / 조국, 고향, 향수, 감상적, 이국적
  - 샤갈 / 모딜리아니 / 위트릴로 / 수틴 / 파스킨 등

10 20세기 초 미술 – 이성주의, 기계주의적 경향

모더니즘 미술(19세기~20세기 초) 2

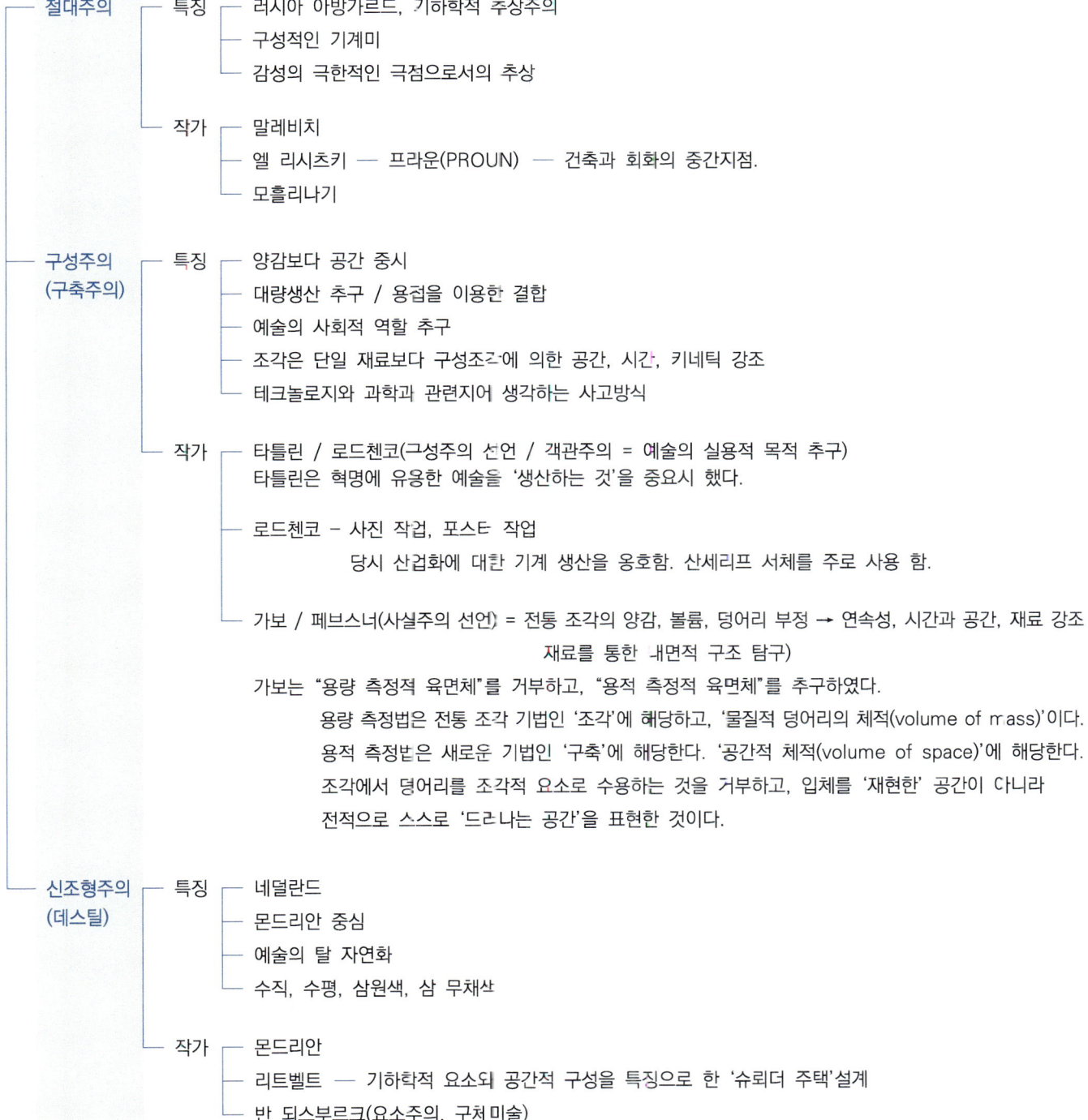

모더니즘 미술-기계주의 거부 경향

- **다다**
  - ▶ 스위스, 독일, 프랑스, 미국에서 일어난 반문명, 반합리적인 예술
  - ▶ 서구문명의 형식적 허구성에 반발하여 기성 사회체제를 부정하고 파괴함으로써 억눌린 잠재본능이나 욕구의 돌파구를 찾으려 함
  - ▶ 이성을 멸시하는 허무주의, 반교양주의, 무정부주의 정신을 근간으로 한다.
  - ▶ 콜라주와 오브제를 이용해 비합리적인 무의식의 세계를 탐구함.
  - 공통적 경향
    - 레디메이드 오브제, 콜라주, 앗상블라주, 메르츠 빌트, 퍼포먼스, 이벤트
    - 인터미디어적 예술, 기계적 이미지
    - 이성적 성향과는 상반되는 불합리성, 허무, 유머, 감정의 무절제한 표출 등으로 가득찬 미술을 제시함.
  - 기계적, 과학 기술에 대한 긍정적 태도와 부정적 태도 공존 / 전통적 서구 문명 부정 / 성적인 이미지 사용
  - 취리히 다다 ― 한스 아르프 ― 우연의 법칙, 인간 근원의 생명력 표현
  - 베를린 다다
    - 라울 하우스만 ― 사진 콜라주, 앗상블라주, 포토몽타주 사용
    - 한나 회희 ― 사진 콜라주, 성적인 주제
    - 조지 그로스 ― 날카로운 펜 묘사, 콜라주 요소 도입
    - 존 하트빌트 ― 포토몽타주 발표
  - 하노버 다다 ― 쿠르트 슈비터스 ― 콜라주 기법, 앗상블라주, 메르츠 창안(메르츠 빌트, 메르츠 바우)-정크 아트 토대 마련
  - 쾰른 다다 ― 막스 에른스트 ― 조각과 회화의 합성적인 방식 / 초현실주의 참여
  - 뉴욕 다다
    - 만레이 ― 오브제, 레이요그램
    - 피카비아 ― 기계 형태의 인간 모습
    - 뒤샹
      - 반예술의 전형, 키네틱 아트의 효시(자전거 바퀴)
      - 일상적 사물을 미술에 끌어들여 작품의 사물화를 추진하고 '발견'과 '선택'이 곧 예술이 될 수 있음을 입증함
      - 패러디
      - 레디메이드
        - 선택 – 발견 – 의도 = 창조적 행위
          무관계 미술의 전형
        - 발견된 오브제 = 기성품의 기능과 목적을 박탈 함
          = 사물 자체로 존재 = 미적 요소 제거
          = 프로와 아마추어의 경계를 없앰.
        - 수용 – 감상의 문제 제기 / 제도화된 미술에 대한 도전
        - 레플리카 = 오리지널에 대한 고정적 사고 전복

마·인·드·맵

- **초현실주의**
  - 1920년경부터 프랑스를 중심으로 광범위하게 일어난 미술운동.
  - 1924년 앙드레 브르통의 〈초현실주의 선언〉에서 정립됨
    - 자동기술법을 하나의 원리로 방법화 함
    - 인간 경험의 한계를 초월한 상상력과 잠재적 충동의 해방
    - 이성적 합리주의에 대한 반발
    - 인간의 무의식, 비합리적 세계, 꿈의 세계
  - -이성에 의한 일체의 통제 없는 상태
  - -모든 도덕적, 예술적 속박, 선입관에서 벗어난 상태에서 기술된 사고
  - -미학적 선입견 없이 / 습관, 고정관념 배제 / 무의식적인 취급 / 우연의 효과
  - -현실 기피적 공전이라는 자체내 비판
  - 대표기법 — 우연, 오토마티즘, 데페이즈망, 프로타주(에른스트), 데칼코마니(도밍게즈), 오브제, 콜라주, 포토몽타주, 레이요그램, 편집광적 비판(달리)
  - 효과와 방법 — 고립 / 변경 / 잡종화 / 크기의 변화 / 이상한 만남 / 이미지 중첩 / 패러독스
  - 작가 (프로타주, 데칼코마니, 자동기술적 표현)
    - 키리코 — 형이상학 회화, 원근법 파괴
    - 마송 — 자동기술법
    - 클레
    - 호안 미로
    - 장 아르프 — 우연성과 비의도적 요소. 프로이트의 꿈. 무의식. 성에 대한 심리학적 개념 부가
    - 에른스트 — 프로타주, 신비주의, 데칼코마니
    - 도밍게즈 — 데칼코마니
    - 샤갈 — 데페이즈망
    - M. 레이 — 레이요그램
    - 모란디
  - 사실주의 기법 사용
    - 달리 — 극사실적 묘사, 편집광적 비판, 이중형상
    - 마그리트 — 데페이즈망, 발견된 오브제 사용
      - 정밀한 사실적 기법으로 기묘하고 환상적 꿈의 세계 묘사.
      - 미적 자의식과 자기 성찰, 동시성과 몽타주의 선호.
    - 이브 탕기
    - 한스 벨머 — 오브제 〈인형〉 인체의 각 부분을 조합함.

- **신초현실주의**
  - 1970년대 이후 대두한 미술 경향. 하이퍼리얼리즘의 약화 이후에 등장함.
  - 정교한 사실주의 + 데페이즈망 기법 사용
  - 하이퍼리얼리즘의 지나친 엄격성과 비감정적, 비개성적 측면에 식상하여 등장한 것. 형식보다 내용 중심
  - 작가 — 매노비츠, 플래그 마이클 소와

03. 서양미술사 169

20세기 조각의 흐름

- **20세기 초 조각의 특징**
  - 원시미술의 재발견
  - 절충주의와 이국주의 양식 전개
  - 입체주의에서 구성주의 등 기계 미학적 조각 전개
  - 다다 중심의 감성적 조각
  - 초현실주의 조각과 생기론적 조각 전개
  - 칼더의 움직이는 조각
  - 작가
    - 브랑쿠시
      - 원시미술의 단순성, 동양의 신비주의, 형의 단순화, 재질에 의한 표현, 사물의 본질 추구
      - 반복, 리듬의 조형, 공간 개념의 의식
      - 입체주의, 구성주의, 다다이즘, 초현실주의, 앵포르멜, 액션 페인팅, 환경미술, 개념미술에 영향 줌
    - 브랑쿠시 추상 조각에서 받침대의 특징 – 독자적인 동시에 이동이 가능하다. 오브제의 방랑적 속성을 지님 조각적 환경을 이룬다. 작품의 경계를 모호하게 한다. 받침대도 곧 작품의 일부가 될 수 있다.

- **초현실주의 이후 조각**
  - 1. 인간의 본질적 물음 탐구 = 형의 변형과 단순화
  - 2. 다양한 실험적 기법의 모색
  - 3. 오브제의 사용 = 새로운 미적 가치 발견
  - 4. 자연의 이용 = 매체와 공간의 확장
  - 작가
    - 곤잘레스
      - 철조 용접 방식 조각 / 초현실주의 반영 / 공간 드로잉의 성격을 지닌다.
      - 인간의 자유를 박탈한 산업사회의 정신적인 요소를 표현
      - 고뇌와 회의에 찬 인간 형상
    - 무어
      - 표현의 힘, 생명력 모색
      - 네거티브 스페이스–구멍(투조)을 통해 작품 내부와 외부의 공간이 상호 소통
      - 디렉트 카빙 기법. 유기적인 선, 세부묘사 거부 = 원초적인 생명력
      - 조각의 환경성 중시
      - 양감과 공간감 / 생기론
    - 콜더
      - 움직이는 조각 / 몬드리안, 미로의 유희성에 영향 받음
      - 모빌 — 양감 배제, 면, 선, 공간, 조형적 유희
      - 스테빌 — 대규모적, 환경성, 공간의 지각적 특성과 장소 속의 미술을 통한 환경조각
    - 자코메티 — 인간 존재 탐구 = 실존주의 / 양감 최소화 / 질감 강조, 공간감
    - 마리니 — 고대 에트루이아 조각에 경도됨 / 긴장과 동세, 채색한 조각

마·인·드·맵

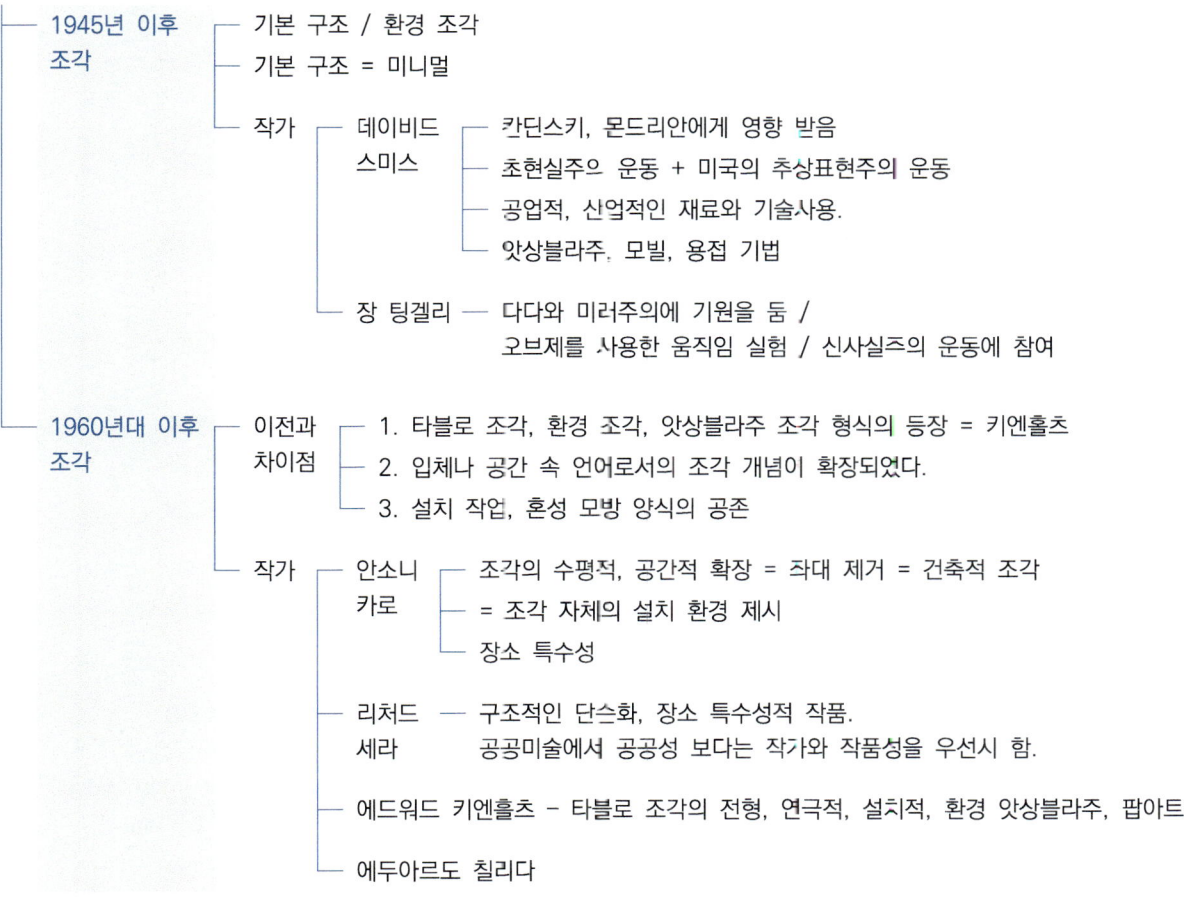

- 1945년 이후 조각
  - 기본 구조 / 환경 조각
  - 기본 구조 = 미니멀
  - 작가
    - 데이비드 스미스
      - 칸딘스키, 몬드리안에게 영향 받음
      - 초현실주의 운동 + 미국의 추상표현주의 운동
      - 공업적, 산업적인 재료와 기술사용.
      - 앗상블라주, 모빌, 용접 기법
    - 장 팅겔리 — 다다와 미러주의에 기원을 둠 / 오브제를 사용한 움직임 실험 / 신사실즈의 운동에 참여

- 1960년대 이후 조각
  - 이전과 차이점
    1. 타블로 조각, 환경 조각, 앗상블라주 조각 형식의 등장 = 키엔홀츠
    2. 입체나 공간 속 언어로서의 조각 개념이 확장되었다.
    3. 설치 작업, 혼성 모방 양식의 공존
  - 작가
    - 안소니 카로
      - 조각의 수평적, 공간적 확장 = 좌대 제거 = 건축적 조각
      - = 조각 자체의 설치 환경 제시
      - 장소 특수성
    - 리처드 세라 — 구조적인 단스화, 장소 특수성적 작품. 공공미술에서 공공성 보다는 작가와 작품성을 우선시 함.
    - 에드워드 키엔홀츠 – 타블로 조각의 전형, 연극적, 설치적, 환경 앗상블라주, 팝아트
    - 에두아르도 칠리다

03. 서양미술사 171

11 1945년대 이후 양식

- **공간주의**
  - 폰타나 – 1946년 백색 선언
  - 미래주의 영향 / 회화와 조각의 장르 간 구분 초월
  - 변형 캔버스나 즉흥적이고 파괴적인 행위
  - 2차원의 평면과 뚫린 실재 공간의 결합 = 구체미술의 개념을 가시화 함

- **코브라 그룹**
  - 1949년 덴마크, 벨기에, 네델란드 3국의 미술가(코펜하겐, 브루셀, 암스테르담)
  - 기하학적 추상 배격, 내면성 표출
  - 프리미티브 아트, 포크 아트 등에서 모티브 얻음
  - 테크놀로지가 도리어 전쟁의 불씨가 되어 인류문명 파괴의 도구가 된 것에 대한 충격 표현
  - 작가
    - 아스거 요른
    - 칼 페데르 손
    - 카렐 아펠
    - 피에르 알레친스키

- **상황주의 인터네셔널**
  - 특징
    - 출발 — 1957년 결성
    - 모태
      - ① 1952년에 프랑스 드보르가 이끄는 '문자주의 인터내셔널(Letterist International)'
      - ② 1953년에 아스게르 요른이 이끄는 '이미지주의 바우하우스 국제운동(Imagist Baunaus)'. 이 그룹의 모태는 '코브라(CoBrA)'이다.
    - 전략
      - ① 표류(de+rive): 능동적 탐색. 합리적/기능적 도시를 유희의 공간으로 재정의함.
      - ② 심리지리(psychogeography): 도시를 탐험하기 위한 재미있고 창의적인 전략
      - ③ 통합적 도시주의(untary urbanism): '예술과 기술의 통합'을 추구한 바우하우스적 전략
      - ④ 변환(de+tournement): '스펙터클'이라는 매스미디어 문화에 대항하는 카운터 전략

1950, 60년대 이후 현대 미술

- **앵포르멜**
  - 특징
    - 선묘의 자동기술법 / 서정적 / 전쟁의 공포와 인간의 실존의식을 표현함.
    - 산란한 기호, 마티에르 중시, 비정형 회화, 왜곡된 형태, 질감
    - 원근법 무시 / 명암 무시 / 평면화 시킨 화면 / 주제의 순화 / 원시성
  - 작가
    - 포트리에 ― 전쟁의 공포, 삶의 절망, 과슈의 재료적 물질성 강조
    - 뒤뷔페
      - 두꺼운 질감(오트파트), 아동화적 표현, 순박한 인간상
      - 아르 브뤼(Art Brut, 반교양적)
    - 타피에스 ― 초현실주의 작업 이후 독자적 양식으로 앵포르멜 예술을 추구.

- **타시즘**
  - 반점, 얼룩, 드리핑 사용 / 분방한 운필, 뜨거운 추상계열
  - 뒤뷔페, 폴록, 볼스, 마티유 포트리에, 오소리오, 미쇼, 이오펠, 프란시스

- **추상표현주의**
  - 특징
    - 평론가 알프레드 바가 사용 / 칸딘스키의 즉흥적, 자발적 추상에서 근원 둠
    - 순수추상이 지나치게 비개성적, 기계적, 비인간적이라고 지적함
    - '그린다'는 순수한 행위 자체에 가치를 부여하여 자동기술적으로 이미지를 산출하는 방식
    - 입체주의에 의해 개척된 평면성을 더욱 발전시킨 올 오버 페인팅적인 공간구성
    - 실존철학영향 = 작업 과정상의 행위성 강조 = 존재성 주체를 부각시킴
    - 그린버그의 축소주의 이론에 근거 / 표현주의 + 추상주의 + 초현실주의 융합
    - 클레멘트 그린버그와 해럴드 로젠버그가 옹호함.
  - 작가
    - 폴록, 뉴만, 로스코, 스틸(환상성 제거)
    - 호프만, 고르키, 드 쿠닝, 클라인, 필립 거스통, 마카렐리(형상성 지님)
    - 폴록 ― 토톨로지(반복적 표현) / 드립 페인팅 / 해프닝의 원류
  - 조소 ― 허버트 페버 / 이이무어 립턴, 이사무 노구치, 데이비드 헤어, 테오도르 로자크

- **색면회화**
  - 추상표현주의의 연장선, 포스트 회화, 시스테믹 페인팅― 그린버그가 명명함. 촉각적 회화의 물질성 거부
  - 화면의 색채가 그 자체로서 존재성, 자율성 획득하고 있음 강조 = 무관계미술의 성격 = 형식주의 반영
  - 스테이닝 기법 / 극단적 단순화와 기하학적 구성 = 완전 평면성 추구
  - 작가
    - 프랑켄탈러, 로스코, 루이스, 올리츠키, 놀랜드, 뉴만
    - 마크 로스코
      - '색면 추상'이라 불리는 추상표현주의의 선구자.
      - 거대한 캔버스에 스며든 모호한 경계의 색채 덩어리로 인간의 근본적인 감성을 표현했다. 작품은 극도로 절제된 이미지 속에서 숭고한 정신과 내적 감흥을 불러 일으킨다.
      - 초기 ―1935년에 추상미술과 표현주의 그룹인 '10인회'을 창립. 초기의 작품은 종이와 캔버스에 주로 인물과 풍경을 그렸다.
      - 1940년대 초― 초현실주의적 경향
      - 1940년대 말― 스테이닝 기법, 단순화 작업

12 1960년대 이후 미술사

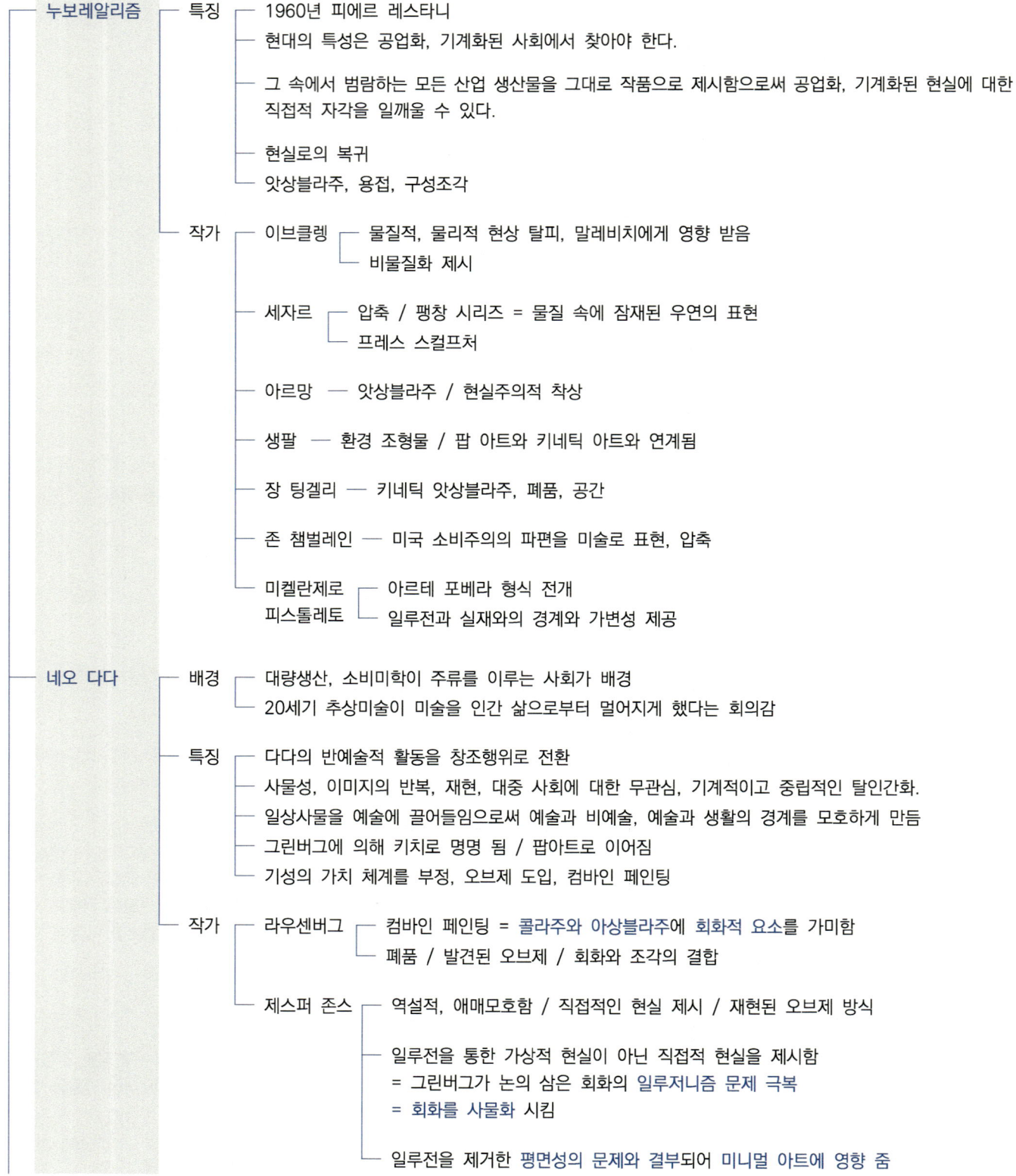

- 누보레알리즘
  - 특징
    - 1960년 피에르 레스타니
    - 현대의 특성은 공업화, 기계화된 사회에서 찾아야 한다.
    - 그 속에서 범람하는 모든 산업 생산물을 그대로 작품으로 제시함으로써 공업화, 기계화된 현실에 대한 직접적 자각을 일깨울 수 있다.
    - 현실로의 복귀
    - 앗상블라주, 용접, 구성조각
  - 작가
    - 이브클렝 ─ 물질적, 물리적 현상 탈피, 말레비치에게 영향 받음
              └ 비물질화 제시
    - 세자르 ─ 압축 / 팽창 시리즈 = 물질 속에 잠재된 우연의 표현
            └ 프레스 스컬프처
    - 아르망 ─ 앗상블라주 / 현실주의적 착상
    - 생팔 ─ 환경 조형물 / 팝 아트와 키네틱 아트와 연계됨
    - 장 팅겔리 ─ 키네틱 앗상블라주, 폐품, 공간
    - 존 챔벌레인 ─ 미국 소비주의의 파편을 미술로 표현, 압축
    - 미켈란젤로 피스톨레토 ─ 아르테 포베라 형식 전개
                          └ 일루전과 실재와의 경계와 가변성 제공

- 네오 다다
  - 배경
    - 대량생산, 소비미학이 주류를 이루는 사회가 배경
    - 20세기 추상미술이 미술을 인간 삶으로부터 멀어지게 했다는 회의감
  - 특징
    - 다다의 반예술적 활동을 창조행위로 전환
    - 사물성, 이미지의 반복, 재현, 대중 사회에 대한 무관심, 기계적이고 중립적인 탈인간화.
    - 일상사물을 예술에 끌어들임으로써 예술과 비예술, 예술과 생활의 경계를 모호하게 만듦
    - 그린버그에 의해 키치로 명명 됨 / 팝아트로 이어짐
    - 기성의 가치 체계를 부정, 오브제 도입, 컴바인 페인팅
  - 작가
    - 라우센버그 ─ 컴바인 페인팅 = 콜라주와 아상블라주에 회화적 요소를 가미함
               └ 폐품 / 발견된 오브제 / 회화와 조각의 결합
    - 제스퍼 존스 ─ 역설적, 애매모호함 / 직접적인 현실 제시 / 재현된 오브제 방식
               ├ 일루전을 통한 가상적 현실이 아닌 직접적 현실을 제시함
               │ = 그린버그가 논의 삼은 회화의 일루저니즘 문제 극복
               │ = 회화를 사물화 시킴
               └ 일루전을 제거한 평면성의 문제와 결부되어 미니멀 아트에 영향 줌

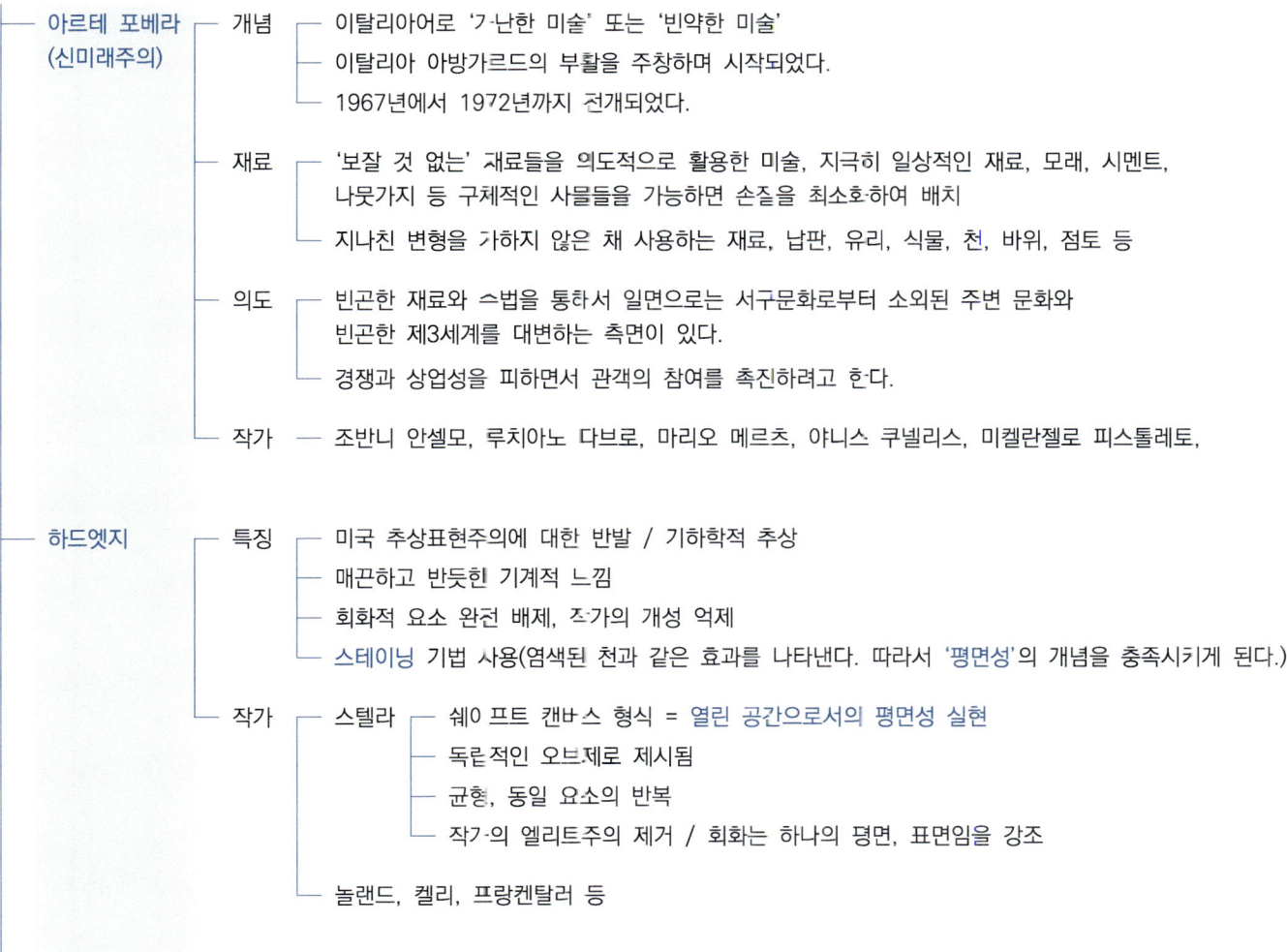

- **미니멀리즘**
  - 최소한의 조형 수단 / 1960년대 프라이머리 스트럭처 / 즉물주의 / 기하학적 추상 / 엄격하고 비개성적
  - 특징
    - 게슈탈트 이론 영향 / 주관성 억제 / 비개성적 / 형식주의
    - 매체의 순수성 + 미술의 자율성 추구 = 사물성 탐구
    - 동어반복적 표현, 간결성, 무감성
    - 좌대 제거 = 전통적 조소 개념 탈피 = 발주예술 지향
  - 작가
    - 스텔라 ― 변형 캔버스 / 리터럴아트 구현 / 무관계 미술의 전형
    - 도널드 저드
      - 리터럴 아트 ― 마이클 프리드의 연극성
      - 발주예술 / 로스트 스컬프처
      - 토톨로지 / 복제 가능작 제시
        〈기본 구조 조각(Primary Structures)〉 전시에서 "특수한 사물(Specific Objects)"라고 명명한 구조물을 제시함.
        = 동일한 크기, 동일한 색채, 동일한 재질로 만들어진 직사각형의 모듈을 공간에 반복적으로 제시함.
    - 모리스 루이스 ― 스테이닝 기법 = 물질성 최소화
    - 댄 플레빈 ― 입방체와 네온의 결합 / 빛의 예술 / 설치, 상황 – 환경
    - 솔 르윗 ― 개방된 동일 단위의 큐브 / 건축적 공간
    - 칼 안드레 ― 수평적인 것과 통일성 제시
    - 에바 헤세 ― '기본 구조'나 '특수한 사물'과 대조되는 특성의 작품을 제시했음
      라텍스 재료를 사용하여 시간이 흐를수록 소장 가치가 떨어지는 미술을 제시함.
      "미술작품이란 남겨진 것이 아니라, 그 제작 과정에 있다."

- **팝 아트**
  - 일상생활에 범람하는 기성의 이미지에서 제재 취함 / 로버트 라우센버그의 콜라주 확대 개념으로 출발
  - 배경
    - 영국 = 인디펜던트 그룹으로 출발
    - 추상표현주의의 엄숙성, 주관성 반발
    - 매스미디어와 광고, 대중 문화적 이미지를 적극 수용하고자 한 구상미술
  - 특징
    - 1958년 알로웨이가 〈미술과 대중매체〉에서 사용
    - 현대의 사회와 소비사회를 대변하는 일상적인 소재를 상업적인 기법으로 다룸
    - 일상적, 아이러니컬, 반예술적 성격 = 다다에 뿌리 둠
    - 저속성, 소비성, 획일성을 기술하려고 함
    - 순수예술과 대중예술의 이분법적 구조거부, 미술의 고급화, 엘리트주의 반대
  - 작가 (영국)
    - 리처드 해밀턴
      - 대중 잡지사진 콜라주
      - 아메리칸 드림 현상과 자본주의, 소비사회 일면 풍자
    - 파올로치 ― 아르 뷔르에 영향 받음
    - 베이컨 ― 신형상주의, 영국 구상 작가 / 그로데스크한 묘사, 불안과 공포 표현
    - 피터 블레이크 ― 상업적인 광고 인용
    - 데이비드 호크니 ― 감상주의, 사실주의 풍/ 파노라마 형식의 사진을 매체로 함

미니멀리즘

- 작가 (미국)
  - 로버트 라우센버그 / 제스퍼 존스
  - 보로프스키 — 현대인의 노동에 관한 고뇌
  - 로이 리히텐슈타인 — 대중적 만화 이미지 / 벤데이 점 / 세잔적, 자신의 조형언어 성립
  - 앤디 워홀 — 동어반복적 / 실크스크린 기법 / 대중적 속물주의 정착
  - 조지 시걸
    - 현대인의 소외감
    - 라이프 캐스팅 – 프로즌 해프닝 = 카세타주의 예 / 설치미술 / 앗상블라주 형식 / 환경조각
  - 올덴버그
    - 확대 오브제 / 카세타주 기법 / 키치적 표현 / 환경조소
    - 연성 조각
      - 작품 보존성 부정 / 설치조 / 미술의 상업성 반대
      - 과정적 / 일회적 / 소재의 우연성 /
  - 제임스 로젠퀴스트 — 앗싱블라주 형식
  - 톰 워셀만 — 상업적인 광고
  - 로버트 인디아나 — 상업적인 색채 + 문자 사용 = 물질문명의 현상과 정신성 결핍, 성문화 풍자
  - 루이스 네벨슨 — 앗상블라주, 환경조각
  - 에드워드 키엔홀츠 — 설치 미술적 경향 = 타블로 조각 형식
  - 존 디 안드레아 — 극사실주의 / 설치미술
  - 주디 파프 — 설치미술적 경향 / 유희적 공간 미술
  - 짐 다인 — 해프닝 / 정크 아트 / 레디메이드 형식 사용
  - 타피에스 — 초현실주의 작업 이후 독자적 양식으로 앵포르멜 예술을 추구. 찢어진 캔버스·편지·짚·실, 그 외에도 못쓰는 폐품이나 낡은 스타킹 등 현실생활의 단면을 보여주는 재료들을 휘갈겨 쓴 글씨풍의 드로잉과 혼합하여 무너진 집의 담벼락과 같은 효과를 낸다.

- 옵아트
  - 팝 아트의 상업성 반대
  - 특징
    - 감정이입 거부 / 과학이론과 기술 도입
    - 형태와 색의 반복적 배치 / 기하학적 추상과 착시 / 조형요소와 원리의 반복적 배치 /
    - 한난대비, 색채대비, 면적 대비
  - 작가 — 빅토르 바자렐리 / 라일리 / 야코프 아감 / 조셉 앨버스

- 키네틱 아트
  - 시네티즘
    - 테크놀로지를 활용한 키네틱 + 라이트 아트 + 옵티컬 아트에 대한 명칭
    - 과학적 실증주의적 태도
  - 배경 — 1910년 들로네의 오르피즘에서 발전 /
    1920년대 구성주의 가보의 움직이는 구조물 - 1930년대 칼더의 키네틱
  - 작가
    - 장 팅겔리 — 슈비터스의 영향 / 다다적 요소
    - 니콜라 쇠페르 — 사이버네틱스 제작
    - 라파엘 소토 — 칼더의 조각 + 바자렐리의 옵티컬 절충
  - 그룹 — Madi 그룹 — 라틴 아메리카의 국제적 키네틱 미술운동 / 듈러 코시체

- 플럭서스
  - 1958년 독일에서 시작 / 반예술적 아방가르드 운동 / 유출, 흐름, 끊임없는 변화 / 움직임의 뜻
  - 예술과 일상과의 벽을 허무는데 목표를 둠
  - 기존 예술의 유럽주의, 예술의 전문화적 경향을 반대 함.
    기존 예술의 엘리트 주의와 프로화, 예술의 상업화 된 문화 등에 반대 함.
  - 즉흥성, 자발성 / 예술은 시간의 흐름에 따라 생성되었다가 소멸되는 동적인 과정으로 대체함
  - '이벤트' 개념 — 전통적인 극장 공간과 문학적 공상과 배치된다. 현실성 자체를 전면에 드러내는 것이다.
  - 작가
    - 마키우나스, 요셉 보이스, 백남준, 브레크트, 오노 요코, 히긴즈, 볼프 포스텔 등
    - 요셉 보이스 : "사회적 조각"(요셉 보이스가 창안한 조각 이론)

- 행위 미술, 해프닝, 퍼포먼스, 이벤트
  - 추상표현주의의 현실기피적 성향에 대한 반발 + 액션페인팅의 행위성에 연유되어 발전됨
  - 직접적 선구 = 폴록과 존 케이지의 행위
  - 삶의 불연속성을 반영한 반예술적 전위운동

- 과정 미술
  - 로버트 모리스, 요셉 보이스, 에바 헤세, 리처드 세라, 한스 하케, 데니스 오펜하임 등
  - 1960년대 중반에서 1970년대 성행
  - 선구 — 액션 페인팅

- 설치 미술
  - 가변성, 유동성에서 미술의 본질을 찾고자 함. 과정적. 일회적 미술
  - 전시공간을 고려하여 제작된 작품과 공간이 총체적인 하나의 환경을 이룸으로써 그 자체가 작품이 되는 미술
  - 작품 자체 및 작품과 주위 공간 뿐 아니라 공간과 관람자가 이루는 관계까지 작품의 본질을 구성하는 요소가 된다.
  - 관객 : 환경에 직접 참여하게 된다.
  - 매매 불가능, 기록만 남기고 해체되는 경향,

13 1970년대 이후 미술사

- 1970년대 이후 미술의 경향
  - ① 예술의 사회성 구축적 경향의 형성 = 페미니즘 / 정치주의 미술
  - ② 물질에서 개념으로의 변화 = 미술관 존립에 큰 어려움 봉착 = 오브제가 없는 미술
  - ③ 장르의 붕괴, 형이상학의 해체 = 주디 시카고, 제프 쿤스 등
  - ④ 2-3차원 공간에서 사이버 공간으로의 변화

- 대지미술
  - 출현 배경
    - ① 1960년대 미술의 상업화 반대(물질로서 미술의 상업화 부정)
    - ② 당시에 부상한 환경운동에 대한 지지
    - ③ 1960년대 후반부터 영국의 리처드 롱 등에 의해 주도됨
    - ④ 미니멀 아트의 연극적인 측면이 화랑의 공간을 불만족스럽게 느꼈던 결과로 나타났다.(작품과 그것을 보고 체험하는 사람과의 사이에 생기는 관계에 주의를 환기했던 미니멀의 특성 반영)
  - 특성
    - 자연 소재 / 반영구적, 일시적 과정미술
    - 재료의 확장 / 표현 방법의 확장 / 예술 영역의 확장
    - 현실로의 복귀 / 현대 문명의 비 순수성에 대한 비판
    - 작품이라는 형태 자체가 불필요함 = 도큐멘테이션(document) 형식
    - 해프닝과 같은 관계를 지닌 채 행위로서의 예술이라는 개념을 발전 시킴.
    - ※ 로잘린드 크라우스의 다이어그램으로 대지 미술을 "확장된 장"으로 표시함.
  - 작가
    - 월터 드 마리아 — 개념 예술의 최초의 예
    - 크리스토 — 대형 프로젝트 / 엠파케타주 / 인포메이셔널 드로잉 형식
    - 리처드 롱 — 기표와 기의로서의 자연
    - 로버트 스미스슨 — 인간과 자연의 조화
    - 골즈워디 — 장소 특수성(site-specific)

- 개념 미술
  - 분석철학과 관련된 미술
  - 특성
    - 1960년대 말 미니멀 아트 이후 태동 / 1960년대 키엔홀츠가 명명한 말
    - 솔르윗의 논문 + 존 펠로우즈 사용한 뒤 일반화 됨
    - 개념을 가장 중요한 양상이라고 강조함
    - 미술이 물질임을 부정함
    - 시각적, 물리적 대상에서 탈피 / 뒤샹의 영향 / 전후 형식주의 반대
  - 4가지 형식 — 레디메이드 형식 / 개입 형식 / 자료 형식 / 언어 형식
  - 작가
    - 길버트와 조지 — 오브제로서의 미술 거부 / 인체를 매체로 활용 / 다큐멘테이션 / 행위미술 / 매체 예술 / 미디어 아트
    - 조셉 코수스 ┬ 경험론에 기초한 분석철학의 영향
                  └ 사물에 대한 언어적 접근 / 언어 형식을 취하면서 대상성을 포기함
    - 요셉 보이스 — 대중과 자유로운 토론을 '미술'로 분류=이벤트라고 주장(해프닝과 구별함)
    - 한스 하케 — 정치 예술
    - 제니 홀처 / 톰 필립스 — 신개념주의 / 언어를 표현 수단으로 채택
    - 펠릭스 곤잘레스-토레스 — 관람자의 참여 강조 = "미술을 통해 경험을 공유하는 것"

미디어 아트

- 1970년대 이후 사진, 영화, TV, 비디오, 컴퓨터 등을 빌려 제작된 미술
- 비디오 아트, 컴퓨터 아트, 디지털 아트, 웹 아트, 인터렉티브 디지털 아트, 가상현실, 뉴미디어 아트 등
- 뉴미디어 아트
  - 인터페이스가 작동되는 컴퓨터 테크놀로지를 사용
  - 갤러리 내부의 물리적 공간 + 스크린에 비치는 비물질 공간의 상호작용 중시 / 인터렉티브 아트
  - 미술사 — 입체파 - 1920년, 다다 - 1960년대, 팝 - 대지, 페미니즘, - 개념, 행위, 미디어 아트
- 매체 예술
  - 1971년 〈샘 카페〉라는 미술단체 = 우편, 신문, TV를 통해 제시
  - 마리하먼 = 홀로그래피 이용 / 제프리 쇼우 / 에드 다넨바움 / 제니 홀저 등 가상현실을 매체로 한 첨단 하이테크 아트

비디오 아트

- 1963년 비디오 실험 시작 = 백남준의 TV 줄무늬 영상 실험
- 볼프 포스텔의 TV 데 콜라주 영상 실험이 최초의 비디오아트임
- 특징
  - 미술과 테크놀로지와의 결합 추구 / 테크놀로지 예술의 가능성 추구
  - 제작자 보다 감상자 주체 / 형식주의 예술 반발 / 커뮤니케이션과 매체미학
  - 전자기술의 잠재성과 진보성 문제 다룸
- 작가 — 질 스콧 / 수잔 힐러 / 모나 하툼 / 빌 비올라 / 개리 힐 등
- 경향
  - ① 설치 비디오 : 조각의 성격 / 여러 개의 TV 수상기 이용
  - ② 비디오 테이프 : 내용 중시 / 다큐멘테이션, 실험적인 이미지
- 백남준 — "콜라주 기법이 회화를 대체했듯이 음극선관이 캔버스를 대체할 것이다."
- 작품 경향
  - ① 1960년대 참여 TV = 〈TV 부처〉 / 〈로봇 가족〉 / 텔레비전의 편재성, 상투성을 동양적 모티브로 활용 / 관람자와 매체의 의미 소통, 즉 쌍방향 소통 추구, 참여 유도 / 전자 회화 제시
  - ② 설치 비디오 조각 = 〈다다익선〉 / 〈돈키오테〉 / 〈TV 정원〉 / 비디오 테잎을 통한 이미지 제시 + 설치된 조형물의 구축적 미학 제시 / 전자매체의 본성과 현실 재현에 대한 의문 제기
  - ③ 1980년대 인공위성 퍼포먼스 / 세계적인 문화의 소통과 교류 / TV 매체의 긍정적 가능성 제언
  - ④ 레이저 아트 / 가상적 빛과 공간, 환경의 새로운 지적 창조
  - ⑤ 1990년대에 멀티 모니터 비디오 구조물에서 라이브 퍼포먼스로 방향 전환 함
- 백남준 비디오 아트의 매체적 특징
  - ① 과정적이다.
  - ② 상호 인터렉티브성을 추구한다.
  - ③ 전통적 물질 회화가 아닌 TV 음극선관에 의한 전기, 전자 회화이다
  - ④ 조각과 회화, 인스톨레이션, 인바이런먼트를 수용한다.
  - ⑤ 퍼포먼스적 요소까지 갖춘 고도의 이론적 개념적 작업이다.
  - ⑥ 시간을 기반으로 한다.
  - ⑦ 기록된 정보를 영속적인 재생, 그리고 복사가 가능한 상태로 지속시켜준다.
  - ⑧ 테크놀로지와 관련된 영상 매체 미술이다.

마·인·드·맵

- 그라피티 아트 (낙서미술)
  - 1920년대 미래주의 지코모 발라 – 1950년대 잭슨 폴록의 칼리그래피식 이미지, 앵포르멜의 낙서식 표현 – 1970년대 낙서미술
  - 매체 – 분사식 스프레이 페인트
  - 조형적 특징
    - 분사식 스프레이 페인트를 통한 극채색과 격렬한 에너지를 지님
    - 속도감 있는 그림과 도안화된 문자들을 거리의 벽과 지하철 등에 뒤덮어 그림
    - 앙드레 말로의 벽 없는 미술관 개념 이후 미술품의 공간적 제약과 틀에서 벗어나려는 움직임
  - 주제 – 인종차별, 흑백차별, 빈부의 격차, 사회적 문제, 파괴, 자유, 대중성, 개방성
  - 작가
    - 톰블리 – 고대 유적지 영향
    - 키스 해링
      - 공간적 제약에서 벗어나려 함
      - 자동기술법적 드로잉
    - 바스키아
      - 미국 팝 아트의 문화적 부흥에 따른 사회상
      - 기호, 문자, 인물 등의 암시
      - 시대적, 정치적, 자전적 내용

- 극사실주의 (래디컬 리얼리즘)
  - 계보 – 아메리칸 신 페인팅 – 미국적 사실주의 전통 – 에이트 그룹 – 애시 캔 스쿨 – 프레시저니즘 – 팝 아트
  - 주제 – 도시의 피폐, 어두운 경서 반영, 무의미한 일상, 현대 사회의 익명성
  - 특징 – 억제된 비감동적 현상 세계 / 미니멀의 몰개성과 상통 / 그리자유 기법
  - 작가
    - 에스테스 / 두안 핸슨 / 알랭 자케
    - 게르하르트 – 아웃 포커스, 흔들리는 사진 이미지(블러링)
    - 리히터 – 자유 추상 회화, 새로운 메타 회화
    - 척 클로스
      - 초기 – 추상표현주의적 작업 경향
      - 중기 – 극사실주의 – 화면에 단일 초점(정확성) 추구 시기
      - 후기 – 극사실주의 – 화면에 여러 개 초점(샤프 포커스) 추구 시기

- 페미니즘
  - 배경
    - 헬렌 프랑켄탈러 = 스테이닝 기법 개척
    - 1960년대 히피, 자유주의 등장 = 기존 문화, 관습에 대한 탈흐름 = 여성의 자긍심 고취
    - 1969년 WAR 결성
    - 1972년 린다 노클린의 논문
  - 특징
    - ① 1960년대 여성 특유의 감각을 되찾자는 움직임 시작
    - ② 1970년대 미술관한 일신, 여성의 창작 활동에 대한 사회적 보장 확립에 주력
    - ③ 1970년대 요약
      1. 여성 삶의 경험을 바탕으로 하는 본질주의적 페미니즘
      2. 여성만의 특성을 강조하는 분리주의적 경향
    - ④ 1980년대 요약 – 다양한 전개 / 신표현주의, 신개념주의 등에 동승 생물학적 성에서 문화적 성으로 변화
    - ⑤ 1990년대 페미니즘 희석
  - 공헌 – 미술에 대한 접근 방식의 다양화 / 공예를 예술적 차원으로 승격
  - 작가
    - 1930년대 바바라 헵웍스, 리 크레스너 / 1960년대 니키 드 생팔, 에바 헤세
    - 미리엄 샤피로, 루이스 부르주아, 주디 시카고, 바바라 크루거, 세리 레빈, 신디 셔먼, 아나 멘디에타
    - 미리엄 샤피로 – 피마주
    - 신디 셔먼 – 셀프 포트레이트, 구성 사진
    - 바바라 크루거 – 차용, 사진이용, 영화와 광고 기법 활용. 타이포그래피
    - 루이스 부르주아 – 유기적 형태의 조소
    - 주디 시카고
      - 1970년대 페미니즘 선도, 본질주의적 페미니즘.
      - 설치, 앗상블라주.

14 1980년대 이후 미술사

- **트랜스 아방가르드 (트란사반구아르디아)**
  - 이탈리아 중심의 신 표현주의
  - 특징
    - 개념적 경향, 미니멀, 아방가르드 미술 전체에 반발함
    - 이성 중심주의 거부, 서술성 짙은 구상미술 추구
    - 본능과 직감에 기초한 실용주의 추종
    - 개인의 주관성 중시, 상상의 세계, 신화적 표현 / 인간의 원초적 욕구 및 본능
    - 역사와 대중문화, 비유럽권 미술의 이미지 차용
  - 작가 — 프란체스코 클레멘테, 산드로 키아, 엔조 쿠키, 밈모 팔라디노, 니콜라 드 마리아, 레모 살바로리

- **배드 페인팅**
  - 미니멀과 개념에 대한 반발로 등장한 미국의 신표현주의
  - 저급 취향, 비합리성, 절충성, 예술적 아우라의 폐기, 장식성 혼재, 사물성의 회복
  - 작가 — 조안 브라운, 줄리안 슈나벨, 데이비드 살르, 로버트 롱고, 찰스 가리비디언

- **신표현주의**
  - 독일, 오스트리아 지역 / 미니멀, 개념에 대한 반발과 전후 실존주의적 가치관에 대한 회의
  - 동시대의 사건, 사회 비평을 가한 작품 / 고급과 저급예술 구별성 파기 / 인간 내면적 감정 표현
  - 작가 — 안젤름 키퍼 / 게오르크 바젤리츠

- **트루이즘**
  - 일반적 상식이나 객관적 이치에 근거를 둠
  - 문자 소재의 타이포그래피 아트
  - 대중적, 현실적 측면 / 현대미술의 지나친 비현실성에 반발
  - 관객의 반응을 즉각적으로 유발함 = 대안적 공공미술의 성격
  - 1980년대 네온관 글자 = 브루스 나우만의 영향
  - 제니 홀저 = 포스터, 표어의 한 구절, 이면과 표면이 없다.

- **신개념주의**
  - 신표현주의, 트란사반구아르디아, 배드 페인팅, 그라피티 아트에 대항하여 등장 / 타이포그래픽 아트
  - 특징
    - 신표현주의의 무질서한 감정 표출에 반대
    - 자크 데리다의 해체주의 / 장 보드리야르의 시뮬레이셔니즘 / 차용이론에 영향 받음
    - 분석적, 냉소적, 회의적인 성격
  - 작가
    - 제니 홀저, 세리 레빈, 베르트랑 라비에, 게르하르트 메르츠, 톰 필립스 등
    - 세리 레빈 — 샘플링 아트 = 시뮬레이셔니즘, 리프로덕션

- **신형상 주의**
  - 1960년대 이후부터 인체를 뒤틀거나 특수한 고통을 묘사하는 경향 / 후기 상징주의 뭉크가 선구
  - 1945년 코브라 / 엥포르멜의 포트리에 / 액션페인팅의 드쿠닝 / 팝 아트의 프란시스 베이컨, 레리 리버스 / 1980년대 프란체크코 클레멘테 등

- **네오 지오**
  - 기하학적인 형태, 복제, 광고 등을 인용한 작품
  - 현대 사회를 비꼰 예술 표현
  - 현대의 소비사회는 모두 재생산된 모방 사회이다. / 모방성 강조
  - 시뮬레이셔니즘

마·인·드·맵

- **네오 팝**
  - 대중문화를 적극 활용한 미술 경향 / 시뮬레이셔니즘과 차용 이론에 기초 함 / 통속적인 저급 미술
  - 작가 — 제프 쿤스, 마이크 켈리, 하림 슈타인바흐 등
    - 제프 쿤스가 사용한 스테인리스 스틸(stainless steel)
    - 스테인리스강이 정확한 표기이다. 환경에 맞게 외관을 만들 수 있다. 광택이 있다.
    - 부식 및 녹 저항성이 크다. 적은 유지비, 낮은 비용이 특징이다.

- **YBA's**
  - 젊은 영국 미술가들(미술품 수집가 찰스 사치가 발굴해낸 집단-프리즈(freeze) 전시회)
  - 다양한 매체를 사용한 풍자적인 작품. 격설, 난해함, 음울한 유머, 동 시대 경험, 충격 요법.
  - 레디메이드 지지, 대중매체를 활용한 임기응변의 선전, 대중적인 상상력 활용
  - 작가
    - 모나 하툼, 데미언 허스트, 게리 흄, 마크 퀸, 질리언 웨어링, 레이첼 화이트리드, 리처드 빌링엄 등
    - 모나 하툼 — 이주민, 유산인종, 여성, 언제나 사회적 약자로서 자신의 정체성에 관한 작업을 함.
      - 사회적인 이야기. 초반(1980년대) 작업은 신체를 이용한 작업.
    - 세리 레빈 — 샘플링 아트 = 시뮬레이셔니즘, 리프로덕션
    - 데미안 허스트 — 설치작품, 회화, 조각을 통해 미술과 과학, 대중문화의 전통적인 경계에 도전한다.
      - 죽음과 부패를 표현한 포름알데히드 작품
    - 게리 흄 — yBa 작가들이 충격적이고, 실험적인 경향이지만, 게리 흄은 일상적인 소재를 대상으로 하는 회화를 고수 함.
      - 알루미늄 패널 위에 유광 페인트 작업. 화려한 색감과 매끄러운 표면이 특징.
      - 대상은 어머니, 아이, 친구, 꽃 등. 대상을 확대, 단순화, 새롭게 재구성 함.
    - 마크 퀸 — 영국의 컨템포러리 미술가, 자신의 피를 뽑아 두상을 만든 작품.
      - 주제는 생명과 죽음, 그리고 인간의 삶과 고귀한 정신이다.
    - 질리언 웨어링 — 영국의 사진작가이며 비디오 아티스트. 거리에서 무의식중에 내뱉은 글귀를 쓰게 함.
      - 사진이나 비디오 설치를 통해 사람들과 그들의 일상을 담는 다큐멘터리.
    - 화이트리드 — 일상적이며 원형적인 삶의 오브제들의 내부 공간을 캐스팅하는 그의 작업은 인간의 유한성과 죽음을 은유하는 것

- **1990년대 이후 동시대 미술의 특징**
  - 1. 신사조의 흐름
    - ① 차용 미술. 이미지의 차용(슈나벨), 사진을 이용한 차용(바바라 크루거)
    - ② 서술적 회화. 더럭 휘슬
    - ③ 정치적 미술. 르리 앤더슨
    - ④ 포스트모던 조각. 마리오 메르츠, 키키 스미스

04 예술비평, 미학

1 예술비평

- 미술 역사로서의 비평
  - 요한 요하힘 빙켈만 〈그리스 미술 모방론〉
    - 그리스 미술의 일반적 특징 : 고귀한 단순과 고요한 위대함.

- 영식, 내용, 양식으로서의 예술 비평
  - 하인리히 뵐플린 〈미술사의 기초 개념〉
    - 5쌍의 개념
      1) 선적인 것에서 회화적인 것으로의 발전
      2) 평면에서 깊이로의 발전
      3) 닫힌 형식에서 열린 형식으로의 발전
      4) 다양성에서 단일성으로의 발전
      5) 주제의 절대적 명료함과 상대적 명료함.

- 작가성과 정체성으로서의 예술 비평
  - 로잘린드 크라우스
    - 확장된 장에서의 조각. 1960년대 말 모색함.
    - 조각은 비 건축이며, 비풍경이다. 따라서 풍경과 비 풍경의 결합으로서 '표시된 장소'이다.
    - 건축은 '장소 구축물'이다.
    - 포스트모더니스트 작업의 공간 논리는 더 이상 주어진 매체의 정의에 따라 구성되지 않으며, 그 이유로 재료의 속성을 중심으로 전개되지 않는다.

2 미학

(1) 고대-그리스-로마 시대의 미학

- 용어
  - 예술 — 예술에 해당하는 그리스어 테크네(technē), 라틴어 아르스(ars), 영어 아트(art), 독일어 쿤스트(Kunst), 프랑스어 아르(art) 등도 일반적으로 일정한과제를 해결해낼 수 있는 숙련된 능력 또는 활동으로서의 '기술'을 의미하였던 말.
  - 미메시스(mimesis) — 모방이라는 뜻.
    플라톤은 감성계의 개별적 사물은 참된 실재인 이데아의 모방이라고 하고 이데아보다 낮은 차원으로 생각하였다.
  - 우미 — 일반적으로 우미하다고 말해지는 미적 대상은 유려, 섬세, 조화적인 쾌를 그 특징으로 한다.
    순수미와 같은 의미 내지 이에 가까운 개념으로 고찰되며, 그 의미도 한편으로는 숭고와, 다른 한 편으로는 추와 대립되는 미적 범주이다.
    - *우미론의 기초를 세운 사람은 쉴러(Friedrich von Schiller)이다.
      이성과 감성, 의무와 경향의 완전한 조화인 아름다운 혼의 표현에서 우미를 찾았던 것이다.

- 미론
  - 소크라테스 — 미란 사물이 목적에 적합하게 쓰이는 것이다.
  - 플라톤 — 미는 이데아이다. 이원론적 세계관
    예술은 모방이다.(예술에 대한 회의적 태도)
  - 아리스토텔레스
    - 일원론적 세계관
    - 예술은 자연의 모방이다.(예술의 자율성, 창조적 미메시스를 옹호함)
    - 예술에서의 정신적 표현의 중요성 강조.
    - 예술은 "질료(matter, 물질)와 형상(form, 정신)"으로 구성되었다.
    - 언어, 리듬 등을 매개로 하여 모방을 하는 예술(서사시, 서정시, 비극, 희극, 무용, 음악 등)은 '성격이나 정서나 행위', 요컨대 인간의 마음의 내부를 모방하는 것이다.
    - 모방하는 것과 모방된 것을 즐거워 하는 것은 인간에게 자연적으로 갖춰져 있는 것으로서 예술은 인간의 활동이다.
    - '비극' = 인간의 가련함과 무서움의 감정을 정화시킨다.
  - 플로티노스 — 유출설, 신플라톤주의(신이야말로 미의 근원이다.)
    - *일자(一者, "The One", 신)론
      '일자 → 정신 → 영혼 → 질료'의 구성으로 이어진다.

(2) 중세와 르네상스 시대의 미학

- 중세 시대 미론
  - 토마스 아퀴나스 — 예술은 자연을 모방한다. 미는 형식의 범주에 속한다.
    - 미에는 3가지 요소가 있다.
      1) 완결성 혹은 완전성
      2) 적합한 비례 혹은 조화
      3) 명료성

- 르네상스 시대 미론
  - 조지오 바자리 — 우미론 제시
    미술가 열전을 저술함.(1550)
  - 알베르티 — 회화의 3법칙 제시

(3) 17세기 이성주의 미학

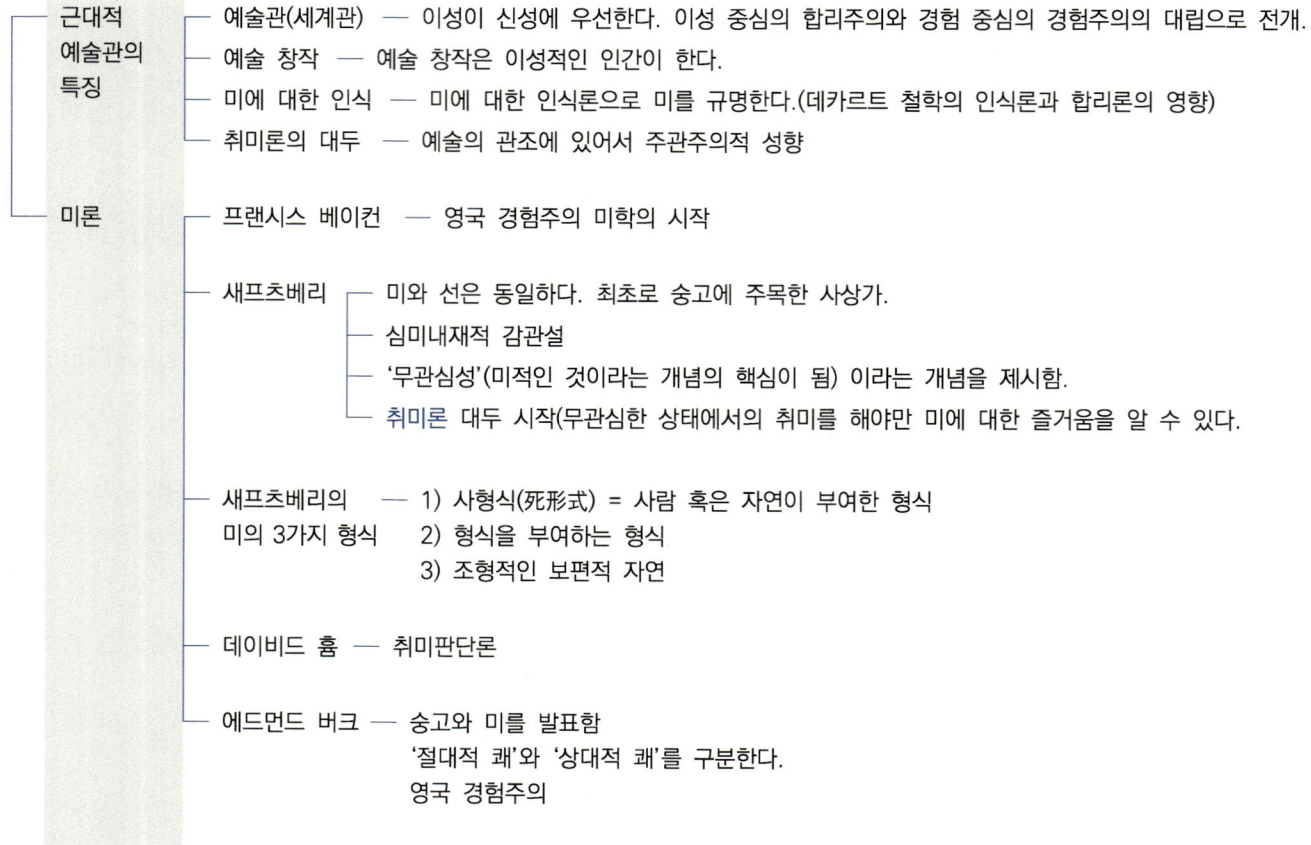

(4) 18세기 계몽주의 미학

- 미론
  - 장 자크 루소 ── 감상적 자연주의
    감상주의의 대표, 낭만주의
  - 드니 디드로 ── 현실주의 미학 제시.
    현실주의는 일반적으로 현실과 실제를 다루고 이상주의를 배척한다.
    ── 미의 '관계'는 감관이 지각하는 사물의 일정한 형식이 지니는 실재적 관계를 가리킨다.
  - 알렉산더 ── 미학 학과의 창립
    바움가르텐   인간의 감성을 학문의 대상으로 인식함(미학)
  - 칸트 ── *"천재의 기술로서 예술과 취미론" 18세기 취미론의 대두와 강조
    - 취미(趣味, gout): 미를 느끼는 마음의 능력)
      새프츠베리 → 데이비드 흄 → 칸트
      미의 자율성, 미적 무관심성, 주관적 보편 타당성으로서의 특성을 주장함.
    - 미에 대한 주요 개념
      1) 성질(특성)의 계기로서 '무관심성'
      2) 분량의 계기로서 '보편성'
      3) 관계의 계리로서 '합목적성의 형식'
      4) 양상의 계리로서의 '필연성'

- 미적 태도론
  - 에드워드 벌로프 ── 심적 거리 이론
  - 제롬 스톨리쯔 ── 미적 태도를 '그 자체를 위한 무관심적임과 동시에 공감적인 주목이며 관조이다.'

- 18~19세기 낭만주의적 미론
  - 헤겔 ── 예술 형식의 변증법적 3단계
    '보편적 부분'과 '특수한 부분'으로 나누고, 상징적·고전적·낭만적이라는 세 가지 예술형식들을 다루었다.

(5) 19세기 미학

- 미론
  - 쇼펜하우어 — 비합리주의 미학
    의지와 표상으로서의 세계
  - 니체 — 비극의 탄생
    심미인생
  - 구스타프 테오도르 페히너 — 경험 미학(실험미학, 심리주의적 미학과 방향이 같다). 감정이입 미학의 창립
    * 미적 법칙 6가지
    1) 미적 문턱의 원칙(일정한 강도를 가져야 미적인 인상을 준다.)
    2) 미적 강화의 원칙
    3) 다양성의 통일 원칙
    4) 모순이 없는 혹은 참됨의 원칙
    5) 명확성의 원칙
    6) 연상원칙(미적 쾌감을 일으킬 때 2가지 다른 요소가 결부되어 작용한다.)

(6) 오늘날의 예술론들-19세기 이후

- 예술론 분류
  - 클라이브 벨 — 의미 있는 형식
  - 콜링우드 — 상상적 표현론
    예술의 진정한 기능은 표현이라고 간주한다. 감정을 환기하는 것이 아니라 표현하는 것.
  - 수잔 랭거 — 표현적 상징주의
    "예술은 인간의 감정을 상징하는 형식들의 창조"이다.
  - 모리스 웨이츠 — 예술 개념에 대한 분석 – 열려진 개념
    "모든 비극들은 그들 사이에 "가족 유사성"을 지니고는 있지만 어떠한 공통된 특징도 갖고 있지 않다."
  - 조지 디키 — 예술 제도론(사회 제도론)
    분류적인 의미로서의 예술
    1) 어떤 사회 제도, 예술계의 편에서 활동하는 한 사람 내지는 여러 사람이 감상을 위한 후보의 자격을 수여한 그러한 것.
    2) 인공품을 말한다.
- 분석철학에 의한 메타미학 (1950년대 이후)
  - 올드리치 — 관찰(observation)과 간파(prehension)의 대비를 통하여 심리적 거리를 정의한다.
  - 스톨리츠 — 미적 태도를 예술 지각 방식으로 제시함
  - 비어즐리 — 비평철학으로서의 미학 제시. 형식주의 미학
    예술 비평에서 미적 대상에 주목한다.
    미적 대상에는 '통일성, 복잡성, 강도'라는 형식을 제시함.

(7) 20세기 이후의 미학

- 미학적 분류와 예술 관점의 방향
  - 베네데토 크로체 — 표현주의 미학
    - 직감(직관)이 곧 표현이며, 예술이다
    - "예술은 정서를 환기시키다기 보다는 '표현'한다."
  - 콜링우드 — "상상적 표현이론": 예술은 정서를 표현한다.
  - 앙리 베르그송
    - 생철학과 현상학의 흐름을 주도한 철학자.
    - 미적인 것을 파악하는 본질적 수단이 '직관'이며, 예술은 직관의 힘으로 생생한 실재를 파악할 수 있게 해준다.
    - '순수 지속'을 핵심으로 하는 직관과 창조력을 중시함.
    - 유기체적 생명관 – 생기론 강조.
  - 조지 산타야나
    - 미는 객관화된 쾌감이다
    - 1930년대에 성행한 형식주의 미학
  - 프로이트 — 정신분석 미학
  - 에드문트 후설 — 현상학 미학
    - "현상학" 정의
  - 에른스트 카시러 — 상징주의 미학
  - 질 들뢰즈 — 감각론적 표현론
    - 프랜시스 베이컨의 작품을 중심으로 '감각론' 제시함.
    - 회화는 눈에 보이지 않는 '힘'의 가시적 표현이어야 한다.

- 존재론적, 실존주의 경향
  - 마르틴 하이데거 — 실존주의 미학
    - 예술은 진리의 재현이다.
  - 장 폴 샤르트르 — 샤르트르의 상상론
    - 프랑크푸르트 학파의 사회비판 미학
  - 발터 벤야민
    - 기술 복제 시대의 예술 작품 – 아우라(Aura)
      과거에는 복제품에 위조라고 명명할 수 있었으나 현대 매체 예술은 그 진품성을 고정적 가치로 매기기 어렵다. 진품성에 대한 산업사회 시대의 감상 태도를 규명함.
    - *파사쥬론
      "파사쥬"란 산업의 진흥에 의해서 1820년대 이후 파리에 차례로 만들어졌다가 19세기 중엽 오스망에 의한 파리 개조로 급속히 쇠퇴한 아케이드가 이야기이다.

- 예술 사회학. 비판적 관점.
  - 테오도어 아도르노
    - 예술 사회학적 방향. 부정의 미학
    - "예술 작품의 작용은 사회적인 규제나 권위와 같은 사회적 구조에 의존한다."
      프랑크푸르트 학파를 대표함.
    - *프랑크푸르트 학파의 입장은 후기 자본주의 사회를 비판하면서, 마르크스 주의적인 도식을 거부하고, 비관적인 사회 개혁을 통해 새로운 사회의 이상을 제시하려 한다.

- 형식주의.
  비판적 관점.
  - 클레멘트 그린버그 — *자기 비판적 환원주의(Reductionism)
    칸트의 비판론에 영향을 받고, 화면에서 일루전을 일으키는 요소를 제거해 가는 예술의
    형식화를 중시 함.
    *평면성 강조
  - 클라이브 벨 — "의미 있는 형식" : '미적 정서'를 불러일으키는 미술 작품의 가치가 선, 색, 공간적 요소들의
    조화로운 관계에 있다.
  - 로저 프라이 — 순수한 조형성만을 강조하였다.

- 막시즘
  (마르크스주의) 적
  경향
  - 게오르크 루카치 — 미메시스론을 통해 본 예술과 현실의 관계를 규명함.
    리얼리즘 예술론 제시

- 기호학적
  관점
  - 페르디낭 드 소쉬르 — 구조주의 미학
    언어는 '기표(le signifiant)'와 '기의(signifie)'로 구성된다.

- 구조주의
  - 롤랑 바르트 — 저술 '텍스트의 기쁨'을 통해 '집단적 무의식'을 제시.
    우리가 의식하지 못하는 사이에 신화는 일종의 기호가 되며 우리들의 일상생활에 스며들고,
    집단적 무의식을 형성한다.

- 후기
  구조주의
  - 자크 라캉 — 언어로 인간의 욕망과 무의식을 분석하면서, 정신분석학적인 언어학을 펼쳐 나갔다.
  - 자크 데리다 — 해체론.
    지금까지 예술이 자율성을 억압해 온 형이상학적 관념을 해체하는 것에 초점을 맞춤.
    칸트가 규정했듯이 무관심한 만족을 주는 순수한 아름다움은 가능하지 않는다.

    *'파레르곤(parergon, 테두리, 울타리, 경계 등과 유사한 단어)'
    예술품과 예술품이 아닌 것을 구부할 수 없는 중간지대를 의미한다.
    예술 작품 속의 진리는 작품 속에 현전하는 것이 아니라 그것은 작품 속에 존재하면서 동시에
    부재한다.

  - 미셸 푸코 — *에피스테메(Episteme)
    역사의 시대 속 세상을 인식하게 만드는 의식의 틀을 지칭한다.
    지식에 기초한 지배 체제가 형성되어 있는 배경을 지칭한다.

- 현상학적 관점
  - 메를로 퐁티
    - 보이는 것과 보이지 않는 것.
    - 현상학적 미학 – 세잔의 작품을 분석함.
    - 세잔 그림의 구성은 전체적으로 보면 원근법적으로 왜곡된 형태이지만 사물은 더 이상 과학적인 방식으로 보이지 않고, 실제의 시각 속에 일어나고 있는 것처럼 보인다.
    - 세잔 그림은 전통적인 '재현' 방식에서 벗어나서 '리얼리티의 실현 즉, 구현'이다.
  - 가다머
    - 하이데거의 영향을 받음.
    - 해석학적 방향을 취함. 예술 작품의 존재론과 그 해석학적 의미를 밝히려 함.
  - 장프랑수아 리오타르
    - 포스트모더니즘과 숭고의 미학 제시. 포스트모던적 사회를 '숭고(le sublime)'로 특징짓는다.
    - 모더니즘 이후의 예술 현상을 지적한 이론가.
    - 포스트모던을 구상하면서 숭고의 미학을 수용함으로써 재현할 수 없는 것의 존재를 암시.
    - 리오타르의 숭고론은 현존을 표현하기 위해 예술이 무능력하다는 것을 보여주려는 것이 핵심.
  - 장 보드리야르
    - 1) 모방고 시뮬라크르.
      - * 보드리야는 사회, 기호학, 대중 매체에 대한 성찰로 우리가 허구적 실재 속에 살고 있다고 주장함.
      - * 현대 사회는 사물의 도구적 기능보다 상품의 기호적 가치를 소비한다고 주장한다.
    - 2) 팝아트가 소비사회의 현실을 가장 충실히 반영하는 예술이다.(팝아트는 시뮬라크르)
      - * 앤디 워홀을 '재능 있는 위대한 시뮬레이터'로 규명한다.
    - 3) 하이퍼리얼리티(네오리얼리티)
      - * 현실보다 더 현실적이고 실재보다 더 실재적인 것을 말함.
    - 4) 시뮬레시옹(simulation, 가상, 위조)
      - * 원본 없는 실재, 예술에 있어서 가상으로 대상을 복제하는 것.
    - 5) 시뮬라크르(simulacre) - 자기 동일성이 없는 복제.
      - * 시뮬라크르는 원래 플라톤에 의해 정의된 개념이다. 사람이 살고 있는 이 세계는 원형인 이데아, 복제물인 현실, 복제의 복제물인 시뮬라크르로 이루어져 있다.
    - 6) 포스트구조주의의 대표적인 철학자 프랑스의 들뢰즈(Gilles Deleuze)가 확립한 철학 개념이다.
      - * 들뢰즈가 생각하는 시뮬라크르는 단순한 복제의 복제물이 아니라, 이전의 모델이나 모델을 복제한 복제물과는 전혀 다른 독립성을 가지고 있다.
- 수용미학적 관점
  - 야우스, 잉가르덴
    - 1) 수용미학(미술교육론 – 미술 비평 부분 참고)
    - 2) 기대지평(Horizon of expectations, Erwartungshorizont)
      - * 독일 수용미학과 해석학의 핵심개념으로, 독자의 입장을 작품 이해과정에 중요한 영향을 미치는 요소로 파악한다.
      - * 기대지평은 한편으로 시간적, 문화 공간적 요소와, 다른 한편으로는 수용자가 처한 개인적 상황의 영향을 받는다.

04. 예술비평, 미학

초판 1쇄 발행 2023년 05월 08일

편저 정샘
발행인 공태현 **발행처** (주)법률저널
등록일자 2008년 9월 26일 **등록번호** 제15-605호
주소 151-862 서울 관악구 복은4길 50 (서림동 120-32)
대표전화 02)874-1144 **팩스** 02)876-4312
홈페이지 www.lec.co.kr
ISBN 978-89-6336-795-8
정가 17,000원